國家古籍整理出版專項經費資助項目

清·傅山 著
尹協理 主编

傅山全書

第十九册

山西出版傳媒集團
山西人民出版社

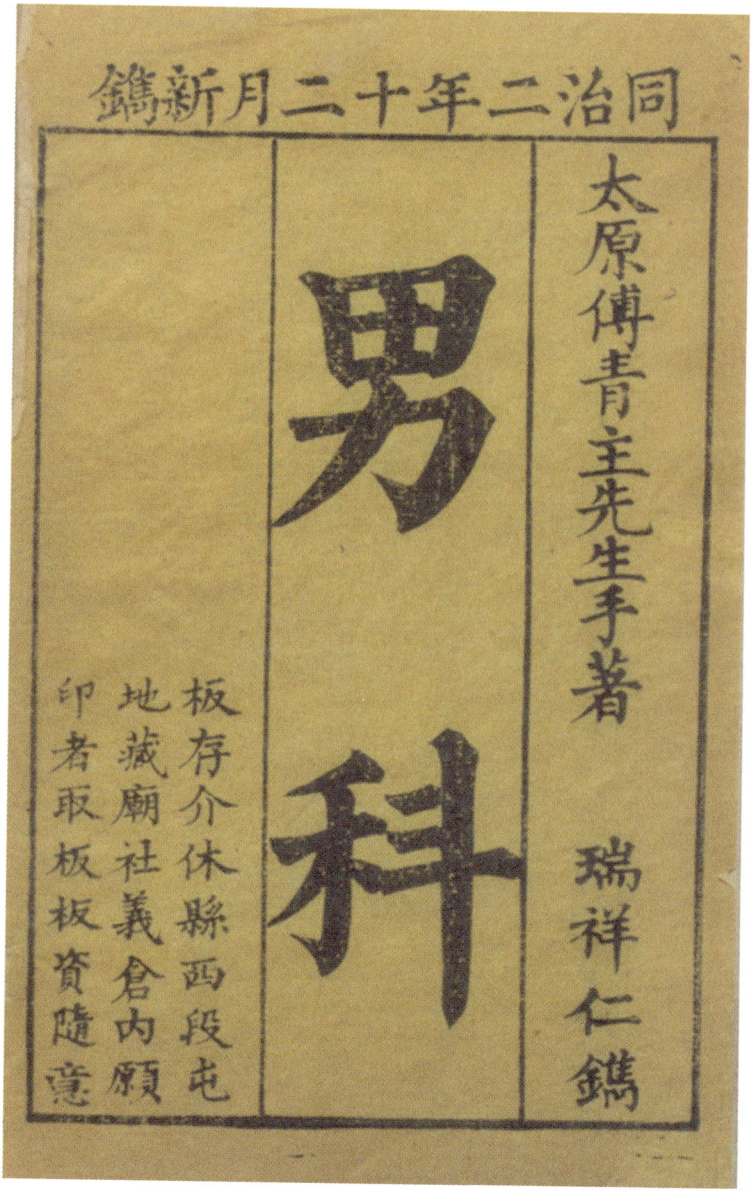

同治二十年二月新鐫

太原傅青主先生手著

男科

瑞祥仁鐫

板存介休縣西段屯地藏廟社義倉内願印者取板板資隨意

傅青主男科刻本（山西博物院藏）

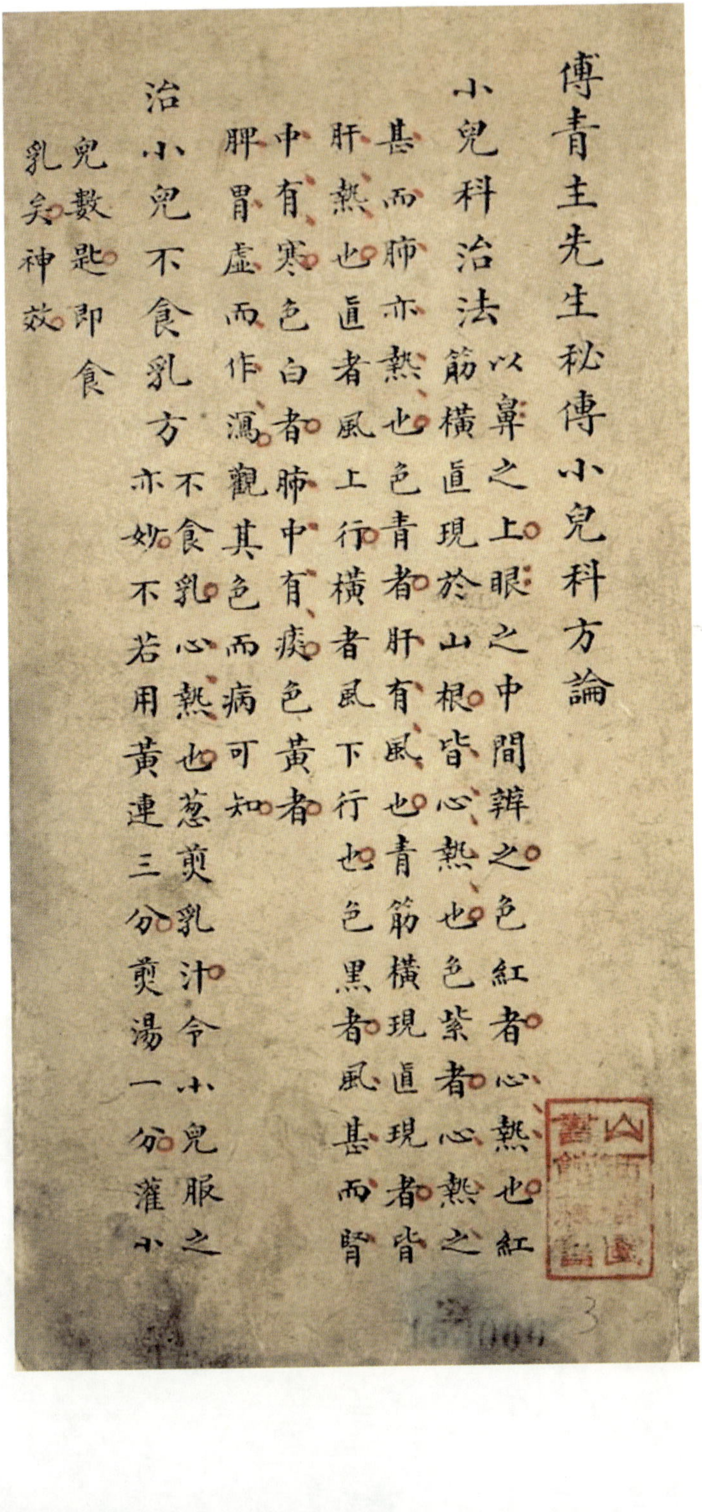
傅青主先生秘傳小兒科方論

小兒科治法　以鼻之上眼之中間辨之色紅者心熱也紅筋橫直現於山根皆心熱也色紫者心熱之甚而肺亦熱也色青者肝有風也青筋橫直現者皆肝熱也直者風上行橫者風下行也色黑者風甚而腎中有寒色白者肺中有痰色黃者脾胃虛而作瀉觀其色而病可知

治小兒不食乳方　不食乳心熱也葱煎乳汁令小兒服之亦妙不若用黃連三分煎湯一分灌小兒數匙即食乳矣神效

傅山大小諸證方論抄本（山西省圖書館藏）

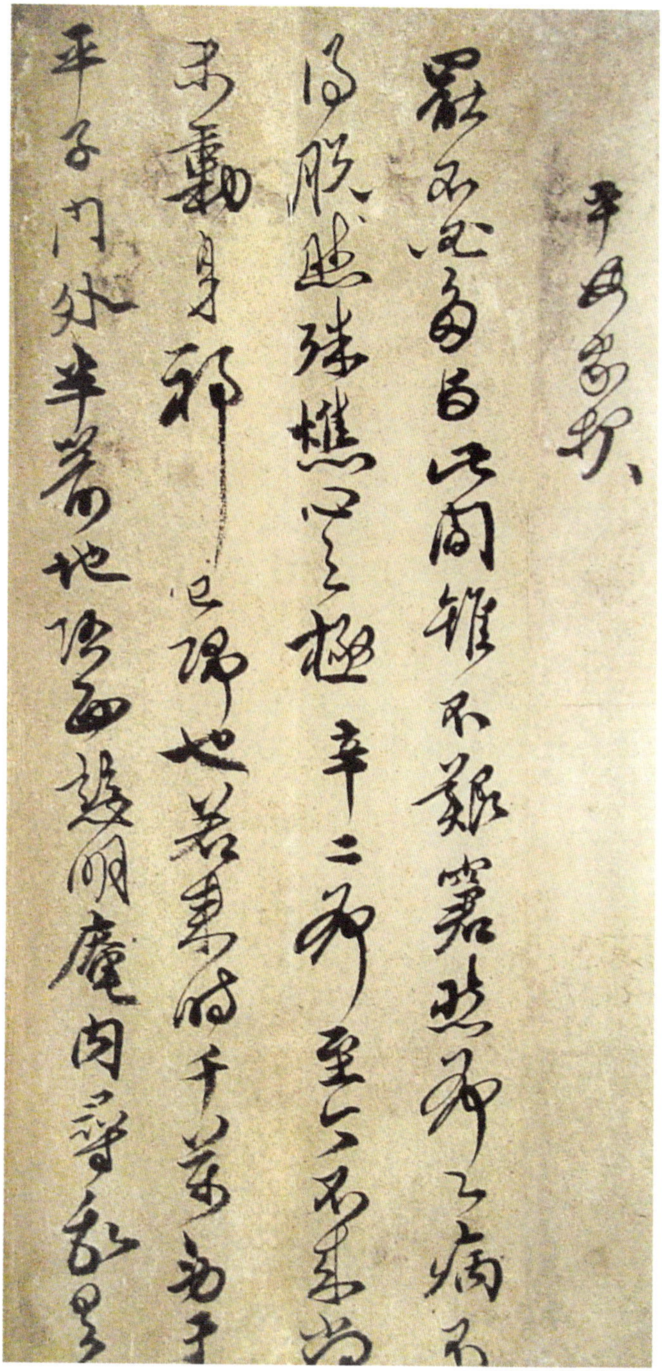

傅眉平安家報手稿照片（朵雲軒藏手稿，照片錄自書法二〇〇七年第四期）

傅山藥方手稿（山東蓬萊慕湘藏書樓藏）

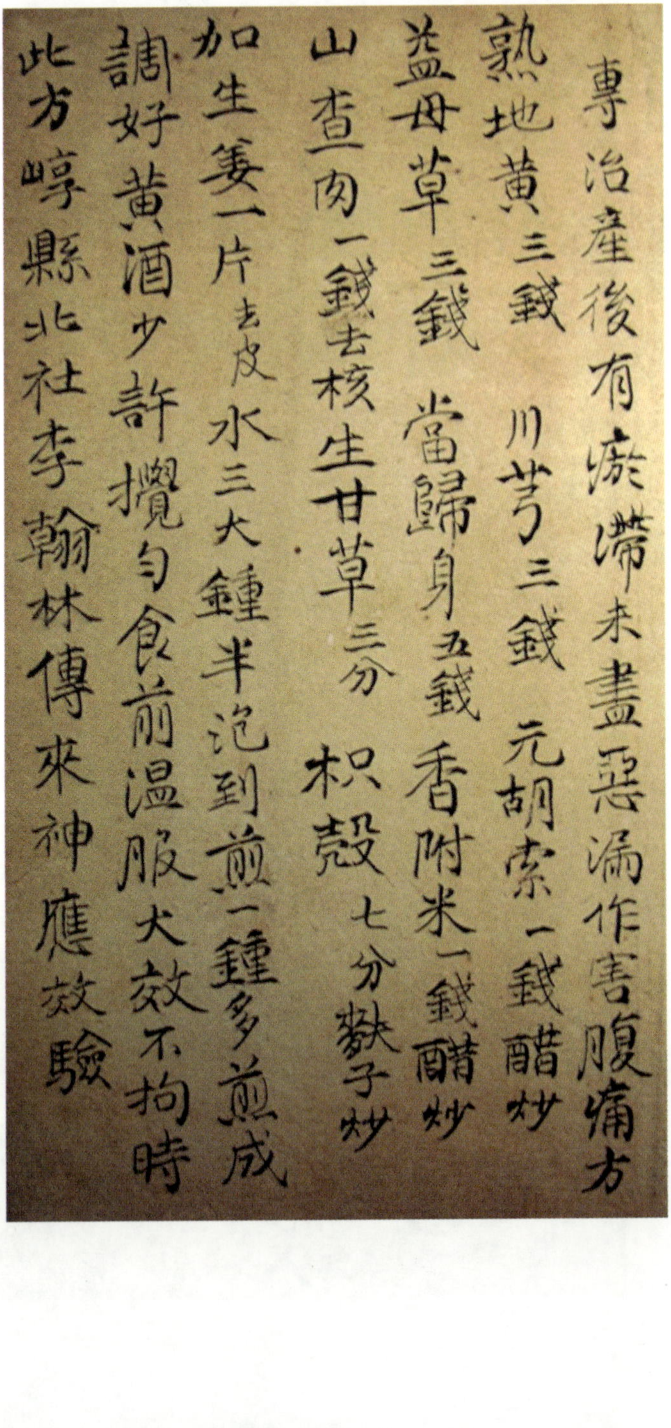
專治產後有瘀滯未盡惡漏作害腹痛方
熟地黄三錢　川芎三錢　元胡索一錢醋炒
益母草三錢　當歸身五錢　香附米一錢醋炒
山查肉一錢去核　生甘草三分　枳殼七分麩子炒
加生姜一片去皮　水三大鍾半泡到煎一鍾多煎成
調好黄酒少許攪勻食前温服大效不拘時
此方崞縣北社李翰林傳來神應效驗

第十九册　目錄

卷二百六　傅青主男科〔一〕（上）

傷寒門

初病說

凡病初起之時，用藥原易奏功，無如世人看不清症，〔二〕用藥錯亂，往往致變症蜂起。苟看病清，用藥當，何變症之有！

傷風

凡人初傷風，必然頭痛、身痛、咳嗽、痰多，鼻流清水。切其脉必浮。方用：

荆芥、防風、柴胡、黄芩、半夏、甘草，各等分。水煎服。一劑即止，不必再劑也。

〔一〕此篇與下篇的傅青主小兒科均以同治二年（一八六三年）王道平校本爲底本，以光緒七年（一八八一年）郭鍾岳序本爲校本。由蔣天佑先生點校。此次修訂，由趙懷舟、王小芸，據王道平本重校。

〔二〕「症」，郭本作「證」。以下同。

傷寒

凡病傷寒初起，鼻塞目痛，項强頭痛。切其脈必浮緊。方用：

桂枝、乾葛、陳皮、甘草，各等分。水煎服。一劑即愈。

外感

凡人外感，必然發熱。方用：

柴胡、黄芩、荆芥、半夏、甘草，各等分。水煎服。

四時不正之氣，來犯人身，必然由皮毛而入榮衛，故用柴胡、荆芥，先散皮毛之邪，邪既先散，安得入内？又有半夏以祛痰，使邪不得挾痰以作祟；黄芩以清火，使邪不得挾火以作殃；甘草調藥以和中，是以邪散而無傷於正氣也。若内傷之發熱，則不可用此方。

傷食

凡傷食，必心中飽悶，見食則惡，食之轉痛也。方用：

白朮一錢　茯苓一錢　枳殼一錢　谷芽二錢　麥芽二錢　山楂二十个　神曲五錢　半夏一錢　甘草五分　砂仁三粒。水煎服。一劑快，二劑愈。

瘧疾

方用：遇仙丹：

生軍六兩　檳榔三兩　三稜三兩　莪朮三兩　黑丑三兩〔一〕　白丑三兩〔二〕　木香二兩　甘草一兩。水丸。遇發日清晨，温水化三、四丸。尋以温米飯補之。〔三〕忌生冷、魚腥、蕎面。〔四〕孕婦勿服。

傷暑

人感此症，必然頭暈、口渴、惡熱，甚則痰多、身熱、氣喘。方用：

人參一錢　白朮五錢　茯苓三錢　甘草一錢　青蒿一兩　香薷三錢　陳皮一錢。水煎服。一劑愈。

大滿

此邪在上焦，壅塞而不得散也。方用：

瓜蔞一个搗碎　枳殼三錢　天花粉三錢　梔子二錢　陳皮三錢　厚朴錢半　半夏一錢　甘草一錢。水煎服。

此方之妙，全在用瓜蔞，能去胸膈之食，而消上焦之痰。況又佐以枳殼、花粉，同是消中聖藥。又有厚朴、半夏，以消胃口之痰。尤妙在甘草使羣藥留中而不速下，則邪氣不能久存而散矣。

〔一〕郭本作「二兩」。
〔二〕郭本作「二兩」。
〔三〕「飯」，郭本作「飲」。
〔四〕「面」，郭本作「麵」。以下同。

發汗

凡人邪居腠理之間，必須用汗藥以洩之。方用：

荆芥一錢　防風一錢　甘草一錢　桔梗一錢　蘇葉一錢　白朮五錢　雲苓三錢　陳皮五分。水煎服。

此方妙在君白朮。蓋人之脾胃健，而後皮毛腠理始得開合自如。白朮健脾去溼，而邪已難存，況有荆、防、蘇、梗以表散之乎。

寒熱眞假辨

眞熱症，口乾極而呼水，舌燥極而開裂生刺，喉痛日夜不已，大熱烙手而無汗也。眞寒症，手足寒久而不回，色變青紫，身戰不已，口噤出聲而不可禁也。假熱症，口雖渴而不甚，舌雖乾而不燥，即燥而無芒刺紋裂也。假寒症，手足冰冷而有時温和，厥逆身戰亦未太甚，而有時而安，有時而搐是也。

乍寒乍熱辨

病有灑淅惡寒而後發熱者，蓋陰脈不足，陽往從之，陽脈不足，陰往乘之。何謂陽不足？寸脈微，名曰陽不足，陰氣上入陽中，則惡寒也。何謂陰不足？尺脈弱，名曰陰不足，陽氣下陷陰中，則發熱也。凡治寒熱，用柴胡升陽氣，使不下陷陰中，則不熱也；用黄芩降陰氣，使不升入陽中，則不寒也。

眞熱症

方用：

麻黄三錢　當歸五錢　黄連三錢　黄芩三錢　石膏三錢　知母三錢　半夏三錢　枳殻二錢　甘草一錢。水煎服。一劑輕，二劑愈。

眞寒症

方用：

附子三錢　肉桂一錢　乾薑一錢　白朮五錢　人參一兩。水煎服。急救之。

此乃眞中寒邪，腎火避出軀殼之外，而陰邪之氣，直犯心宫，心君不守，肝氣無依，乃發戰發噤，手足現青色。然則用桂、附、乾薑，逐其寒邪足矣，何用參朮？卽用，何至多加？蓋元陽飛越，衹一線之氣未絶，純用桂、附、乾薑一派辛辣之藥，邪雖外逐，而正氣垂絶，若不多加參朮，何以反正氣於若存若亡之際哉！

假熱症

方用：

黄連三錢　當歸三錢　白芍三錢　半夏三錢　茯苓二錢　柴胡二錢　梔子二錢　枳殻一錢　菖蒲三分。水煎服。

此方妙在用黄連入心宫，佐以梔子，提刀直入，無邪不散。柴胡、白芍，又塞敵運糧之道，半夏、枳殼，斬殺黨餘，中原卽定，四隅不戰而歸。然火勢居中，非用之得法，則賊勢彌張，依然復入。又加菖蒲之辛熱，乘熱飲之，則熱喜熱，不致相反而更相濟也。

假寒症

方用：

肉桂一錢　附子一錢　人參三錢　白朮五錢　猪胆汁半个　苦菜汁十三匙。水三杯，煎一杯。冷服。

將藥並器放冷水中激涼，入胆菜汁調勻，一氣服之。方中全是熱藥，倘服不如式，必然虛火上冲，將藥嘔出。必熱藥涼服，已足順其性，況下行又有二汁之苦，以騙其假道之防也哉！

眞熱假寒

此症身外冰冷，身內火熾，發寒發熱，戰慄不已，乃眞熱反現假寒之象以欺人也。法當用三黃湯加石膏、生薑，乘熱飲之；再用井水以撲其心，至二三十次，內熱自止，外之戰慄亦若失矣。後用元參、麥冬、白芍各二兩，煎湯，任其恣飲，後不再甚也。

眞寒假熱

此症下部冰冷，上部大熱，渴欲飲水，下喉卽吐，乃眞寒反現假熱之形以欺人也。法當用八味湯，大劑探冷與服。再令人以手擦其足心，如火之熱，不熱不已，以大熱爲度。用吳萸一兩，附子一錢，射香三分，〔二〕以少許白面入之，打糊作膏，貼足心。少頃必睡，醒來下部熱，而上之火息矣。

上熱下寒

此症上焦火盛，吐痰如湧泉，面赤喉痛，上身不欲蓋衣，而下身冰冷，此上假熱而下眞寒也。

方用：

附子一个〔三〕　熟地半觔　山萸四兩　麥冬一兩　茯苓三兩　五味子一兩　丹皮三兩　澤瀉三兩　肉桂一兩。水十碗，煎三碗，探冷與服。二渣再用水三碗，煎一碗，一氣服之，立刻安靜。此上病下治之法也。

循衣撮空

此症非大實，則大虛，當審其因，察其脈，參其症，而分黑白矣。實而便秘者，大承氣湯；虛而便滑者，獨參湯；厥逆者，加附子。

陰虛霍蛾

方用：

附子一錢，鹽水炒。　每用一片含口中，後以六味地黃湯，大劑飲之。

〔二〕「射」，郭本作「麝」。下同。
〔三〕「个」，郭本作「錢」。

外治法〔一〕：

引火下行。用附子一个爲末，醋調貼湧泉穴；或吳萸一兩、白面五錢，〔二〕水調貼湧泉穴。急針刺少商穴，則咽喉有一線之路矣。

結胸

此傷寒之變症也。傷寒邪火正熾，不可急與飲食。飲食而成此者，方用：

瓜蔞一个搥碎　甘草一錢。水煎服。勿遲。

瓜蔞乃結胸之聖藥，常人服之，必至心如遺落；病人服之，不畏其虛乎？不知結胸之症，是食在胸中，〔三〕非大黄、枳殻、檳榔、厚朴所能祛逐，必得瓜蔞，始得推蕩開脾。少加甘草以和之，不至十分猛烈也。

扶正散邪湯：

人參一錢　白朮三錢　茯苓三錢　柴胡三錢　半夏一錢　甘草一錢。水煎服。

此方專治正氣虛而邪氣入之者，如頭痛發熱，右寸脈大於左寸口者，急以此方投之，無不全愈。

〔一〕「外治法」，郭本作「附外治法」。

〔二〕「面」，郭本作「米」。「白」，傅山全書初版本作「自」，據王道平本改。

〔三〕「在」，郭本作「結」，爲是。

火症門

瀉火湯總方

梔子三錢　白芍五錢　丹皮三錢　元參二錢　甘草一錢。水煎服。

心火加黃連一錢。胃火加生石膏三錢。腎火加黃柏、知母各一錢。肺火加黃芩一錢。大腸火加地榆一錢。小腸火加天冬、麥冬各一錢。膀胱火加澤瀉三錢。

治火，何獨治肝經？蓋肝屬木，最易生火。肝火散，則諸經之火俱散。但散火必須用下洩之藥，而使火之有出路也，則得矣。

火症

眞火症，初起必大渴引飲，身有斑點，或身熱如焚，或發狂亂語。方用：

石膏三錢　知母三錢　元參一兩　甘草三錢　升麻三錢　麥冬一兩　半夏三錢　竹葉一百片。水煎服。

一濟少止，三劑愈。

火越

此乃胃火與肝火共騰而外越，不爲丹毒，卽爲痧疹，非他火也。方用：

元參一兩　乾葛三兩　升麻三錢　青蒿三錢　黃芪三錢。水煎服。

此方妙在用青蒿。肝胃之火俱平，又佐以羣藥重劑，而火安有不滅者乎。治小兒亦效。

燥症

此症初起，喉乾口渴，乾燥不吐痰，乾咳嗽不已，面色日紅，不畏風吹者是也。方用：

麥冬五錢　元參五錢　桔梗三錢　甘草一錢　陳皮三分　百部八分　花粉一錢。水煎服。

治火丹神方

絲瓜子一兩　柴胡一錢　元參一兩　升麻一錢　當歸五錢。水煎服。小兒服之亦效。

消食病

此火盛之症，大渴引飲，呼水自救，朝食卽飢，或夜食不止。方用：

元參一兩　麥冬五錢　生地三錢　竹葉三十片　菊花二錢　白芥子二錢　丹皮二錢　陳皮五分。水煎服。

痿症

不能起牀，已成廢人者，此乃火盛内熾，腎水熬乾。治法宜降胃火而補腎水。方用降補湯：

熟地一兩　元參一兩　甘菊花五錢　麥冬一兩　生地五錢　車前子二錢　人參三錢　沙參五錢　地骨皮五錢。水煎服。

痿症

人有兩足無力，不能起立，而口又健飯，少飢即頭面皆熱，咳嗽不已，此亦痿症。方用起痿至神湯：

熟地一兩　元參一兩　山藥一兩　菊花一兩　當歸五錢　白芍五錢　人參五錢　神曲二錢　白芥子三錢。

水煎服。三十劑而愈。

鬱結門

開鬱

如人頭痛身熱，傷風咳嗽，或心不爽而鬱氣蘊於中懷，或氣不舒而怒氣留於脇下，斷不可用補藥。

方用：

當歸三錢　白芍五錢　柴胡一錢〔二〕　半夏二錢　枳殼一錢　甘草一錢　白朮二錢〔三〕　丹皮一錢　薄荷一錢。水煎服。

頭痛加川芎一錢。目痛加蒺藜一錢、菊花一錢。鼻塞加蘇葉一錢。喉痛加桔梗二錢。肩背痛加

〔二〕郭本無「柴胡」。
〔三〕郭本作「一錢」。

枳殼、羌活，兩手痛加薑黄或桂枝一錢。腹痛不可按者加大黄二錢，按之而不痛者加肉桂一錢。餘不必加。

關格

怒氣傷肝，而肝氣冲於胃口之間，腎氣不得上行，肺氣不得下行，而成此症。以開鬱爲主。方用：

荆芥一錢　柴胡一錢　川鬱金一錢　茯苓一錢　蘇子一錢　白芥子一錢　白芍三錢　甘草五分　花粉一錢。水煎服。

又方用：

陰陽水各一碗，加鹽一撮，打百餘下，起泡，飲之即吐而愈。凡上焦有疾，欲吐而不能吐者，飲之立吐。

虚勞門

癆症虚損辨

二症外相似而治法不同。虚損者，陰陽兩虚也；勞症者，陰虚陽亢也。故虚損可用温補，若勞症則忌温補，而用清補也。兩症辨法，不必憑脈，但看：人着複衣，此着單衣者爲勞症；人着單衣，此着複衣者爲虚損。勞症骨蒸而熱；虚損榮衛虚而熱也。

内傷發熱

方用：

當歸一錢　白芍二錢　柴胡一錢　陳皮一錢　梔子一錢　花粉二錢　甘草一錢。水煎服。

凡肝木鬱者，此方一劑即快。人病發熱，有内傷外感，必先散其邪氣，邪退而後補正，則正不爲邪所傷也。但外感内傷不可用一方也。〔一〕

未成勞而將成勞

方用：

熟地一兩　地骨皮五錢〔二〕　人參五錢〔三〕　麥冬五錢〔四〕　白芥子三錢　白朮一錢　山藥三錢　五味子三分。水煎服。

凡人右寸脈大於左寸脈，即内傷之症，不論左右關尺脈何如，以此方投之效驗。

陽虛下陷

凡人飢飽勞役，内傷正氣，以致氣乃下行，脾胃不能尅化，飲食不能運動，往往變成勞瘵。蓋

〔一〕此下，郭本有「外感發熱方見前」七字。
〔二〕郭本作「三錢」。
〔三〕郭本作「三錢」。
〔四〕郭本作「三錢」。

疑飲食不進，爲脾胃之病，肉黍之積，輕則砂仁、枳殼、山楂、麥芽之品，重則芒硝、大黄、牽牛、巴豆之類，紛然雜進，必致膨悶而漸成勞矣。若先以升提之藥治之，何至於成勞？方用：

人參一錢　柴胡一錢　陳皮一錢　甘草一錢　黄芪三錢　白朮三錢　升麻三分。水煎服。

陰虚下陷

凡人陰虚脾洩，歲久不止，或食而不化，或化而溏洩。方用：

熟地一兩　山藥五錢　山萸五錢　茯苓三錢　白朮五錢　肉桂一錢　升麻三分　五味子一錢　車前子一錢。水煎晚服。

此方純是補陰之藥，且有升麻以提陰中之氣，又有温溼之品，以煖命門而健脾土，何至溏洩哉！

陰虚火動夜熱晝寒

此腎水虚兼感寒，或腎水虧竭，夜熱晝寒。若認作陽症治之，則口渴而熱益熾，必致消盡陰水，吐痰如絮，咳嗽不已，聲啞聲嘶，〔二〕變成勞瘵。法當峻補其陰，則陰水足而火焰消，骨髓清泰矣。方用：

熟地一兩　山萸五錢　五味子三錢　麥冬三錢　元參一兩　地骨皮五錢　沙參三錢　芡實五錢　白芥子三錢　桑葉十四片。水煎服。

〔二〕此句郭本作「聲啞嘶」。

此方治陰虛火動者神效。

陰寒無火

方用：
肉桂一錢　附子三錢　熟地一兩　白朮三錢　人參三錢　柴胡一錢。水煎服。
二方治陰之中，即有以治陽，治陽之中，即藏於補陰。

過勞

凡人過勞，脈必浮大不倫，若不安閒作息，必有吐血之症。法當滋補。方用：
熟地五兩　山萸四兩　當歸半觔　黃芪五兩　白芍五兩　人參三兩　白朮五兩　茯苓三兩　砂仁五錢　陳皮五錢　神曲一兩　五味子三兩　麥冬三兩。蜜丸。早晚滾水送下五錢。

日重夜輕

病重於日間，而發寒發熱，較夜尤重。此症必須從天未明而先截之。方用：
人參一錢　黃芪五錢　當歸三錢　白朮五錢　枳殼一錢　青皮一錢　陳皮一錢　柴胡三錢　半夏一錢　甘草一錢　乾薑五分。水煎服。
又方：

熟地一兩〔一〕　人參一錢　白朮五錢　陳皮一錢　甘草一錢　柴胡二錢　白芥子一錢。水煎服。

夜重日輕

病重於夜間，而發寒發熱，或寒少熱多，或熱少寒多。一到天明，便覺清爽；一到黄昏，即覺沉重。

此陰氣虚甚也。方用：

熟地一兩　山萸四錢　當歸三錢　白芍三錢　柴胡三錢　陳皮一錢　生何首烏三錢　鱉甲五錢　白芥子三錢　麥冬三錢　五味子一錢。水煎服。

此方妙在用鱉甲，乃至陰之物，逢陰則入，遇陽則轉。生何首烏直入陰經，亦攻邪氣。白芥子去痰，又不耗眞陰之氣，有不奏功者乎！必須將黄昏時服，則陰氣固，而邪氣不敢入矣。

陰邪兼陽邪

此症亦發於夜間，亦發寒發熱，無異純陰邪氣之症，〔二〕但少少煩燥耳，不若陰症之常静也。法當於補陰之中，少加陽藥一二味，使陽長陰消，自奏功如響矣。方用：

熟地一兩〔三〕　山萸四錢　鱉甲五錢　當歸三錢　人參二錢　白朮三錢　茯苓五錢　柴胡二錢　白芥子三

〔一〕「一兩」，傅山全書初版本作「兩一」，據原版本改。
〔二〕「陰」，郭本作「陽」。
〔三〕郭本作「二兩」。

錢　陳皮一錢　麥冬三錢　五味子三錢　生何首烏三錢。水煎服。

氣血兩虛

飲食不進，形容枯槁，補其氣血益燥，補其血氣益餒，助胃氣而盜汗難止，補血脈而胸膈阻滯。法當氣血同治。方用：

人參一錢　白朮一錢　川芎一錢　當歸二錢　熟地三錢　麥冬五錢　白芍三錢　茯苓二錢　甘草八分　神曲五分　陳皮五分　谷芽一錢。水煎服。

此方氣血兩補，與八珍湯同功，而勝於八珍湯者，妙在補中有調和之法耳。

氣虛胃虛

人有病久而氣虛者，必身體羸弱，飲食不進，或大便溏泄，小便艱澁。方用：

人參一兩　白朮五錢　茯苓三錢　甘草一錢　陳皮一錢　澤瀉一錢　車前子一錢。水煎服。

此方用人參爲君者，開其胃氣。蓋胃爲腎之關，關門不開，則上之飲食不能進，下之糟粕不能化，必用人參以養胃土，茯苓、車前以分消水氣。〔二〕如服此不效，兼服八味丸，最能實大腸而利膀胱也。

〔二〕「車前」，郭本作「車前子」。

氣虚飲食不消

飲食入胃，必須氣充足，始能消化而生津液。今飲食不消，氣虚也。方用：

人參二錢　黄芪三錢　白朮三錢　茯苓三錢　神曲五分　甘草三錢　麥芽五分　山楂三个　陳皮五分。水煎服。

傷面食加萊菔子。有痰加半夏、白芥子各一錢。咳嗽加蘇子一錢、桔梗二錢。〔二〕傷風加柴胡二錢。夜臥不安加炒棗仁二錢。胸中微痛加枳殻五分。

方内純是開胃之品，又恐飲食難消，後加消導之品，則飲食化而津液生矣。

血虚面色黄瘦

出汗，盜汗，夜臥常醒，不能潤色以養筋是也。血虚自當補血，舍四物湯又何求耶？今不用四物湯。用：

熟地一兩　麥冬三錢　桑葉十片　枸杞三錢　當歸五錢　茜草一錢。水煎服。

此方妙在用桑葉，以補陰而生血，又妙在加茜草，則血得活而益生，況又濟之歸、地、麥冬大劑以共生乎！

〔二〕「桔梗二錢」，郭本移在「胸中微痛加枳殻五分」之下，作「咳嗽加桔梗二錢」。

肺脾雙虧

咳嗽不已，吐瀉不已，此肺脾受傷也。人以咳嗽宜治肺，吐瀉宜治脾，殊不知咳嗽由於脾氣之衰，斡旋之令不行，[一] 則上爲咳嗽矣；吐瀉由於肺氣之弱，清肅之令不行，始上吐而下瀉矣。方用：

人參錢半　麥冬二錢　茯苓二錢　柴胡五分　神曲五分　薏仁五分　車前子一錢　甘草一錢。水煎服。

此治脾治肺之藥，合而用之，咳嗽吐瀉之病各愈，所謂一方而兩用之也。

肝腎兩虛

腎水虧不能滋肝，則肝不抑鬱而不舒，必有兩脇飽悶之症；肝木不能生腎中之火，則腎水日寒，必有腰背難於俯仰之症。此症必須肝腎同補。方用：

熟地一兩　山萸五錢　當歸五錢　白芍五錢　柴胡二錢　肉桂一錢。水煎服。

熟地、山萸，補腎之藥，歸、芍、柴、桂，補肝之品。卽云平補，似乎用藥不宜有重輕，今補肝之藥多於補腎者何？蓋腎爲肝之母，肝又爲命門之母，豈有木旺而不生命門之火者哉。

心腎不交

腎，水藏也。心，火藏也。是心腎二經爲仇敵矣，似不可牽連而合治之也，不知心腎相尅而實

[一]「斡」，傳山全書初版本作「幹」，據王道平本改。

相須。腎無心之火則水寒，心無腎之水則火熾；心必得腎水以滋潤，腎必得心火以温煖。如人驚惕不安、夢遺精洩，皆心腎不交之故。人以驚惕爲心之病，我以爲腎之病；人以夢洩爲腎之病，我以爲心之病。非顛倒也，實有至理焉，人果細心思之，自然明白。方用：

熟地五兩　山萸三兩〔一〕　山藥三錢　人參三兩〔二〕　白朮五兩　芡實五錢　茯神三兩〔三〕　菖蒲一兩　棗仁三兩，〔四〕炒　遠志一兩　五味子一兩　麥冬三兩〔五〕　柏子仁三兩〔六〕。蜜丸。每早晚温水送下五錢。

此方之妙，治腎之藥少於治心之味，蓋心君寧靜，腎氣自安，何至心動？此治腎正所以治心，治心卽所以治腎也，所謂心腎相依。

精滑夢遺

此症人以爲腎虚也。不獨腎病也，心病也。宜心腎兼治。方用：

熟地半觔　山藥一兩　山萸四兩　人參三兩　白朮四兩　茯苓三兩　麥冬三兩　肉桂一兩　鹿茸一兩　砂仁五錢　棗仁一兩，炒　遠志一兩　杜仲一兩　白芍三兩　附子一錢　柏子仁一兩　破故子一兩　紫河車一付　巴戟三兩　五味子一兩　肉蓯蓉三兩。蜜丸。早晚白水送下五錢。

〔一〕郭本作「三錢」。
〔二〕郭本作「三錢」。
〔三〕郭本作「三錢」。
〔四〕郭本作「三錢」。
〔五〕郭本作「三錢」。
〔六〕郭本作「三錢」。

此方用熟地、山藥、山萸之類補腎也，巴戟、肉蓯蓉、附子、鹿茸補腎中之火也。可以已矣，而又必加人參、茯苓、柏子仁、麥冬、遠志、棗仁者何也？蓋腎火虛由於心火虛也，使補腎火不補心火，則反增上焦枯渴，故欲補腎火，必須補心火，則水火相濟也。

夜夢遺精

此症由於腎水耗竭，上不能通於心，中不能潤於肝，下不能生於脾，以致玉關不閉，無夢且遺。法當補腎而少佐以益心肝脾之品。方用：

熟地一兩　山萸四錢　茯苓三錢　白朮五錢　白芍三錢　生棗仁三錢　茯神二錢　五味子一錢　當歸三錢　白芥子一錢　薏仁三錢　肉桂五分　黃連五分。水煎服。一劑止，十劑不犯。

遺精健忘

遺精，下病也，健忘，上病也，何以合治之而咸當乎？蓋遺精雖是腎水之虛，而實本於君火之弱。今補其心君則玉關不必閉而自閉矣，所謂一舉而兩得也。方用：

人參三兩　蓮鬚二兩　芡實三兩　熟地五兩　山藥四兩　五味子一兩　麥冬三兩　生棗仁三兩　遠志一兩　柏子仁一兩，去油　菖蒲一兩　當歸三兩　山萸三兩。蜜丸。每日服五錢，白水下。〔二〕

〔二〕「白水下」，郭本作「白水送下」。

倒飽中滿

氣虛不能食，食則倒滿。方用：

人參一錢　白朮二錢　茯苓三錢　陳皮三分　甘草一錢　山藥三錢　芡實五錢　薏仁五錢　萊菔子一錢。

水煎服。下喉雖則微脹，入腹漸覺爽快。

久虛緩補

久虛之人，氣息奄奄，無不曰宜急活矣，〔一〕不知氣血大虛，驟加大補之劑，力量難任，必致胃口轉膨脹，不如緩緩清補之也。方用：

當歸一錢　白芍二錢　茯苓一錢　白朮五分　人參三分　山藥一錢　陳皮三分　麥芽三分　炮薑三分　棗仁五分　甘草三分。水煎服。

此方妙在以白芍爲君，引參、苓入肝爲佐，小小使令，徐徐奏功，使脾氣漸實，胃口漸開，然後再用純補之劑，先宜緩補之也。

補氣

右手脈大，氣分之勞也。方用補氣丸：

〔一〕「活」，郭本作「治」，爲是。

人參三兩　黃芪三兩　茯苓四兩　白朮半觔　白芍三兩　陳皮一兩　炙草八錢〔一〕　五味子一兩　麥冬二兩　遠志一兩　白芥子一兩。蜜丸。早服五錢。白水下。

補血

左手脈大，血分之勞也。方用補血丸：

熟地半觔　山萸四兩　當歸四兩　白芍半觔　麥冬一兩　砂仁五錢　棗仁一兩　白芥子一兩　五味子一兩　肉桂五錢。蜜丸。晚服一兩。白水下。

如身熱，去肉桂，加地骨皮五錢。

出汗

人有病不宜汗多，若過出汗，恐其亡陽，不可不用藥以斂之。方用：

人參一兩　黃芪一兩　當歸一兩　桑葉五片　麥冬三錢　炒棗仁一錢。水煎服。

癆症

癆症既成，最難治者，必有蟲生之，以食人之氣血也。若徒補其氣血，而不入殺蟲之藥，則飲食入胃，祇蔭蟲而不生氣血；若但殺蟲，而不補氣血，則五藏受傷，又何有生理哉！惟於大補之中，加殺蟲之藥，則元氣既全，眞陽未散，蟲死而身安矣。方用：

〔一〕「炙草」，郭本作「炙甘草」。

人參三兩　熟地半觔　地栗粉半觔　鱉甲一觔　神曲五兩　何首烏半觔　麥冬五兩　桑葉半觔　山藥一觔　白微三兩。熟地爲丸。每日白水送下五錢。半年蟲從大便出矣。

痰嗽門

古人所立治痰之法，皆是治痰之標，而不能治其本也。如二陳湯，上中下久暫之痰皆治之，而其實無實效也。今立三方，痰病總不出其範圍也。

初病之痰

傷風咳嗽吐痰是也。方用：

陳皮一錢　半夏一錢　花粉一錢　茯苓一錢　蘇子一錢　甘草一錢。水煎服。

二劑而痰可消矣。此去上焦之痰。上焦之痰，原在胃中，而不在肺，去其胃中之痰，而肺金自然清肅，又何至火之上升哉！

已病之痰

必觀其色之白與黄而辨之。黄者火已退也，白者火正熾也。正熾者用寒涼之品，將退者用祛逐之味。今一方而俱治之。方用：

白朮三錢　茯苓五錢　白芥子三錢　陳皮一錢　甘草一錢　枳殼五分。水煎服。

有火加梔子，無火不必加。

此方健脾去溼，治痰之在中焦者也。

又方：

白朮五錢　茯苓五錢　人參五分　益智仁三分　薏仁五錢　陳皮一錢　天花粉二錢。水煎服。

有火加黃芩一錢。無火加乾薑一錢、甘草二分。

此方健脾去溼，而不耗氣，二劑而痰自消也。

久病之痰

久病痰多，切不可作脾溼生痰論之。蓋久病不愈，未有不因腎水虧損者也，非腎水泛上爲痰，即腎火沸騰爲痰。當補腎以祛逐之。方用：

熟地一兩　山藥五錢　山萸五錢　麥冬五錢　五味子三錢　茯苓三錢　益智仁二錢　薏仁一兩　芡實五錢　車前子一錢。水煎服。

此治水泛爲痰之聖藥也。若火沸騰爲痰，加肉桂一錢，補腎去溼而化痰，水入腎宮，自變爲真精，而不化痰矣。此治下焦之痰也。

又方：六味地黃湯加麥冬、五味子，實有奇功。無火加桂附。

滯痰

夫痰之滯，乃氣之滯也。苟不補氣，而惟去其痰，未見痰去而病消也。方用：

人參一錢　白朮二錢　茯苓三錢　陳皮一錢　花粉一錢　蘇子八分　白蔻蔻〔一〕二粒　白芥子一錢。水煎服。

溼痰

治痰之法，不可徒去其溼，必以補氣爲先，而佐以化痰之品，乃克有效。方用：

人參一兩　茯苓三錢　薏仁五錢　半夏三錢　陳皮一錢　神曲三錢　甘草一錢。水煎服。

此方之中，用神曲人多不識，謂神曲乃消食之味，非化痰之品，不知痰之積聚稠粘，甚不易化，惟用神曲以發之，則積聚稠粘開矣。繼之以半夏、陳皮，可以奏功。然雖有陳皮消痰，使不多用人參，則痰難消，今有人參以助氣，又有薏仁、茯苓健脾去溼，而痰焉有不消者乎。

寒痰

人有氣虛而痰寒者，卽用前方加肉桂三錢、乾薑五分足之矣。

熱痰

人有氣虛而痰熱者。方用：

當歸三錢　白芍二錢　麥冬二錢　陳皮一錢　神曲三分　甘草一錢　茯苓二錢　花粉一錢　白芥子一錢。水煎服。

〔一〕「白蔻」，郭本作「白蔻仁」。

老痰

凡痰在胸膈而不化者，謂之老痰。方用：

柴胡一錢　白芍三錢　茯苓一錢　甘草一錢　陳皮一錢　丹皮一錢　薏仁三錢　花粉一錢　白芥子五錢。

水煎服。

此方妙在白芥子爲君，薏仁、〔二〕白芍爲臣，柴胡、花粉爲佐，使老痰無處可藏，十劑而老痰可化矣。

頑痰

痰成而塞咽喉者，謂之頑痰。方用：

貝母三錢　半夏三錢　茯苓三錢　白朮五錢　神曲二錢　甘草一錢　桔梗一錢　白礬一錢　炙紫苑一錢。

水煎服。

此方妙在貝母、半夏同用，一燥一溼，使痰無處逃避。又有白礬消塊，梗苑去邪，甘草調中，有不奏功者乎！

水泛爲痰

腎中之水，有火則安，無火則泛。倘人過於入房，則水去而火亦去。久之，則水虛而火亦虛，

〔二〕郭本無「薏仁」。

水無可藏之地，必泛上爲痰矣。治之法，欲抑水之下降，必先使火之下温，當於補腎之中，加大熱之藥，使水足以制火，火足以煖水，則水火有既濟之道，自不上泛爲痰矣。方用：

熟地一兩　山萸五錢　肉桂二錢　牛夕三錢　五味子一錢。水煎服。一劑而痰下行矣，二劑而痰自消矣。

中氣又中痰

中氣中痰，雖若中之異，而實中於氣之虚也。氣虚自然多痰，痰多必然耗氣，雖分而實合也。方用：

人參一兩　半夏三錢　南星三錢　茯苓三錢　附子一錢　甘草一兩。水煎服。

人參原是氣分之神劑，而亦消痰之妙藥。半夏、南星，雖逐痰之神品，而亦扶氣之正藥。〔二〕附子、甘草，一仁一勇，相濟而成。

溼嗽

秋傷於溼，若用烏梅、粟殼等味，斷乎不效。方用：

陳皮一錢　當歸一錢　甘草一錢　白朮二錢　枳殼一錢　桔梗一錢。水煎服。

三劑帖然矣。冬嗽皆秋傷於溼也，豈可拘於受寒乎！

〔二〕「氣」，郭本作「風」。

久嗽

方用：

人參五錢　白芍三錢　棗仁三錢　五味子一錢　益智仁五分　白芥子一錢。水煎服。

二劑後，服六味地黄丸。

久嗽

方用：

烏梅五錢　薄荷五分　杏仁一錢　硼砂一錢　人參一錢，童便浸　五味子一錢，酒蒸　寒水石一錢，火煅　貝母三兩　甘草五分　瓜蔞仁五錢，去油　胡桃仁三錢，去油。蜜丸，櫻桃大，淨綿包之，口中噙化。虛勞未曾失血，脈未數者，皆用之，無論老少神效，十粒見功，二十粒愈。

又方用：

人參、當歸、細茶各一錢。水煎。連渣嚼盡，一二劑即愈。

肺嗽兼補腎

肺嗽之症，本是肺虚，其補肺也明矣，奈何兼補腎乎？蓋肺經之氣，夜必歸於腎，若肺金爲心火所傷，必求救於其子，子若力量不足，將何以救其母哉！方用：

熟地二兩　山萸四錢　麥冬一兩　元參五錢　蘇子一錢　牛夕一錢　沙參二錢　天冬一錢　紫苑五分。水煎服。

喘症門

氣治法

氣虛氣實，不可不平之也。氣實者，非氣實，乃正氣虛而邪氣實也。法當用補正之藥，而加祛逐之品，則正氣足而邪氣消矣。方用：

人參一錢　白朮一錢　柴胡二錢　白芍三錢　麻黄一錢　半夏一錢　甘草一錢。水煎服。

推而廣之，治氣非一條也。氣陷，補中益氣湯可用。氣衰，六君子湯可採。氣寒，人參白朮附子湯可施。氣虛，則用四君子湯。氣鬱，則用歸脾湯。氣熱，用生脈散。氣喘，用獨參湯。氣動，用二陳湯加人參。氣壅塞，用射干湯。氣逆，用逍遥散。氣虛則羸弱，氣實則壯盛，氣虛用前方，實者另一方：

白朮一錢　茯苓三錢　柴胡一錢　白芍二錢　陳皮五分　甘草一錢　山楂十个　枳殼五分　梔子一錢。水煎服。

氣喘

凡人氣喘而上者，人以爲氣有餘也，殊不知氣盛當作氣虛看，有餘當作不足看，若認作肺氣之盛，而用蘇葉、桔梗、百部、豆根之類，去生遠矣。方用：

人參三兩　牛夕三錢　熟地五錢　山萸四錢　枸杞一錢　五味子一錢　麥冬五錢　胡桃三个　生薑五片。

水煎服。

此方不治肺，而正所以治肺也。或疑人參乃健脾之藥，既宜補腎，不宜多用人參。不知腎水大虛，一時不能遽生，非急補其氣，則元陽一線必且斷絕。況人參少用則泛上，多用卽下行，妙在用人參三兩，使下達病原，補氣以生腎水。方中熟地、山茰之類，同氣相求，直入命門，又何患其多哉！若病重之人，尤宜多加。但喘有初起之喘，有久病之喘，初起之喘多實邪；久病之喘多氣虛。實邪喘者必抬肩；氣虛喘者，微微氣息耳。此方治久病之喘；若初起之喘，四磨、四七湯一劑卽止。喘不獨肺氣虛，而腎水竭也。

實喘

方用：

黃芩二錢　柴胡五分　麥冬三錢　蘇葉一錢　甘草五分　烏藥一錢　半夏一錢　山豆根一錢。水煎服。

一劑喘定，不必再劑也。凡實喘症，氣大急，喉中必作聲，肩必抬，似重而實輕也。

虛喘

大抵此等症，氣少息，喉無聲，肩不抬也，乃腎氣大虛，脾氣又復將絕，故奔冲而上，欲絕未絕也。〔一〕方用救絕湯：

人參一兩　熟地一兩　山茰三錢　牛夕一錢　麥冬五錢　五味子一錢　白芥子一錢。水煎服。

〔一〕「未」，郭本作「不」。

氣短似喘

此症似喘而實非喘也，若作實喘治之，立死。蓋氣短乃腎氣虚耗，〔一〕氣冲上焦，壅塞於肺經，不足之症也。方用：

人參二兩　熟地一兩　山萸三錢　牛夕三錢　麥冬五錢　補骨脂三錢　枸杞三錢　胡桃三个，去皮　五味子二錢。水煎服。

三劑氣平喘定。此方妙在用人參之多，能下達氣原，挽回於無何有之鄉。又純是補肺、補腎之品，子母相生，水氣自旺，則火氣自安於故宅，不上冲於喉門矣。

抬肩大喘

人忽感風邪，寒入於肺，以致喘急、肩抬、氣逆，痰吐不出，身不能卧。方用：

柴胡二錢　茯苓二錢　黄芩一錢　當歸一錢　麥冬二錢　甘草一錢　桔梗二錢　半夏一錢　射干一錢。水煎服。

此方妙在用柴胡、射干、桔梗，以發舒肺金之氣，半夏以去痰，黄芩以去火。蓋感寒邪，内必變爲熱症，故用黄芩以清解之。然徒用黄芩，既曰清火，轉足以遏抑其火，而火未必伏也，有射干、桔梗、柴胡一派辛散之品，則足以消火滅邪矣。

〔一〕「短」，傅山全書初版本脱，據王道平本補。

腎寒氣喘

人有氣喘不能臥，吐痰如湧泉者，舌不燥而喘不止，一臥卽喘，此非外感之寒邪，乃腎中之寒氣也。蓋腎中無火，則水無所養，乃泛上而爲痰。方用六味地黃湯，加桂附大劑飲之。蓋人之臥，必腎氣與肺氣相安，而後河車之路平安而無奔越也。

腎火扶肝上冲

凡人腎火逆扶肝氣而上冲，以致作喘，甚有吐紅粉痰者，此又腎火炎上，以燒肺金，肺熱不能尅肝，而龍雷之火升騰矣。方用：

沙參一兩　麥冬五錢〔一〕　地骨皮一兩　丹皮三錢　甘草三分　桔梗五分　白芍五錢　白芥子二錢。水煎服。

此方妙在地骨皮清骨中之火，沙參、丹皮以養陰，白芍平肝，麥冬清肺，甘草、桔梗引入肺經，則痰消而喘定矣。

假熱氣喘吐痰

人有假熱氣喘吐痰者，人以爲熱，而非熱也，乃下元寒極，逼其火而上喘也。此最危急之症，苟不急補其腎水與命門之火，則一線之微，必然斷絕。方用：

〔一〕郭本作「二錢」。

熟地四兩　山藥三兩　五味子一兩　麥冬三兩　牛夕一兩　肉桂一錢　附子一錢。水煎冷服，一劑而愈。

喘嗽

人有喘而且嗽者，人以爲氣虚而有風痰也，誰知是氣虚而不能歸源於腎，而肝木挾之作祟乎！法當峻補其腎，少助以引火之品，則氣自歸源於腎，而喘嗽俱止矣。方用：

人參一兩　熟地二兩　麥冬五錢　牛夕一錢　枸杞一錢　茯苓三錢　白朮一錢　五味子一錢　兎絲子一錢。水煎服。連服幾劑，必有大功。倘以四磨、四七湯治之，則不效矣。

貞元飲，此方專治喘而脈微濇者

熟地三兩　當歸七錢　甘草一錢。水煎服。婦人多此症。

吐血門

陽症吐血

人有感暑傷氣，忽然吐血盈盆，人以爲陰虚也，不知陰虚吐血與陽虚不同。陰虚吐血人安靜，無躁動；陽虚必大熱作渴，欲飲冷水，舌必有刺；陰虚口不渴而舌胎滑也。法當清胃火，不必止血也。方用：

人參三錢　當歸三錢　荊芥一錢　青蒿五錢　香薷三錢　石膏三錢。水煎服。

此方乃陽症吐血之神劑也。方中雖有解暑之味，然補正多於解暑，去香薷一味，實可同治。但此方祇可用一二劑，即改六味地黃湯。

大怒吐血

其吐也，或傾盆而出，或冲口而來，一時昏暈，死在頃刻。以止血治之，則氣悶不安；以補血治之，則胸滿不受。有變症蠭起而死者，不可不治之得法也。方用解血平氣湯：

白芍二兩　當歸二兩　荊芥三錢，炒　黑梔三錢　紅花二錢　柴胡八分　甘草一錢。水煎服。

一劑而氣平舒，二劑而血止息，三劑而病大愈。此症蓋怒傷肝，不能平其氣，以致吐血，若不先舒其氣，而遽止血，則愈激動肝火之氣，必氣愈旺而血愈吐矣。方中用白芍平肝又舒氣，荊芥、柴胡引血歸經，當歸、紅花生新去舊，安有不愈者哉！

吐血

此症人非以爲火盛，即以爲陰虧，用涼藥以瀉火，乃火愈退而血愈多，用滋陰之味、止血之品，仍不效，誰知是血不歸經乎。治法當用補氣之藥，而佐以引血歸經之味，不止血而血自止矣。方用：

人參五錢　當歸一兩　丹皮三錢，炒　黑芥穗三錢。水煎服。一劑而止。

此方妙在不專補血，而反去補氣以補血；尤妙在不去止血，而去行血以止血。蓋血逢寒則凝，逢散則歸經，救死於呼吸之際，大有神功。

吐白血

血未有不紅者，何以名白血？不知久病之人，吐痰皆白沫，乃白血也。白沫何以名白血？以其狀似蟹涎，無敗痰存其中，實血而非痰也。若將所吐白沫露於星光之下，一夜必變紅矣。此沫出於腎，而腎火沸騰於咽喉，不得不吐者也。雖是白沫，而實腎中之精，豈特血而已哉。苟不速治，則白沫變爲綠痰，無可如何矣。方用：

熟地一兩　山藥五錢　山萸五錢　丹皮二錢　澤瀉二錢　茯苓五錢　麥冬一兩　五味子一錢。　水煎。日日服之。

血不歸經

凡人血不歸經，或上或下，或四肢毛竅，各處出血。循行經絡，外行於皮毛，中行於臟腑，內行於筋骨，上行於頭目兩手，下行於二便，一臍〔一〕周身，無非血路。一不歸經，斯各處妄行，有孔則鑽，有洞則洩，甚則嘔吐，或見於皮毛，或出於齒縫，或滲於臍腹，或露於二便。皆宜順其性以引之歸經。方用：

熟地五錢　生地五錢　當歸三錢　白芍三錢　麥冬三錢　茜草根一錢　荆芥一錢　川芎一錢　甘草一錢。水煎服。

此方卽四物湯加減。妙在用茜草引血歸經。

〔一〕「臍」，郭本作「劑」。

三黑神奇飲

丹皮七分，炒黑　黑梔五分　眞蒲黄一錢二分，炒黑　貝母一錢　川芎一錢，酒洗　生地一錢，酒洗。〔一〕　水二樽，童便、藕汁各半樽，煎服。此方治吐血，神效無比，二劑止。

六味地黄湯，加麥冬、五味子，最能補腎滋肝，木得其養，則血有可藏之經而不外洩，血症最宜服之。

嘔吐門

脾胃症辨

人有能食而不能化者，乃胃不病而脾病也，當補脾，而補脾尤宜補腎中之火，蓋腎火能生脾土也。不能食，食之而安然者，乃脾不病而胃病也，不可補腎中之火，當補心火，蓋心火能生胃土也。世人一見不飲食，動曰脾胃虚也，殊不知胃之虚寒責之心，脾之虚寒責之腎也，不可不辨也。

反胃大吐

大吐之症，舌有芒刺，雙目紅腫，人以爲熱也，誰知是腎水之虧乎。蓋脾胃必借腎水而滋潤，腎水一虧，則脾胃之火沸騰而上，以致目紅腫而舌芒刺也。但此症時躁時靜，時欲飲水，及水到又

〔一〕郭本無劑量。

不欲飲，即强之飲，亦不甚快，此乃上假熱而下眞寒也。宜六味地黄湯加桂附。水煎服。

外治法：先以手擦其足心，使之極熱，然後用附子一个煎湯，用鵝翎掃之，隨乾隨掃，少頃即不吐矣。後以六味地黄湯大劑飲之，即安然也。或逍遥散加黄連，亦立止也。無如世醫以雜藥投之，而成噎嗝矣。方用：

熟地二兩　山萸一兩　當歸五錢　元參一兩　牛夕三錢　五味子二錢　白芥子三錢。水煎服。

蓋腎水不足，則大腸必乾而細，飲食入胃，難於下行，故反而上吐矣。

寒邪犯腎大吐

寒入腎宫，將脾胃之水挾之盡出，手足厥逆，小腹痛不可忍，以熱物熨之少快，否則寒冷難支，人多以爲胃病，其實腎病也。方用：

附子一个　白朮四兩　肉桂一錢　乾薑三錢　人參三兩。水煎服。

此藥下喉，便覺吐定，煎渣再服，安然如故。

嘔吐

世人皆以嘔吐爲胃虚，誰知由於腎虚乎！故治吐不效，未窺見病之根也。方用：

人參三錢　白朮五錢　薏仁五錢　芡實三錢　砂仁五粒　吴萸五分。水煎服。

火吐

此症若降火，則火由脾而入於大腸，必變爲便血之症。法宜清火止吐。方用：

茯苓一兩　人參二錢〔一〕　砂仁三粒　黄連三錢。水煎服。

寒吐

此症若降寒，則又引入腎而流於膀胱，必變爲遺尿之症。法宜散寒止吐。方用：

白朮二兩　人參五錢　附子一錢　乾薑一錢　丁香五分。水煎服。

此方散寒而用補脾之品，則寒不能上越，而亦不得下行，勢不能不從臍出也。

胃吐

此症由於脾虚，脾氣不得下行，自必上反而吐。補脾則胃安。方用：

人參三錢　白朮五錢　茯苓三錢　甘草一錢　肉桂一錢　神曲一錢　半夏一錢　砂仁三粒。水煎服。

此方治胃病以補脾者何也？蓋胃爲脾之關，關門之沸騰，由於關中之潰亂，欲使關外之安靜，必先使關中之安甯。況方中砂仁、半夏、神曲等味，全是止吐之品，有不奏功者乎！此脾胃兩補之法也。

反胃

人有食入而即出者，乃腎水虚不能潤喉，故喉燥而即出也。方用：

〔一〕郭本作「二兩」。

熟地二兩　山萸五錢　山藥一兩　澤瀉三錢　丹皮三錢　茯苓五錢　麥冬五錢　五味子二錢〔一〕。水煎服。

反胃〔二〕

此症又有食久而反出者，乃腎火虚不能温脾，故脾寒而反出也。方用：

熟地二兩　山萸一兩　山藥六錢　茯苓三錢　澤瀉二錢　丹皮三錢　附子三錢　肉桂三錢。水煎服。

胃寒

心腎兼補，治脾胃兩虚者固效，若單胃之虚寒，自宜獨治心之爲妙。方用：

人參一兩　白朮三兩　茯苓三兩　菖蒲五錢　良薑五錢　棗仁五錢　半夏三錢　附子三錢　山藥四錢　遠志一兩　蓮子三兩　白芍三兩　白芥子三錢。蜜丸。每日白水送下五錢。

腎寒吐瀉心寒胃弱

此症由於心寒胃弱，嘔吐不已，食久而出是也；下痢不已，五更時痛瀉三五次者是也。人以爲脾胃之寒，服脾胃之藥而不效者，何也？蓋胃爲腎之關，而脾爲腎之海，胃氣弱，不補命門之火，則心包寒甚，何以生胃土而消谷食？脾氣弱，不補命門之火，則下焦虚冷，何以化飲食而生精華？故補脾胃莫急於補腎也。方用：

〔一〕郭本作「一錢」。
〔二〕郭本無「反胃」標題，非是。

熟地三兩　山萸二兩　茯苓三兩　人參三兩　山藥四兩　附子一兩　肉桂一兩　吴萸五錢　五味子一兩。蜜丸。每日白水送下五錢。空心〔二〕。

臟症門

水臟

此症滿身皆水，按之如泥者是。若不急治，水流四肢，不得從膀胱出，則爲死症矣。方用決流湯：

黑丑二錢　甘遂二錢　肉桂三分　車前子一兩。水煎服。

一劑水流斗餘，二劑全愈，斷勿與三劑也，與三劑反殺之矣。蓋二丑、甘遂，最善利水；又加肉桂、車前子，引水以入膀胱，利水而不走氣，不使牛遂之過猛也。二劑之後，須改五苓散調理二劑，再用六君子湯補脾可也。忌食鹽，犯之則不救矣。

氣臟

此症氣虚作腫，似水而實非水也，但按之不如泥耳。必先從脚面上腫起，後漸腫至身上，於是頭面皆腫者有之，此之謂之〔三〕氣臟。宜於健脾行氣之中，加引水之品。若以治水臟治之，是速之死

〔二〕「空心」，郭本無。
〔三〕「之」，郭本無。

也。方用：

白朮一兩　茯苓一兩　薏仁一兩　甘草一分　枳殼五分　人參一錢　山藥五錢　肉桂一分　神曲一錢　車前子一錢　蘿蔔子一錢。水煎服。

初服若覺有礙，久之自有大功，三十劑而愈矣。亦忌食鹽，秋石亦忌。

蟲臌

此症小腹痛，四肢浮腫而未甚，面色紅而有白點，如蟲食之狀，是之謂蟲臌。方用消虫神奇丹：

當歸一兩　鱉甲一兩　雷丸三錢　神曲三錢　茯苓三錢　地栗粉一兩　車前子五錢　白礬三錢。水煎服。

一劑下蟲無數，二劑蟲盡臌消，不須三劑。但病好必用六君子湯去甘草調理。

血臌

此症或因跌閃而瘀血不散，或憂鬱而結血不行，或風邪而畜血不散，留在腹中，致成血臌。飲食入胃，不變精血，反去助邪，久則脹脹成臌矣。倘以治水法逐之，而症非水，徒傷元氣；以治氣法治之，而又非氣，徒增飽滿。方用逐瘀湯：

水蛭三錢。此物最難死，火燒經年，入水猶生，必須炒黄爲末方妥　當歸二兩　雷丸三錢　紅花三錢　枳殼三錢　白芍三錢　牛夕三錢　桃仁四十粒。水煎服。

一劑血盡而愈，切勿與二劑。當改四物湯調理，於補血内加白朮、茯苓、人參補元氣而利水，自然全愈。不則恐成乾枯之症。〔二〕　辨血臌惟腹脹如臌，而四肢手足並無臌意也。

水症門

水腫

此症土不能尅水也。方用：

牽牛三錢　甘遂三錢。水煎服。

此症治法雖多，獨此方奇妙。其次鷄屎醴亦效。鷄屎醴治血臌尤效。

呃逆

此症乃水氣凌心包也。心包爲水氣所凌，呃逆不止，號召五臟之氣救水氣之犯心也。治法當利溼分水。方用：

茯神一兩　蒼朮三錢　白朮三錢　薏仁一兩　芡實五錢　法製半夏一錢　人參三錢　陳皮一錢　丁香五錢　吳萸三分。水煎服。二劑愈〔三〕。

〔二〕「不」，郭本作「否」。
〔三〕「二劑愈」，郭本無。

水結膀胱

此症目突口張，足腫氣喘，人以爲不治之症，不知膀胱與腎相爲表裏，膀胱之開合，腎司其權，特通其腎氣而膀胱自通矣。方用通腎消水湯：

熟地二兩　山萸錢半　茯神五錢　肉桂一錢　牛夕一錢　山藥一兩　薏仁一兩　車前子三錢。水煎服。

溼症門

黄疸

此症外感之溼易治；内傷之溼難療。外感者，利水則愈；若内傷之溼，瀉水則氣消，發汗則精泄，必健脾行氣而後可也。方用：

白朮一兩　茯苓一兩　薏仁一兩　茵陳三錢　黑梔三錢　陳皮五分。水煎服。

此方治内感之溼，不治外感之溼。若欲多服，去梔子。

痺症

此症雖因風寒溼而來，亦因元氣之虚，邪始得乘虚而入。倘攻邪而不補正則難愈矣。今於補正之中，佐以去風寒溼之品，而痺如失矣。方用：

白朮五錢　人參三錢　茯苓一兩　柴胡一錢　附子一錢　半夏一錢　陳皮五分。水煎服。

傷溼

此症惡溼、身重、足腫、小便短赤。方用：

澤瀉三錢　猪苓三錢　肉桂五分　茯苓五錢　白朮五錢　柴胡一錢　半夏一錢　車前子一錢。水煎服。一劑愈。

脚氣

今人以五苓散去溼，亦是正理。然不升其氣，而溼未必盡去也，必須提氣而水乃散也。方用：

黄芪一兩　人參三錢　白朮三錢　防風一錢　肉桂一錢　薏仁五錢　芡實五錢　白芍五錢　半夏二錢　柴胡一錢　陳皮五分。水煎服。

此方去溼之聖藥，防風用於黄芪之中，已足提氣而去溼，又助之以柴胡舒氣，則氣自升騰，氣升則水散。白朮、茯苓、薏仁、芡實，俱是去溼之品，有不神效者乎！

卷二百七　傅青主男科（下）

泄瀉門

瀉甚

一日五六十回，傾腸而出，完谷不化，糞門腫痛，如火之熱。苟無以救之，必致立亡。方用截瀉湯：

薏仁二兩　白芍二兩　山藥一兩　黃連五錢　人參三錢　車前子一兩　茯苓五錢　澤瀉二錢　甘草二錢　肉桂三分。水煎服。

水瀉

方用：

白术一兩　車前子五錢。水煎服。

此方補腎健脾，利水去溼，治瀉神效。

火瀉

完谷不化，飲食下喉即出，日夜數十次甚至百次，人皆知爲熱也，然而熱之生也何故？生於胃中之水衰不能制火，〔二〕使胃土關門不守於上下，所以直進而直出也。論其勢之急迫，似乎宜治其標，然治其標而不能使火之驟降，必須急補腎中之水，使火有可居之地，而後不至上騰也。方用：

熟地三兩　山萸一兩　茯苓一兩　甘草一兩　白芍三兩　肉桂三分　車前子一兩。水煎服。

此乃補腎之藥，非止瀉之品，然而止瀉之妙，捷如桴鼓矣，世人安知此也。

水瀉

此乃純是下清水，非言下痢也，痢無止法，豈瀉水亦無止法乎，故人患水瀉者，急宜止遏。方用：

白朮五錢　茯苓三錢　吳萸五分　車前子一錢　五味子一錢。水煎服。

泄瀉吞酸

泄瀉，寒也；吞酸，火也。似乎寒熱殊而治法異矣。不知吞酸雖熱，由於肝氣之鬱結；泄瀉雖寒，由於肝木之尅脾。苟用一方以治木鬱，又一方以培脾土，土必大崩木必大彫矣，不若一方而兩治之爲愈也。方用：

白芍五錢　柴胡一錢　茯苓三錢　陳皮五分　甘草五分　神曲五分　車前子一錢。水煎服。

此方妙在白芍以舒肝木之鬱，木鬱一舒，上不尅胃，下不尅脾，又有茯苓、車前以分消水溼之氣，則水盡從小便出，而何有餘水以吞酸、剩汁以泄瀉哉！

〔二〕「胃」，郭本作「腎」，爲是。

痢疾門

火邪内傷辨

火邪之血色必鮮紅，脈必洪緩，口必渴而飲冷水，小便必澁而赤濁。内傷之血色，不鮮而紫暗，或微紅淡白，脈必細而遲，或浮濇而空，口不渴，卽渴而喜飲熱湯，小便不赤不澁，卽赤而不熱不濁。此訣也。

痢疾

此症感溼熱而成，紅白相見，如膿如血，〔一〕至危至急者也。苟用涼藥止血，熱藥攻邪，俱非善治之法。

方用：

白芍二兩　當歸二兩　枳殼二錢　檳榔二錢　滑石三錢　廣木香一錢　萊菔子一錢〔二〕。水煎服。

一二劑收功。此方妙在用歸、芍至二兩之多，則肝血有餘，不去尅脾土，自然大腸有傳送之功。加之枳殼、檳榔，俱逐穢去積之品，尤能於補中用攻。而滑石、甘草、木香，調達於遲速之間，不疾不徐，使瘀滯盡下也。其餘些小痢疾，減半用之，無不奏功。此方不論紅白痢疾，痛與不痛，服

〔一〕「膿」，傅山全書初版本作「濃」，據文意改。
〔二〕郭本更有「甘草一錢」。爲是。

之皆神效。

又方：

當歸一兩　黄芩七分，酒洗　蒼朮一錢　厚朴一錢　大腹皮一錢　陳皮一錢。　水二碗，煎一碗，頓服。

血痢

凡血痢腹痛者，火也。方用：

歸尾一兩　黄連三錢　枳殻二錢　白芍一兩　木香二錢　萊菔子二錢。水煎服。

寒痢

凡痢腹不痛者，寒也。方用：

白芍三錢　當歸三錢　枳殻一錢　檳榔一錢　甘草一錢　萊菔子一錢。水煎服。

前方治壯實之人，火邪挾溼者；此方治寒痢腹不痛者。更有内傷勞倦與中氣虚寒之人，脾不攝血而成血痢者，當用理中湯加木香、肉桂，或用補中益氣湯，加熟地、炒乾薑治之，而始愈也。

大小便門

大便不通

此症人以爲大腸燥也，誰知是肺氣燥乎！蓋肺燥則清肅之氣不能下行於大腸，而腎經之水僅足自顧，又何能旁流以潤澗哉！方用：

熟地三兩　元參三兩　升麻三錢　牛乳一碗　火麻仁一錢。水二碗，煎六分，將牛乳同調服之。一二劑必大便矣。此方不在潤大腸，而在補腎，大補肺。夫大腸居於下流，最難獨治，必須從腎以潤之，從肺以清之，啓其上竅，則下竅自然流動通利矣。此下病上治之法也。

實症大便不通

方用：

大黄五錢　歸尾一兩　升麻五分　蜜半杯。〔二〕水煎服。

此方大黄泄利，當歸以潤之，仍以爲君，雖泄而不至十分猛烈，不致有亡陰之弊，況有升麻以提之，則泄中有留，又何必過慮哉！

虚症大便不通

人有病後大便秘者。方用：

熟地一兩　元參一兩　當歸一兩　川芎五錢　桃仁十粒　火麻仁一錢　紅花三分　大黄三分　蜜半杯。〔三〕水煎服。

〔二〕「蜜」，郭本作「蜂蜜」。
〔三〕「蜜」，郭本作「蜂蜜」。

小便不通

膀胱之氣化不行，即小便不通，似宜治膀胱也。然而治法全不在膀胱。方用：

人參三錢　茯苓三錢　蓮子三錢　白果二錢　甘草一錢　肉桂一錢　車前子一錢　王不留一錢。〔一〕水煎服。

此方妙在用人參、肉桂，蓋膀胱必得氣化而出，氣化者何？心包絡之氣也。既用參桂而氣化行矣，〔二〕尤妙在用白果，人多不識此意，白果通任督之脈，走膀胱而引羣藥，況車前子、王不留盡下洩之品，〔三〕服之而前陰有不利者乎！

又方：

熟地一兩　山藥一錢　山萸四錢　丹皮一錢　澤瀉一錢　肉桂一錢　車前子一錢。水煎服。

此方不去通小便，而專治腎水，腎中有水，而膀胱之氣自然行矣，蓋膀胱之開合，腎司其權也。

大小便不通

方用：

頭髮燒灰，研末，用三指一撚，入熱水半碗，飲之立通。

〔一〕「王不留」，郭本作「王不留行」。
〔二〕「用」，傅山全書初版本作「而」，據王道平本改。
〔三〕「王不留」，郭本作「王不留行」。

又方：

蜜一茶杯，皮硝一兩，黄酒一茶杯，大黄一錢。煎一處，温服神效。

厥症門

寒厥

此症手足必青紫，飲水必吐，腹必痛，喜火熨之。方用：

人參三錢　白朮一兩　附子一錢　肉桂一錢　吴萸一錢。水煎服。

熱厥

此症手足雖寒，而不青紫，飲水不吐，火熨之腹必痛，一時手足厥逆，痛不可忍。人以爲四肢之風症也，誰知是心中熱蒸，外不能洩，故四肢手足則寒，而胸腹皮熱如火。方用：

柴胡三錢　當歸二錢　荆芥一錢　黄連二錢　炒梔二錢　半夏一錢　枳殻一錢。水煎服。一劑愈。

又方：

白芍一兩　黑梔三錢　陳皮一錢　柴胡一錢　花粉二錢。水煎服。

以白芍爲君，取入肝而平木也。

尸厥

此症一時猝倒，不省人事，乃氣虚而痰迷心也。補氣化痰而已。方用：

人參三錢　白朮五錢　半夏三錢　南星三錢　附子五分　白芥子一錢。水煎服。

又方：

蒼朮三兩。水煎，灌之必吐，吐後即愈。蓋蒼朮陽藥，善能祛風，故有奇效。凡見鬼者用之更效。

厥症

人有忽然發厥，閉目撒手，喉中有聲，有一日死者，有二三日死者。此厥多犯神明，然亦素有痰氣而發也。治法宜攻痰而開心竅。方用起迷丹：

人參五錢　半夏五錢　菖蒲二錢　兔絲子一兩〔一〕　茯苓三錢　皂莢一錢　生薑一錢　甘草三分。水煎服。

氣虚猝倒

人有猝然昏倒，迷而不悟，喉中有痰，人以爲風也，誰知是氣虚乎！若作風治，無不死者。此症蓋因平日不慎女色，精虧以致氣衰，又加不慎起居，而有似乎風者，其實非風也。方用：

人參一兩　黃芪一兩　白朮一兩　茯苓五錢　菖蒲一錢　附子一錢　半夏二錢　白芥子三錢。水煎服。

此方補氣而不治風，消痰而不耗氣。一劑神定，二劑痰清，三劑全愈。

〔一〕郭本作「弍兩」。

陰虛猝倒

此症有腎中之水虛，而不上交於心者；又有肝氣燥不能生心之火者。此皆陰虛，而能令人猝倒者也。方用再甦丹：

熟地二兩　山萸一兩　元參一兩　麥冬一兩　茯苓五錢　五味子一兩　柴胡一錢　菖蒲一錢　白芥子三錢。水煎服。

此方補腎水，滋肺氣，安心通竅，瀉火消痰，實有神功，十劑全愈。

陽虛猝倒

人有心中火虛，不能下交於腎而猝倒者，陽虛也。方用：

人參一兩　白朮一兩　茯神五錢　附子一錢　甘草一錢　生半夏三錢　生棗仁一兩。水煎服。藥下喉，則痰靜而氣出矣。連服數劑，則安然如故。

此症又有胃熱，不能安心之火而猝倒者，亦陽虛也。方用：

人參一兩　元參一兩　石膏五錢　麥冬三錢　菖蒲一錢　花粉五錢。水煎服。

一劑心定，二劑火清，三劑全愈。

腎虛猝倒

人有口渴索飲，眼紅氣喘，心脈洪大，舌不能言，不可作氣虛治。此乃腎虛之極，不能上滋於心，心火亢極，自焚悶亂，遂致身倒，有如中風者。法當補腎，而佐以清火之藥。方用水火兩治湯：

熟地一兩　當歸一兩　元參一兩　麥冬五錢　生地五錢　山萸五錢　黄連三錢　茯神五錢　白芥子三錢

五味子三錢。水煎。連服數劑而愈。

大怒猝倒

人有大怒跳躍，忽然臥地，兩臂抽搦，唇口歪邪，左目緊閉，此乃肝火血虚，内熱生風之症。當用八珍湯加丹皮、鈎籐、山梔。若小便自遺，左關脈紘洪而數，此肝火血燥，當用六味湯加鈎籐、五味子、麥冬、川芎、當歸。愈後須改補中益氣湯，加山梔、丹皮、鈎籐，多服。如婦人得此症，則逍遙散加鈎籐及六味湯，便是治法。

中風不語

人有跌倒昏迷，或自臥而跌下牀者，此皆氣虚，而痰邪犯之也。方用三生飲：

人參一兩　半夏生，三錢　南星生，三錢　附子生，一个。水煎。灌之。

此症又有因腎虚而得之者。夫腎主藏精，主下焦地道之生身，衝、任二脈係焉，二脈與腎之大絡，同出於腎之下，起於胞之中，其衝脈因稱胞絡爲經脈之海，遂名海焉。其衝脈之上行者，滲諸陽，灌諸經；下行者，滲諸陰，灌諸絡。而温肌肉，别絡結於跗。因腎虚，而腎絡與胞内絕，不通於上則瘖，腎脈不上循喉嚨挾舌本，則不能言；二絡不通於下，則痱厥矣。方用地黄引子：

熟地一兩　巴戟一兩　山萸一兩　附子五錢　石斛六錢　茯苓一兩　麥冬一兩　菖蒲五錢　肉蓯蓉一兩

五味子五錢　肉桂三錢　薄荷　薑　棗。水煎服。

口眼歪邪

此症人多治木、治金固是，而不知胃土之爲尤切，當治胃土。且有經脈之分。經云：足陽明之經，急則口目爲僻，眥急不能視，此胃土之經爲歪邪也。又云：足陽明之脈，挾口環脣，口歪脣邪，此胃土之脈爲歪邪也。二者治法，皆當用黃芪、當歸、人參、白芍、甘草、桂枝、升麻、葛根、蓁艽、白芷、防風、黃柏、蘇木、紅花。水酒各半煎。微熱服。如初起有外感者，加葱白三莖同煎，取微汗自愈。

此症又有心中虛極，不能運於口耳之間，輕則歪邪，重則不語。方用：

人參三錢　白朮五錢　茯苓三錢　半夏二錢　甘草一錢　菖蒲三錢　肉桂二錢　當歸一兩　白芍三錢。水煎服。二劑愈。

又治法：令一人抱住身子，又一人抱住歪邪之耳輪，再令一人手摩其歪邪之處，至數百下，使面上火熱而後已。少頃，口眼如故矣。最神效。

半身不遂

此症宜於心胃而調理之。蓋心爲天眞神機開發之本，胃是穀府充大眞氣之標，標本相得，則心膈開之膻中氣海，[一]所留宗氣盈溢，分布五臟三焦，上下中外無不周徧。若標本相失，不能致其氣於氣海，而宗氣散矣。故分布不周於經脈則偏枯，不周於五臟則瘖。卽此言之，未有不因眞氣不周

[一]「開」，郭本作「間」，爲是。

而病者也。法宜黄芪爲君，參、歸、白芍爲臣，防風、桂枝、鈎籐、竹瀝、薑、韭、葛、梨、乳汁爲佐，治之而愈。若雜投乎烏、〔一〕附、羌活之類，以涸榮而耗衛，如此死者，醫殺之也。

半身不遂口眼歪邪

方用：

人參五錢　黄芪一兩　當歸五錢　白朮五錢　半夏三錢　乾葛三錢　甘草一錢　紅花二錢　桂枝錢半。

水二樽，薑三片，棗二枚，煎服。

此症人多用風藥治之，殊不見功，此藥調理氣血，故無不效。

痼症

此症忽然臥地，作牛馬猪羊之聲，吐痰如湧泉者，痰迷心竅也。蓋因寒而成，感寒而發也。方用：

人參三錢　白朮一兩　茯神五錢　山藥三錢　薏仁五錢　肉桂一錢　附子一錢　半夏三錢。水煎服。

又方：

人參一兩　白朮五錢　茯神一兩〔二〕　半夏一錢　南星一錢　附子一錢　柴胡一錢　菖蒲三分。水煎服。

此本治寒狂之方，治痼亦效。

〔一〕「乎」，郭本作「之」，亦通。
〔二〕「茯神」，郭本作「茯苓」。

癲狂門

癲狂

此症多生於脾胃之虚寒，飲食入胃，不變精而變痰，痰迷心竅，遂成癲狂。苟徒治痰，而不補氣，未有不死者也。方用：

人參五錢　白朮一兩　半夏三錢　陳皮一錢　甘草五分　乾薑一錢〔一〕　菖蒲五分　白芥子五錢　肉桂一錢。水煎服。

如女人得此症，去肉桂，加白芍、柴胡、黑梔，治之亦最神效。

發狂見鬼

此症氣虚而中痰也。宜固其正氣，而佐以化痰之品。方用：

人參一兩　白朮一兩　半夏三錢　南星三錢　附子一錢。水煎服。

發狂不見鬼

此是内熱之症。方用：

人參三錢　白芍三錢　半夏三錢　南星二錢　黄連二錢　陳皮一錢　甘草一錢　白芥子一錢。水煎服。

〔一〕「乾」，郭本作「甘」，非是。

狂症

此症有因寒得之者，一時之狂也，可用白虎湯以瀉火。更有終年狂而不愈者，或拿刀殺人，或罵親戚，不認兒女，見水大喜，見食大惡，此乃心氣之虚，而熱邪乘之，痰氣侵之也。方用化狂丹：

人參一兩　白朮一兩　茯神一兩　附子一分　半夏三錢　兔絲子三錢　菖蒲一錢　甘草一錢。水煎服。

一劑狂定。此方妙在補心、脾、胃三經，而化其痰，不去瀉火。蓋瀉火則心氣益傷，而痰涎益盛，狂何以止乎！尤妙微用附子，引補心消痰之品，直入心中，則氣易補而痰易消，又何用瀉火之多事哉！

寒狂

凡發狂罵人，未渴索飲，與水不飲者，寒症之狂也。此必氣鬱不舒，怒氣未洩，其人必性情過於柔弱，不能自振者耳。宜補氣消痰。方用：

人參一兩　白朮五錢　茯神一兩　半夏一錢　南星一錢　附子一錢　菖蒲三分　柴胡一錢。水煎服。藥下喉，睡熟醒來，病如失也。

怔忡驚悸門

怔忡不寐

此症心經血虛也。方用：

人參三錢　當歸三錢　茯神三錢　丹皮二錢　麥冬三錢　甘草一錢　生棗仁五錢　熟棗仁五錢　菖蒲一錢　五味子一錢。水煎服。

此方妙在用生熟棗仁，生使其日間不臥，熟使其夜間不醒。又以補心之藥爲佐，而怔忡安矣。

心驚不安夜臥不睡

此心病而實腎病也。宜心腎兼治。方用：

人參三兩　茯苓三兩　茯神三兩　遠志二兩　熟地三兩　棗仁一兩，生　山萸三兩　當歸三兩　菖蒲三錢　黃連五錢　肉桂五錢　白芥子一兩　麥冬三兩　砂仁五錢。蜜丸。每日下五錢。湯酒俱可。

此方治心驚不安與不寐耳。用人參、當歸、茯神、麥冬足矣，即爲起火不寐，亦不過用黃連足矣，何以反用熟地、山萸補腎之藥，又加肉桂以助火？不知人之心驚，乃腎氣不入於心也；不寐乃心氣不歸於腎也。今用熟地、山萸補腎，則腎氣可通於心，肉桂以補命門之火，則腎氣既溫，相火有權，君火相得，自然上下同心，君臣合德矣。然補腎固是，而亦有肝氣不上於心。而成此症者，如果有之，宜再加白芍二兩，兼補肝木，斯心泰然矣。

恐怕

人夜卧交睫，則夢爭鬬負敗。恐怖之狀，難以形容。人以爲心病，誰知是肝病乎！蓋肝藏魂，肝血虚則魂失養，故交睫若魘，〔一〕此乃肝胆虚怯，故負恐維多。此非大補，不克奏功。而草木之品，不堪任重。當以酒化鹿角膠，空腹服之可愈。蓋鹿角膠大補精血，血旺則神自安矣。

神氣不寧

人有每卧則魂飛揚，覺身在牀而魂離體矣，驚悸多魘，通夕不寐，人皆以爲心病也，誰知是肝經受邪乎？蓋肝氣一虚，邪氣襲之。肝藏魂，肝中邪，魂無依，是以魂飛揚而若離體也。法用珍珠母爲君，龍齒佐之。珍珠母入肝爲第一，龍齒與肝同類。龍齒、虎睛，今人例以爲鎮心之藥，詎知龍齒安魂，虎睛定魄。東方蒼龍，木也，屬肝而藏魂；西方白虎，金也，屬肺而藏魄。龍能變化，故魂游而不定；虎能專靜，故魄止而有守。是以治魄不寧宜虎睛，治魂飛揚宜龍齒。藥各有當也。

〔一〕「若」，兩本均作「若」，恐係「苦」字之訛。

腰腿肩臂手足疼痛門

滿身皆痛

手足心腹，一身皆痛，將治手乎？治足乎？治肝爲主。蓋肝氣一舒，諸痛自愈。[一] 不可頭痛救頭，足痛救足也。方用：

柴胡一錢　甘草一錢　陳皮一錢　梔子一錢　白芍五錢　薏仁五錢　茯苓五錢　當歸二錢　蒼朮二錢。水煎服。

此逍遙散之變化也。舒肝而又去濕、去火，治一經而諸經無不愈也。

腰痛

痛而不能俯者，濕氣也。方用：

柴胡一錢　澤瀉一錢　猪苓一錢　防己二錢　肉桂三分　白芥子一錢　白朮五錢　甘草五錢　山藥三錢。水煎服。

此方妙在入腎去濕，不是入腎而補水，初痛者一二劑可以奏功，日久必多服爲妙。

[一]「諸」，傅山全書初版本作「誰」，據王道平本與文意改。

腰痛

痛而不能直者，風寒也。方用逍遥散加防己一錢，一劑可愈。若日久者，當加杜仲一兩，改白朮二錢。酒煎服。十劑而愈。

又方：

杜仲一兩，鹽炒　破故紙五錢，鹽炒　熟地三兩　核桃仁二錢　白朮三兩。　蜜丸。每日空心白水送下五錢。服完可愈。如未全愈，再服一料必愈。

腰痛

凡痛而不止者，腎經之病，乃脾濕之故。方用：

白朮四兩　薏仁三兩　芡實二兩。　水六碗，煎一碗。一氣飲之。此方治夢遺之病亦神效。

腰腿筋骨痛

方用養血湯：

當歸一錢　生地一錢　肉桂一錢　牛夕一錢　杜仲一錢　破故紙一錢　茯苓一錢　防風一錢　川芎五分　甘草三分　山萸二錢　核桃兩个　土茯苓二錢。水酒煎服。

腰痛足亦痛

方用：

黃芪半斤　防風五錢　薏仁五兩　杜仲一兩　茯苓五錢　車前子三錢　肉桂一錢。　水十碗，煎二碗。入酒。以醉爲主，醒即愈。

腰足痛，明係是腎虛而氣衰，更加之溼，自必作楚。妙在不補腎而單益氣，蓋氣足則血生，血生則邪退。又助之薏仁、茯苓、車前之類去溼，溼去而血活矣。況又有杜仲之健腎，肉桂之温腎，防風之蕩風乎。

腿痛

身不離牀褥，傴僂之狀可掬，[一] 乃寒溼之氣侵也。方用：

白朮五錢　芡實二錢　茯苓一兩　肉桂一錢　萆薢一兩　杜仲三錢　薏仁二兩。　水煎。日日服之，不必改方，久之，自奏大功。

兩臂肩膊痛

此手經之病，肝氣之鬱也。方用：

當歸三兩　白芍三兩　柴胡五錢　陳皮五錢　羌活三錢　白芥子三錢　半夏三錢　秦艽三錢　附子一錢。水六碗，煎三沸，取汁一碗。入黃酒服之，一醉而愈。

此方妙在用白芍爲君，以平肝木，不來侮胃。而羌活、柴胡又去風，直走手經之上。秦艽亦是風藥，而兼附子攻邪，邪自退出。半夏、陳皮、白芥子，祛痰聖藥，風邪去而痰不留。更得附子，

[一]「掬」，傅山全書初版本作「掏」，據王道平本與文意改。

無經不達，而其痛如失也。

手足痛

手足肝之分野，而人以爲脾經之熱，不知散肝木之鬱結，而手足之痛自去。方用逍遙散加梔子三錢、半夏二錢、白芥子二錢。水煎服。二劑，其痛如失。

蓋肝木作祟，脾不敢當其鋒，氣散於四肢，結而不伸，所以作楚。今平其肝氣，則脾氣自舒矣。

胸背手足頸項腰膝痛

筋骨牽引，坐臥不得，時時走易不定，此是痰涎伏在心膈上下，或令人頭痛，夜間喉中如鋸聲，口流涎唾，手足重，腿冷。治法：用控涎丹，不足十劑，其病如失矣。

背骨痛

此症乃腎水衰耗，不能上潤於腦，則河車之路乾澁而難行，故作痛也。方用：

黄芪一兩　熟地一兩　山萸四錢　白朮五錢　防風五錢　五味子一錢　茯苓三錢　附子一分　麥冬二錢。水煎服。

此方補氣補水，去濕去風，潤筋滋骨，何痛之不愈哉！

腰痛兼頭痛

上下相殊也，如何治之乎？治腰乎？治頭乎？誰知是腎氣不通乎。蓋腎氣上通於腦，而腦氣下達於腎，上下雖殊，而氣實相通。法當用温補之藥，以大益其腎中之陰，則上下之氣通矣。方用：

熟地一兩　杜仲五錢　麥冬五錢　五味子二錢。水煎服。一劑即愈。

方内熟地、杜仲，腎中藥也，腰痛是其專功。今並頭而亦愈者何也？蓋此頭痛，是腎氣不上達之故，用補腎之味，則腎氣旺而上通於腦，故腰不痛而頭亦不痛矣。

心腹痛門

心痛辨

心痛之症有二：一則寒氣侵心而痛；一則火氣焚心而痛。寒氣侵心者，手足反温；火氣焚心者，手足反冷。以此辨之最得。

寒痛〔一〕

方用：

良薑三錢　肉桂一錢　白朮三錢　甘草一錢　草烏三錢　貫仲三錢。水煎服。

〔一〕郭本「寒痛」標題及方藥在「熱痛」標題及方藥之後。

熱痛

心不可使痛，或寒或火，皆冲心包耳。方用：

黑梔三錢　甘草一錢　白朮五錢　半夏一錢　柴胡一錢。水煎服。

久病心痛

心乃神明之君，一毫邪氣不可干犯，犯則立死。經年累月而痛者，邪氣犯心包絡也。但邪有寒熱之辨，如惡寒見水如仇，火熨之則快，此寒邪也。方用：

蒼朮三錢　白朮五錢　當歸一兩　肉桂一錢　良薑一錢。水煎服。

久病心痛

如見水喜悅，手按之而轉痛者，熱氣犯心包絡也。方用：

白芍一兩　黑梔三錢〔一〕　甘草一錢　當歸三錢〔二〕　生地三錢〔三〕　陳皮八分。水煎服。

寒熱二症，皆責之於肝也。肝屬木，心屬火，木衰不能生火，則包絡寒，補肝而邪自退。若包

〔一〕郭本作「三兩」，恐非是。
〔二〕郭本作「三兩」，恐非是。
〔三〕郭本作「三兩」，恐非是。

絡之熱，由於肝經之熱，瀉肝而火自消也。

腹痛

痛不可忍，按之愈痛，口渴，飲以涼水則痛少止，少頃依然大痛，此火結在大小腸也。若不急治，一時氣絕。方用定痛如神湯：

黑梔三錢　甘草一錢　茯苓一兩　白芍五錢　蒼朮三錢　厚朴一錢。水煎服。

此方舒肝經之氣，利膀胱之水，瀉水逐瘀，再加大黃一錢，水煎服勿遲。

腹痛

腸中有痞塊，一時發作而痛，不可手按者。方用：

白朮二兩　枳實一兩　馬糞五錢，炒焦。好酒煎服。

冷氣心腹痛

方用火龍丹：

硫磺一兩，醋製　胡椒一錢　白礬四錢。醋打蕎麵爲丸，如桐子大。每服二十五丸，米湯下。

胃氣痛

人病不能飲食，或食而不化，作痛作滿，或兼吐瀉，此肝木尅脾土也。方用：

白芍二錢　當歸二錢　柴胡二錢　茯苓二錢　甘草一錢　白芥子一錢　白朮三錢。水煎服。

有火加梔子二錢。無火加肉桂一錢。有食加山楂三錢。傷面食加枳殼一錢、麥芽一錢。有痰加半夏一錢。有火能散，有寒能驅，此右病而左治之也。

麻木門

手麻木

此乃氣虚而寒濕中之，如其不治，三年後必中大風。方用：

白朮五錢　黄芪五錢　陳皮五分　桂枝五分　甘草一錢。水煎服。

手麻

十指皆麻，面目失色，此亦氣虚也。治當補中益氣湯，加木香、麥冬、香附、羌活、烏藥、防風，三劑可愈。

手足麻木

四物湯加人參、白朮、茯苓、陳皮、半夏、桂枝、柴胡、羌活、防風、秦艽、牛夕、炙草、薑棗引。煎服。四劑愈。

木

凡木是濕痰死血也。用四物湯加陳皮、半夏、茯苓、桃仁、紅花、白芥子、甘草、竹瀝、薑汁。

水煎服。

腿麻木

方用導氣散：

黃芪二錢　甘草錢半　青皮一錢　升麻五分　柴胡五分　五味子三十粒　歸尾五分　澤瀉五分　陳皮八分　紅花少許。水煎温服。甚效。

兩手麻困倦嗜臥

此乃熱傷元氣也。方用益氣湯：

人參一錢　黃芪二錢　甘草一錢　炙草五分　柴胡七分　五味子三十粒　白芍七分　薑三片　棗二枚。水煎熱服。

渾身麻木

凡人身體麻木不仁，兩目羞明怕日，眼澁難開，視物昏花，睛痛。方用神效黃芪湯：

黃芪一錢　陳皮五分　人參八分　炙草四分　白芍一錢　蔓荊子二分。如有熱加黃柏三分。水煎服。

麻木痛

風、寒、濕三氣，合而成疾，客於皮膚肌肉之間，或痛，或麻木。方用：

牛夕膠二兩　南星五錢　薑汁半碗。共熬膏攤貼。再以熱鞋底熨之。加羌活、乳香、沒藥更妙。

足弱

此症不能步履，人以爲腎水之虚，誰知由於氣虚而不能運動乎！方用補中益氣湯，加牛膝三錢　金石斛五錢　黄芪一兩　人參三錢。水煎服。

筋縮

凡人一身筋脈，不可有病，病則筋縮而身痛，脈濇而體重矣。然筋之舒在於血和，而脈之平在於氣足。故治筋必須先治血，而治脈必須補氣。人若筋急拳縮，傴僂而不能直立者，皆筋病也。方用：

當歸一兩　白芍五錢　薏仁五錢　生地五錢　元參五錢　柴胡一錢。水煎服。

此方妙在用柴胡一味，入於補藥中。蓋血虧則筋病，用補藥以治筋宜矣，何又用柴胡？夫肝爲筋之主，筋乃肝之餘，氣不順，筋自縮急。今用柴胡以舒散之，鬱氣既除，〔一〕而又濟之以大劑補血，則筋得其養矣。

〔一〕「除」，郭本作「治」，亦通。

脇痛門

兩脇有塊

左脇有塊作痛，是死血也；右脇有塊作痛，是食積也。遍身作痛，筋骨尤甚，不能伸屈，口渴目赤，頭眩痰壅，胸不利，小便短赤，夜間殊甚。又遍身作癢如虫行，人以爲風也，誰知是腎氣虛而熱也。法用六味地黄湯，加梔子、柴胡，是乃正治也。三劑見效。

左脇痛

左脇痛，肝經受邪也。方用：

黄連二錢，吳萸炒　柴胡一錢　當歸一錢　青皮一錢　桃仁一錢，研　川芎八分　紅花五分。水煎。食遠服。

有痰，加陳皮、半夏。

右脇痛

此是邪入肺經也。方用：

片薑黄二錢　枳殼二錢　桂心二分　炙草五分　陳皮五分　半夏五分。水煎服。

左右脇俱痛

方用：

柴胡〔一〕　川芎〔二〕　青皮〔三〕　枳殼〔四〕　香附〔五〕　龍膽草〔六〕　當歸〔七〕　砂仁〔八〕　甘草〔九〕　木香〔一〇〕　薑。水煎服。

兩脇走注

兩脇走注痛而有聲者，痰也。方用二陳湯，去甘草，加枳殼、砂仁、廣木香、川芎、青皮、蒼朮、香附、茴香。水煎服。

〔一〕郭本作「一錢」。
〔二〕郭本作「八分」。
〔三〕郭本作「一錢」。
〔四〕郭本作「八分」。
〔五〕郭本作「一錢」。
〔六〕郭本作「一錢」。
〔七〕郭本作「一錢」。
〔八〕郭本作「五分」。
〔九〕郭本作「三分」。
〔一〇〕郭本作「五分」。

脇痛身熱

此勞也。用補中益氣湯，加川芎、白芍、青皮、砂仁、枳殼、茴香，去黃芪。水煎服。

脇痛

此乃肝病也。故治脇痛必須平肝，平肝必須補腎，腎水足而後肝氣有養，不治脇痛而脇痛自平也。

方用肝腎兼資湯：

熟地一兩　白芍二兩　當歸一兩　黑梔一錢　山萸五錢　白芥子三錢　甘草三錢。水煎服。

脇痛咳嗽

咳嗽氣急，脈滑數者，痰結痛也。

瓜蔞仁　枳殼　青皮　茴香　白芥子。水煎服。

濁淋門

二濁五淋辨

濁淋二症，俱小便赤也。濁多虛，淋多實，淋痛濁不痛爲異耳。濁淋俱屬熱症，惟其不痛，大約屬濕痰下陷及脱精所致；惟其有痛，大約縱淫欲火動，强留敗精而然。不可混治。

淋症

方用五淋散：

淡竹葉一錢　赤茯苓一錢　芥穗一錢　車前子五錢　燈心一錢。水煎服。

濁症

方用清心蓮子飲：

石蓮子二錢半　人參二錢半　炙草二錢　麥冬錢半　黄芪錢半　赤茯苓二錢　地骨皮錢半　車前子錢半　甘草五分。水煎服。

腎病門

陽强不倒

此虚火炎上，而肺氣不能下行故耳。若用黄柏、知母煎湯飲之，立時消散。然自倒之後，終年不能振起，亦非善治之法也。方用：

元參三兩　麥冬三兩　肉桂三分。〔一〕

〔一〕郭本有「水煎服」三字。

此方妙在用元參以瀉腎中之火，肉桂入其宅，麥冬助肺金之氣，清肅下行以生腎水，水足則火自息矣。不求倒而自倒矣。

陽痿不舉

此症乃平日過於琢削，日泄其腎中之水，而腎中之火亦因之而消亡。蓋水去而火亦去，必然之理。有如一家人口，厨下無水，何以爲炊？必有水而後取柴炭以煮飯，不則空鐺也。方用：

熟地一兩　山萸四錢　遠志一錢　巴戟一錢　肉桂二錢〔二〕　蓯肉蓉一棧　人參三錢　茯神二錢〔三〕　杜仲一錢　白朮五錢。水煎服。

尿血又便血

便血出於後陰，尿血出於前陰，最難調治，然總之出血於下也。方用：

生地一兩　地榆三錢。水煎服。二症俱愈。

蓋大小便各有經絡，而其症皆因膀胱之熱也。生地、地榆，俱能清膀胱之熱，一方而兩用之也。蓋分之中有合。

〔二〕郭本作「三錢」。
〔三〕郭本作「三錢」。

疝氣

方用去鈴丸：

大茴香一斤　薑汁一斤。將薑汁入茴香内浸一宿，入青鹽二兩，同炒紅爲末。酒丸桐子大。每服三十丸。温酒或米湯送下。

腎子痛

方：

澤瀉一錢　陳皮一錢　丹皮三分　吴萸五分　赤苓一錢　小茴香三分　蒼朮五分　枳實三分　山楂四分　蘇梗四分　薑。水煎服。

又方：

酒炒大茴香　酒炒小茴香　赤石脂煅　廣木香，各等分。烏梅肉搗爛爲丸，如桐子大，空心每服十五丸，葱酒送下。立效。

偏墜

方用：

小茴香　猪苓，等分，微炒爲末，空心鹽水冲服。熱鹽熨，亦甚效。

雜方

病在上而求諸下

頭痛目痛，耳紅腮腫，一切上焦等症，除清涼發散正治外，人卽束手無策，而不知更有三法。如大便結，脈沉實者，用酒蒸大黃三錢微下之，名釜底抽薪之法。如大便瀉，脈沉足冷者，宜六味地黃湯，加牛夕、車前、肉桂；足冷甚者，加熟附子。是冷極於下，而迫其火之上升也，此名導龍入海之法。大便如常，脈無力者，用牛夕、車前引下之，此名引火歸源之法也。

病在下而求諸上

凡治下焦病，用本藥不愈者，須從上治之。如足痛足腫，無力虛軟，膝瘡紅腫，用木瓜、薏仁、牛夕、防己、黃柏、蒼朮之品不效者，定是中氣下陷，濕熱下流，用補中益氣湯升提之。如足軟不能行而能食，名曰痿症，宜清肺熱。如治泄瀉用實脾利水之劑不效者，亦用補中益氣，去當歸，加炮薑、蒼朮，脈遲加肉蔻、故紙。如尿血，用涼血利水藥不效，宜清心蓮子飲，若清心不止，再加升柴。如治便血，用止澁之藥不效，或兼泄瀉，須察其脈，如右關微或數大無力，是脾虛不攝血，宜六君子，加炮薑；若右關沉緊，是飲食傷脾，不能攝血，加沉香二分；右寸洪數，是實熱在肺，宜清肺麥冬、花粉、元參、枯芩、桔梗、五味子、枳殼等味。

瘡毒

方用如神湯：

銀花一兩　當歸一兩　蒲公英一兩　荆芥一錢　連翹一錢　甘草三錢。水煎服。

頭面上瘡

方用：

銀花二兩　當歸一兩　川芎五錢　桔梗三錢　黄芩一錢　蒲公英三錢　甘草五錢。水煎服。三劑全消。

頭瘡不可用升提之藥，最宜用降火之品，切記之。

身上手足之瘡疽

方用：

銀花三錢　當歸一兩　甘草三錢　牛子二錢〔一〕　花粉五錢　蒲公英三錢　芙蓉葉七片，無葉用根。水煎服。

統治諸瘡

方用：

〔一〕「牛子」，郭本作「牛蒡子」。

花粉　甘草　銀花　蒲公英。水煎服。
二劑全愈。此方消毒，大有奇功。諸癰諸疽，不論部位，皆治之。

黃水瘡

方用：
雄黃　防風。煎湯洗之，卽愈。

手汗

方用：
黃芪一兩　干葛一兩　荊芥三錢　防風三錢。水煎一盆。熱薰溫洗，三次愈。

飲砒毒

用生草三兩，加羊血半碗，和勻飲之，立吐而愈。若不吐，速用大黃二兩、甘草五錢、白礬一兩、當歸三兩，水煎數碗飲之，立時大瀉卽生。

補腎

方用：
大鹽青菽萆七寸，煮核桃。

嚏噴法

用：

生半夏爲末，水丸綠豆大，入鼻孔，必嚏噴不已，用水飲之立止。通治中風不語及中惡、中鬼俱妙。

破傷

方用：

蟬蛻，去淨頭足，爲末，五錢，用好酒一碗，煎滾入末，調匀服之，立生。

又方：

升麻　油頭髮　馬尾羅底　羊糞蛋，各等分。共爲末。黄酒冲服。

瘋狗咬傷

用：

手指甲，焙黄爲末，滾黄酒冲服，發汗卽愈。忌牀事百日。〔一〕

〔一〕「牀」，郭本作「房」，亦通。

卷二百八　傅青主小兒科〔二〕

小兒科

色

小兒鼻之上，眼之中，色紅者，心熱也；紅筋橫直現於山根，皆心熱也。色紫者，心熱之甚，而肺亦熱也。色青者，肝有風也；青筋橫直現者，肝熱也；直者風上行；横者風下行也。色黑者，風甚而腎中有寒也。色白者，肺中有痰。黄者，脾胃虚而作瀉。一觀其色，而疾可知矣。

脈

大人看脈於寸關尺，小兒不然，但看其數不數而已。數甚則熱，不數則寒也。數之中浮者，風也；沉者，寒也；緩者，濕也；濇者，邪也；滑者，痰也；有止歇者，痛也。如此而已，餘不必過談也。

〔二〕此篇各本均附於男科後，今單獨成篇。

三關

小兒虎口風、氣、命三關，紫屬熱，紅屬寒，青屬驚風，白屬疳。風關輕，氣爲重，若至命關，則難治矣。

不食乳

小兒不食乳，心熱也。葱煎乳汁，令小兒服之，亦妙。不若用黄連三分，煎湯一分，灌數次卽食矣，神效。

臍不乾

用車前子炒焦，爲細末敷之，卽乾。

山根

山根之上，有青筋直現者，乃肝熱也。

方用：

柴胡三分　白芍一錢　當歸五分　半夏三分　白朮五分　茯苓一錢　山楂三个　甘草一分。水煎服。

有青筋横現者，亦肝熱也；直者風上行；横者風下行。用前方加柴胡五分　麥芽一錢　乾薑一分　水煎服。

有紅筋直現者，心熱也。亦用前方加黄連一分　麥冬五分，去半夏，加桑白皮、天花粉各二分。

水煎服。

有紅筋斜現者，亦心熱也。亦用前方加黃連二分。熱積於胸中，不可用半夏，用桑白皮、花粉可也。

有黃筋現於山根者，不論橫直，總是脾胃之症，或吐或瀉、腹痛，或不思食。方用：白朮五分　茯苓五分　陳皮二分　人參二分　神曲一分　淡竹葉七分　麥芽二分　甘草一分。水煎服。有痰加半夏一分、白芥子二分；如口渴有熱者，加麥冬三分、黃芩一分；有寒加干薑一分。吐加白蔻一粒。瀉加猪苓五分。腹痛按之大叫者，食也，加大黃三分、枳實一分；按之不呼號者，寒也，加干薑三分。如身發熱者，不可用此方。

發熱

不拘早晚發熱，俱用萬全湯，神效：

柴胡三分　白芍一錢　當歸五分　白朮三分　茯苓二分　甘草一分　山楂三个　黃芩三分　蘇葉一分　麥冬一錢　神曲三分。水煎服。

冬加麻黃一分，夏加石膏三分，春加青蒿三分，秋加桔梗三分。有食加枳殼三分。有痰加白芥子三分。吐加白蔻一粒。瀉加猪苓一錢。小兒諸症，不過如此，不可作驚風治之。如果有驚風，加人參五分，其效如神。

凡潮熱、積熱、瘧熱，乃脾積寒熱，俱用薑、梨引。柴胡、人參、黃芩、前胡、秦艽、甘草、青蒿各一分，童便浸曬乾生地一寸，薄荷二葉，或生梨、生藕一片。水煎服。甚效。

感冒風寒

方用：

柴胡五分　白朮一錢　茯苓三分　陳皮二分　當歸八分　白芍一錢　炙草三分　半夏三分。水煎熱服。

驚風

世人動曰驚風，誰知小兒驚則有之，而風則無。小兒純陽之體，不當有風，而狀有風者，蓋小兒陽旺内熱，内熱則生風，是非外來之風，乃内出之風也。内風作外風治，是速之死也。方用清火散風湯：

白朮三分　茯苓二錢　陳皮一分　梔子三分　甘草一分　白芍一錢　半夏一分　柴胡五分。水煎服。

此方健脾平肝之聖藥。肝平則火散，脾健則風止，斷不可以風藥表散之也。

驚風

凡驚風皆由於氣虛。方用壓風湯：

人參五分　白朮五分　甘草三分　茯神一錢　半夏三分　神曲五分　砂仁一粒　陳皮一分　丹砂三分。水煎服。治漫驚風，〔一〕加黄芪。

〔一〕「漫」，郭本作「慢」，爲是。

痢疾

方用：

當歸一錢　黄連二分　白芍一錢　枳殼五分　檳榔五分　甘草三分。水煎温服。

紅痢，倍黄連。白痢，加澤瀉三分。腹痛，倍甘草，加白芍。小便赤，加木通三分。下如豆汁，加白朮一錢。傷食，加山楂、麥芽各三分。氣虚，加人參三分。

泄瀉

身熱如火，口渴舌燥，喜冷飲而不喜熱湯。方用瀉火止瀉湯：

車前子二錢　茯苓一錢　白芍一錢　黄連三分　澤瀉五分　猪苓三分　麥芽一錢　枳殼二分。水煎服。

寒瀉

此症必腹痛而喜手按摩，口不渴而舌滑，喜熱飲而不喜冷水也。方用散寒止瀉湯：

人參一錢　白朮一錢　茯苓二錢　肉桂二分　甘草一分　砂仁一粒　神曲五分　干薑二分。水煎服。

吐

此症雖胃氣之弱，亦脾氣之虚。小兒恣意飽食，不能消化，久之上沖於胃口而吐也。方用止吐速效湯：

人參一錢　白朮一錢　砂仁一粒　茯苓二錢　陳皮二分　半夏一分　干薑一分　麥芽五分　山楂三个。水煎服。

咳嗽

方用：

蘇葉五分　桔梗一錢　甘草一錢。水煎熱服。有痰加白芥子五分便是。

疳症

此脾熱而因乎心熱也，遂至口中流涎，若不平其心火，則脾火更旺，濕熱上蒸，而口涎不能止。

方用：

蘆薈一錢　黄連三分　薄荷三分　茯苓二錢　甘草一分　桑白皮一錢　半夏三分。水煎服。

此心脾兩清之聖藥也，引火下行而疳自去矣。

口疳流水口爛神方

黄柏二錢　人參一錢。共爲細末，敷口内，一日三次即愈。此方用黄柏去火，人參健脾，大人用之亦效。

疳症瀉痢眼障神效方

石决明一兩，醋煅　蘆薈五錢　甘草三錢　川芎五錢　菊花四錢　白蒺藜五錢　胡黄連五錢　五靈脂五錢　細辛五錢　谷精草五錢。猪苓去筋搗爛爲丸，如米大。每服二十五丸，不拘時米湯下。

瘧疾

方用：

柴胡六分　白朮一錢　茯苓一錢　歸身一錢　白芍錢半　半夏五分　青皮五分　厚朴五分。　水煎成，露一宿，再温與服。

熱多者，加人參、黄芪各五分。寒多者，加干薑三分。痰多者，加白芥子一錢。夜熱加何首烏、熟地各二錢，日發者，不用加。腹痛加檳榔三分。

便蟲

方用：

榧子五个，去壳　甘草三分。　米飯爲丸。服二次，則蟲化爲水矣。

積虫

方用：

使君子十个，去壳炒　檳榔一錢　榧子十个，去壳　甘草一錢。　米飯爲丸，如桐子大。每服十丸。二日蟲出，五日全愈。

痘症回毒疔腫

方：

銀花五錢　甘草一錢　人參二錢　元參一錢。水煎服。

痘瘡壞症已黑者

人將棄之，下喉卽活：

人參三錢　陳皮一錢　蟬蛻五分　元參二錢　當歸二錢　荆芥一錢。水煎服。

此乃元氣虛而火不能發也。故用人參以補元氣；元參去浮游之火；陳皮去痰開胃，則參無礙，而相得益彰；荆芥以發之，〔二〕又能引火歸經；當歸生新、去舊、消瘀血；蟬蛻解毒除風。世人何知此妙法。初起時不可服，必壞症乃可服。

急慢風

三六九日，一切風俱治。

陳胆星　雄黄　硃砂　人參　茯苓　天竺黄　鈎籐　牛黄　麝香　川鬱金　柴胡　青皮　甘草。

爲細末，煎膏爲丸，如莞豆大，〔三〕眞金一張爲衣，陰乾勿洩氣，薄荷湯磨服。

治火丹神方

絲瓜子一兩　柴胡一錢　元參一兩　升麻一錢　當歸五錢。水煎服。

〔二〕「荆芥」，郭本作「用荆芥」。

〔三〕「莞」，郭本作「豌」，爲是。

又方：

升麻三錢　元參一兩　乾葛三兩　青蒿三錢　黄芪三錢。水煎服。此二方詳火症門，〔二〕小兒用之亦效，故又出之。

此方妙在用青蒿，肝胃之火俱平，又佐以羣藥重劑，而火安有不滅者乎！

藥方手稿

蒺藜子同貝母末服，催生，墮胎胞，下胎衣。

麥鞠煎水服，磨胎。

黄色柿餅，焙乾，研細末，吃三錢，去痔漏。

苦參末日日煎洗漏瘡，試效。

胎墮下血，當歸同葱白服。當歸焙一兩，葱白一握，每服五錢，酒一盞半，煎八分，温服。

萆麻子四枚、巴豆三枚，入麝香少許，貼臍。

蟹爪同甘草、阿膠煎服。〔以上省博手稿〕

茯苓酥：白茯苓三十斤，山之陽者甘美，山之陰者味苦，去皮薄切，暴乾蒸之，以湯淋去苦味。淋之不止，其汁當甜。乃暴乾篩末，用酒三石，蜜三升，相和，置大甕中，攪之百帀，密封勿洩氣。冬五十日，夏二十五日，酥自浮出酒上。掠取，其味極甘美。作掌大塊，空室中陰乾，色赤如棗。饑時食一枚，酒送之，終日不食，名神僊度世之法。〔鄧藏手稿〕

〔二〕「門」字，郭本無。

卷二百九　大小諸證方論（上）〔一〕

傅青主先生秘傳小兒科方論

小兒科治法〔二〕

以鼻之上、眼之中間辨之。色紅者，心熱也；紅筋橫、直現於山根，皆心熱也。色紫者，心熱之甚，而肺亦熱也。色青者，肝有風也；青筋橫現、直現者，皆肝熱也；直者風上行，橫者風下行也。色黑者，風甚而腎中有寒。色白者，肺中有痰。色黃者，脾胃虛而作瀉。觀其色，而病可知。

治小兒不食乳方

不食乳，心熱也，葱煎乳汁，令小兒服之亦妙。不若用黃連三分，煎湯一分，灌小兒數匙，即

〔一〕　此篇據山西省圖書館藏鈔本釋文，由趙懷舟整理。本書正文多見硃筆句讀圈點補正處，序文沒有句讀，僅硃筆補出所脫失之字。全書輯錄小兒科方論二十七則，雜症方論二百零三則，故命名曰大小諸證方論。全書共有一百零三葉，據内容體量裝訂爲兩冊：從開篇至「眞寒假熱方」，凡四十八葉爲上冊，從「氣虛胃虛方」至結束，凡五十五葉爲下冊。傅山全書初版本未收。

〔二〕　本書通例，舉凡二百三十則標題下多爲小字討論說明性文字，其間方藥幷主要煎服法改用大字抄録（藥物份量、炮製小字），煎服法、後服藥效果、處方評價等文字仍用小字録出。爲簡化排版層次，本書對原件標題幷煎服法下小字論說，除藥物份量外，一律用大字排版，唯回行以示區别。

食乳矣，神效。

治臍汁不乾方

用車前子炒焦爲細末，敷之卽乾。

小兒脈

大人看脈於寸、關、尺，小兒不然，但看其數不數而已。數甚而熱，不數則寒也。數之中浮者，風也；沉者，寒也；緩者，濕也；濇者，邪也；滑者，痰也；有止歇者，痛也。如此而已，餘不必談。又三關脈，小兒虎口風、氣、命三關，紫屬熱，紅屬寒，青屬驚風，白屬疳。風關爲輕，氣關爲重，若至命關，則難治矣。

小兒氣色

山根之上，有青筋直現者，乃肝熱也。方用：柴胡三分　白芍一錢　當歸五分　半夏三分　白朮五分　茯苓一錢　山楂三粒　甘草一分。水煎服。

有青筋横現者，亦肝熱也。但直者風上行，横者風下行，亦用前方，加：柴胡五分　麥芽一錢　乾薑一分，水煎服。

有紅筋直現者，心熱也，亦用前方，加：黄連一分　麥冬五分　去半夏加桑白皮、天花粉各二分。煎服。

有紅筋斜現者，亦心熱也，亦用前方，加黄連二分。熱積於胸中，不可用半夏，用桑白皮、花粉可也。

又有黃筋現於山根者，不論橫直，總是脾胃之症，或吐瀉，或腹痛，不思食。方用：白朮五分 茯苓五分 陳皮二分 人參二分 神麯一分 甘草一分 麥芽二分 淡竹葉七片。水煎服。有痰，加半夏一分、白芥子二分；如口渴有熱者，加麥冬三分、黃芩一分；有寒者，加乾薑一分；吐者，加白豆蔻一粒；瀉者，加豬苓五分；腹痛而按之大叫者，食也，加大黃三分、枳實一分；按之不號呼者，寒也，加乾薑三分。如身發熱者，不可用此方。

小兒發熱方

不拘早晚發熱，俱用萬全湯，神效。柴胡三分 白芍一錢 當歸五分 白朮三分 茯苓二分 甘草一分 山楂三粒 黃芩三分 蘇葉一分 麥冬一錢 神麯三分。水煎服。冬加麻黃一分，夏加石膏三分，春加青蒿三分，秋加桔梗三分；有食加枳殼三分，有痰加白芥子三分；吐者加白豆蔻一粒；瀉者加豬苓一錢。小兒諸症，不過如此，不可作驚風治之。如其有驚風，加人參五分，其效如神。

又方

凡潮熱、積熱、瘧熱，乃脾積寒熱，俱當用薑梨引。柴胡 人參 黃芩 前胡 秦艽[一] 甘草 以上各一分 青蒿童便浸，晒干，一分 生地一寸 薄荷二葉，或生梨、生藕一片，水煎服，甚效。

[一]「艽」，手稿作「芃」，據文意改。

小兒感冒風寒方

柴胡五分　白朮一錢　茯苓三分　陳皮二分　當歸八分　白芍一錢　半夏三分　炙草三分。水煎熱服。

小兒痢疾方

當歸一錢　黄連二分　白芍一錢　枳殼五分　檳榔五分　甘草三分。水煎熱服。紅痢倍黄連，白痢加澤瀉三分，腹痛倍甘草、加白芍，小便赤加木通三分，下如豆汁加白朮一錢，傷食加山楂、麥芽各三分，氣虛加人參三分。

小兒瘧疾方

柴胡六分　白朮一錢　茯苓一錢　歸身一錢　白芍錢五分　半夏五分　青皮五分　厚朴五分。水煎露一宿，再溫與服。熱多者，加人參、黄耆各五分；寒多者，加乾薑三分；痰多者，加白芥子一錢；夜發熱者，加何首烏、熟地各二錢；日發者，不用加；腹痛者，加檳榔三分。

小兒咳嗽方

蘇葉五分　桔梗一錢　甘草一錢。水煎熱服。有痰加白芥子八分。

小兒口疳流水口爛神方

黃柏二錢　人參一錢。　共爲末，敷口内，一日三次，二日卽愈。

此方用黃柏去火，人參健土，大人用之，亦最效。

小兒便蟲方

榧子五個，去殻　甘草三分。服二次，則蟲化爲水。

又蟲積方

使君子十個，去殻炒　檳榔　甘草各一錢　榧子十個。共爲末，用米飯爲丸，桐子大，每服十丸，二日蟲出，五日全愈。

治寸白蟲方

百部根五錢　檳榔五錢。水煎，一劑蟲齊下。

又方

飛羅白麪、製半夏、生白礬各三錢。共爲細末，水滴成丸。分三日服，開水服，蟲化爲水。大人照方十倍合服。

小兒驚風方

世人動曰驚風，誰知小兒驚則有之，而風則無。小兒純陽之體，不當有風，而狀有風者，蓋小兒陽旺則内熱，内熱則生風，是非外來之風，乃内出之風也。内風作外風治，是速之死也。方用清火散風湯：

白朮三分　茯苓二錢　陳皮一分　梔子三分　甘草一分　白芍一錢　半夏一分　柴胡五分。水煎服。

此方健脾平肝之聖藥，肝平則火散，脾健則風止，斷不可以風藥表散之也。

又方

驚風皆由於氣虚，宜用壓風湯：

人參五分　白朮五分　甘草三分　茯神一錢　半夏三分　神麯五分　砂仁一粒　陳皮一分　丹砂三分。水煎服。治慢驚風加黄耆。

又方

治驚風抽掣經驗方：全蝎一個　黄連一錢　眞硃砂一錢　薑少許。三味共研細末，調匀，喂小兒口内，任其自嚥，其效如神。

小兒疳症方

此症脾熱而因乎心熱也，遂至口中流涎。若不平其心火，則脾火更旺，濕熱上蒸，而口涎不能止也。方用：

蘆薈一錢　黄連三分　薄荷三分　茯苓二錢　桑白皮一錢　半夏五分　甘草一分。水煎服。

此心脾兩清之聖藥也，行熱下行，而疳自去矣。

又方

女人尿桶中白火煆研末，一錢　銅綠二分　麝香一分。共爲研細末，搽牙齦上，最奇效。

止吐方

此症雖胃氣之弱，亦脾氣之虚。小兒恣意飽食，不能消化，久之上冲於胃口而吐也。用止吐速效湯：

上人參一錢　砂仁一粒　白朮五分　茯苓二錢　陳皮二分　半夏一分　乾薑一分　麥芽五分　山楂三粒。水煎服。

夏加黄連、冬加乾薑各三分，無不愈，此六君子變方。

泄瀉方

小兒身如火熱，口渴舌燥，喜冷飲而不喜熱湯，用瀉火止瀉湯：

車前子二錢　茯苓一錢　白芍一錢　黄連三分　澤瀉五分　豬苓三分　麥芽一錢　枳殼二分。水煎服。

寒瀉方

此症必腹痛而喜手按摩，口不渴而舌滑，喜熱飲而不喜冷湯，用散寒止瀉湯：

人參一錢　白朮一錢　茯苓二錢　肉桂二分　甘草一分　砂仁一粒　神麯五分　乾薑二分。水煎服。

治火丹神方

絲瓜子一兩　柴胡一錢　元參一兩　升麻一錢　當歸五錢。水煎服。

又方附後

升麻三錢　元參一兩　干葛三兩　青蒿三錢　黄耆三兩。水煎服。

此症乃胃火與肝經之火，共騰而外越，不爲丹毒，卽發砂疹也。方在用青蒿甚妙，肝胃兩經之火俱平。又佐以羣藥重劑，而火安有不滅者乎！

小兒洗胎毒方

荆芥五錢　蒲公英五錢　甘草五錢　槐條二十四寸　葱鬚一撮　花椒三錢　艾一撮，水一沙鍋。煎洗。

又胎毒肥瘡方

花椒三錢　白芷三錢　黄柏三錢，炒　鉛粉二錢　枯礬二錢。共爲細末，麻油調搽，甚效。

小兒紅白口瘡外治方

蕤仁五分，去油　銀硃五分　冰片一分　熟棗三枚，去皮核。共合一處，攤烏青布上，貼頂心，對時去藥。藥若乾者，用無根水排藥。此方效，愈兒多矣。

又方

烏梧子一錢　冰片少許。共研細末，吹之，速效愈。

又方

人中白，煆研細末，吹之，神效。

小兒夜啼不止狀如鬼祟方

蟬蛻後半截十四個，爲末，朱砂二分，水飛　薄荷四分。煎服，酒數滴調服，立止。

又方

烏梧子焙研，唾津和成立餅，塡臍内，立止，甚效。

週歲小兒尿血方

大甘草一兩二錢，水六碗，煎至二碗，服完卽愈。

小兒吐乳方

白蔻七粒　砂仁七粒　甘草生炙，各二錢，共研細末，頻擦口中，任其咽下，奇效。

治腹痛寒積食積方

生薑一兩　柿蒂七個　砂仁五粒　山楂五錢　乾蘿蔔一撮　紅糖一兩　棗二枚。煎服。小兒分兩服。

小兒疳症瀉痢眼障神效方

此方豬苓去筋，搗爛爲丸，如米大，每服廿丸，不拘時，米湯送下。

石決明一兩，醋煅　蘆薈五錢　甘草三錢　川芎五錢　白蒺藜五錢　菊花四錢　胡黃連五錢　五靈脂五錢

北細辛五錢　穀精草五錢。共研細末爲丸。

卷二百一十　大小諸證方論（中）

傅青主先生秘傳雜症方論（上）

怔忡不寐方

此心經血虛也。方用：

人參三錢　丹皮二錢　麥冬三錢　甘草一錢　茯神三錢　生棗仁五錢　熟棗仁五錢　菖蒲一錢　當歸三錢　五味子二錢。水煎服。

此方妙在用生、熟棗仁，用生使其日間不臥，用熟使其夜間不醒，又以補心之藥爲佐，而怔忡安矣。

心驚不安夜臥不睡方

此心病而實腎病也，宜心腎兼治。方用：

人參三兩　茯苓三兩　茯神三兩　遠志二兩　生棗仁一兩　熟地三兩　山萸三兩　當歸三兩　菖蒲三錢　黃連五錢　肉桂五錢　白芥子一兩　麥冬三兩　砂仁五錢。煉蜜爲丸，每日送下五錢，湯、酒俱可。

此方治心驚不安與不寐耳，祇宜用人參、茯神、當歸、麥冬足矣；卽爲火起不寐，亦不過加黃連足矣，何以反用熟地、山萸補腎之藥，又加肉桂以助火？不知人之驚恐者，乃腎氣不入於心也；

不寐者，乃心氣不歸於腎也。今用熟地、山萸補腎，則腎氣可上通於心矣。肉桂以補命門之火，則腎氣既溫，相火有權，君火相得，自然上下同心，君臣合德矣。然補腎固是，而亦不可徒補其腎也，亦有肝氣不上於心而成此症者，宜加白芍二兩，以補腎而兼補肝，斯心泰然矣。

心痛方

心痛之症有二：一則寒氣侵心而痛，一則火氣焚心而痛。寒氣侵心者手足反溫，火氣焚心者手足反冷，以此辨之最得矣。

治寒痛方

良薑三錢　肉桂一錢　白朮三錢　草烏一錢　蒼朮三錢　管仲三錢〔一〕　甘草一錢。水煎服。

治熱痛方

黑梔三錢　白芍二兩　半夏一錢　柴胡一錢　甘草一錢。水煎服。

治脇痛方

此乃肝病也，故治脇痛必須平肝，平肝必須補腎，腎水足而後肝氣有養，不治脇痛而脇自平也。方用肝腎兼資湯：

〔一〕「管仲」，即「貫衆」。

熟地一兩　白芍二兩　當歸一兩　白芥子三錢　黑梔一錢　山萸五錢　甘草三錢。水煎服。

治水臌症

此症滿身皆水，按之如泥者是。若不急治，水流四肢，不得從膀胱而出，則爲死症矣。方用決流湯：

黑丑二錢　甘遂二錢　肉桂三分　車前子一兩。水煎服。

一劑而水流斗餘，二劑而全愈，斷不可與三劑也，與三劑反殺之矣！蓋牽牛、甘遂，最善利水，又加之肉桂、車前，引水以入膀胱，利水而不走氣，不使牛、遂之過猛也。二劑之後，須改用五苓散調理二劑，又以六君子湯補脾也。更須忌鹽三月，不可食，犯則不救。昔元鮮于伯機記杭醫宋會之者，善治水臌，以乾絲瓜一枚，去皮剪碎，入巴豆十四粒同炒，以巴豆黃色爲度，去巴豆，用絲瓜炒陳倉米，如絲瓜之多少，候米黃色，去絲瓜，研之爲末，和清水爲丸，如桐子大，每服百丸，皆愈。宋言：巴豆逐水，絲瓜象人脈絡，去而不用，藉其氣以引之也，米投胃氣故也。

治氣臌症

此症乃氣虛作腫，似水而非水也，但按之不如泥耳。必先從脚面起，後漸腫至上身，於是頭面皆腫者有之，此之謂氣臌，宜健脾行氣，加利水之品。若以水臌治之，是速之死也。方用：

白朮一兩　薏米一兩　茯苓一兩　枳殼五分　蘿蔔子一錢　人參一錢　山藥五錢　肉桂一分　車前子一錢　神麯一錢　甘草一分。水煎服。

初服若癡，久則竟有功效，不過卅劑而全愈。忌食鹽三月，秋石亦不可用。

治蟲臌症

小腹作痛，而四肢浮腫，不十分之甚，面色紅而有白點，如蟲食之狀，眼下無臥蠶微腫之形。方用消蟲神奇丹：

雷丸三錢　當歸一兩　鱉甲一兩，醋炙　地栗粉鮮者取汁一盅　神麯三錢　茯苓三錢　車前子五錢　白礬三錢。水煎服。

一劑下蟲無數，二劑蟲盡出而臌消，不用三劑。但病好必用六君子湯調理，去甘草。

治血臌症

此症或跌閃而瘀血不散，或憂鬱而結血不行，或風邪而蓄血不發，留在腹中，致成血臌，飲食入胃，不變精血，反去助邪，久則脹，脹則成臌矣。倘以治水法逐之，而症非水，徒傷元氣；倘以治氣法治之，則症非氣，徒增飽滿。方用逐瘀蕩穢湯：

水蛭三錢，炒黑　當歸二兩　雷丸三錢　紅花三錢　枳實三錢　白芍三錢　牛膝三錢　桃仁四十個，去皮尖研。水煎服。

即一劑血盡而愈，一劑之後，切勿與三劑，即改用四物湯調理，於補血内加白朮、人參，補元氣而利水，自然全愈，否則恐成干枯之症。辨血臌，惟腹脹如鼓，而四肢手足並無脹意也。

治水腫症

水腫，土不能剋水也。方用：　牽牛三錢　甘遂三錢。水煎服。

此症治法雖多，獨此方奇妙；其次雞屎醴亦效，屎醴治血臌尤效。一說前方用牛、遂各三錢，過於峻猛，不如用一錢，病去不傷本，不去再進，不失中和之道。

治呃逆方

此症乃水氣凌心包絡也。心包爲水氣所凌，呃逆不止，欲號召五臟之氣，救水氣之犯心也。法當利濕分水，而呃逆自除也。方用止呃湯：

茯神一兩　蒼朮三錢　白朮三錢　薏仁一兩　芡實五錢　半夏一錢，製　人參三錢　陳皮三錢　丁香五分　吳茱萸三分。水煎服。一劑而呃即止，二劑而呃即愈。

治水結膀胱

其症目突口張，足腫氣喘，人以爲不治之症也，不知膀胱與腎相爲表裏，膀胱之開合，腎司其權也，特爲通其腎氣，而膀胱自然通矣。方用通腎消水湯：

熟地一兩　山萸錢半　車前子二錢　肉桂一錢　牛膝一錢　山藥一兩　薏仁一兩。水煎服。

治黃疸病

此症外感之濕易治，內傷之濕難療。外感者，利水則愈。若內傷，瀉水則氣消，發汗則精泄，必健脾行氣而後可也。

白朮一兩　茯苓一兩　薏仁一兩　茵陳三錢　黑梔三錢　陳皮五分。水煎服。

此乃治內傷之方也，如欲多服，去梔子。

治痿症

不能起牀，已成廢人者，火盛内熾，腎水熬乾矣。治法降胃火而補腎水可也。方用降補丹：

熟地一兩　元參一兩　麥冬一兩　甘菊五錢　車前子二錢　生地五錢　人參三錢　沙參五錢　地骨皮五錢。水煎服。

又有兩足無力，不能起立，而口又健飯，如少飢餓，即頭面皆熱，咳嗽不已，此亦痿症，方用起痿至神湯：

熟地一兩　元參一兩　山藥一兩　甘菊花一兩　人參五錢　當歸五錢　白芍五錢　白芥子三錢　神麯二錢。服三十劑愈。

痺症

雖因風寒濕而來，亦因身中元氣之虚，邪始得乘虚而入。倘攻邪而不補正氣，則病難全。今於補正之中，佐以祛風濕寒之品，而痺症失。

白朮五錢　人參三錢　茯苓一兩　柴胡一錢　附子一錢　半夏一錢　陳皮五分。水煎服。

厥症

人有忽然發厥，閉眼撒手，喉中有聲，有一日死者，有二三日死者。此厥多犯神明，然亦素有痰氣而發也。治宜攻痰而開心竅，方用起迷丹：

半夏五錢　人參五錢　菖蒲二錢　菟絲子一兩　茯神三錢　皂莢一錢　生薑一錢　甘草三分。水煎服。

倒飽中滿症

氣虛不能食，食則倒滿。

人參一錢　白朮二錢，土炒　茯苓三錢　陳皮三分　蘿蔔子一錢　薏仁五錢　芡實五錢　山藥三錢　甘草一分。水煎服。下喉雖則微脹，入腹漸覺爽快。

治疝氣

方用去鈴丸：

大茴香一斤　生薑一斤。取薑汁盡入茴香内，浸一宿，入青鹽二兩，酒糊丸梧子大。每服三十丸，溫酒或米飲送下。

腎子大痛方

澤瀉　陳皮　吳茱萸五分　丹皮三分　赤苓一錢　蒼朮五分　枳實三分　山楂四分　小茴香三分　蘇梗四分。薑煎服。

又方

大茴香酒炒　小茴香酒炒　赤石脂煆　廣木香等分。烏梅肉搗爛爲丸，梧子大，空心每服十五丸，葱酒送下，立效。

又治偏墜方

茴香　豬苓等分，微炒爲末，空心鹽湯調下。又鹽熨，〔二〕甚神效。

開鬱方

如人頭疼身熱，傷風咳嗽，或心不爽而鬱氣藴於中懷，或氣不舒而怒氣留於脇下，不可用補藥。方：

柴胡　白芍　薄荷　丹皮　當歸　半夏　白朮　枳殼　甘草。水煎服。

如頭疼，加川芎一錢；目痛，加蒺藜一錢、甘菊花一錢；鼻塞，加蘇葉一錢；喉痛，加桔梗二錢；肩背痛，加枳殼、羌活；兩手痛，加薑黄或桂枝一錢；兩脇痛，倍柴胡、白芍；胸痛，加枳殼一錢；腹痛不可按者，加大黄二錢；按之而不痛者，加肉桂一錢。

反胃大吐方

大吐之症，舌有芒刺，雙目紅腫，人以爲熱也，不知此乃腎水之虧也。蓋脾胃必借腎水而滋潤，腎水一虧，則脾胃之火，沸騰而上行，以致目紅腫而舌芒刺也。但此症時躁時靜，一時欲飲水，及水至又不欲飲，即强飲之亦不甚快活，此乃上假熱而下眞寒也。宜六味湯加桂、附。水煎服。

〔二〕「熨」，手稿作「慰」，據文意改。

外治法

先以手擦其足心，使滚熱，然後附子一枚煎湯，用鵝翎掃之，隨干隨掃，少頃即不吐矣。後以六味地黄湯大劑飲之，安然也。或逍遥散加黄連，立止也。無如世醫以雜藥妄投而成噎隔矣。方用：

熟地　山萸　北五味　元參　當歸　牛膝　白芥子。水煎服。

蓋腎水不足，則大腸必乾而細，飲食入胃，不能下行，故反而上吐也。

又方

反胃有食入而即吐出者，腎水虚不能潤喉，故喉燥而即出也。方用：

熟地二兩　山茱萸五錢　山藥一兩　澤瀉三錢　丹皮三錢　茯苓五錢　麥冬五錢　北五味二錢。水煎服。

又方

反胃有食久而反出者，腎火虚不能溫脾，故脾寒而反出也。方用：

熟地二兩　山茱萸一兩　山藥六錢　附子三錢　茯苓三錢　澤瀉三錢　丹皮三錢　肉桂三錢。水煎服。

大吐寒邪犯腎方

寒邪入腎宫，將脾胃之水，挾之盡出，手足厥逆，少腹或痛而不可忍，以火熱之物，熨之少快，否則寒冷欲死，不知者以爲胃病，而乃腎病也。方用：

附子一個　白朮四兩　肉桂一錢　乾薑三錢　人參三兩。水煎服。下喉便覺吐定，煎渣服之，則安然如故矣。

嘔吐補腎方

人以嘔吐爲胃虚，誰知由於腎虚？故治吐不效，未見病之根也。方用：

人參三錢　白朮五錢　薏仁五錢　芡實五錢　砂仁五個　吳茱萸五分。水煎服。

火吐方

火吐若降火，則火由脾而入于大腸，必變爲便血之症。方宜清水止吐湯：

茯苓一兩　人參二錢　砂仁三粒　黄連三錢。水煎服。

寒吐方

寒吐若降寒，則寒又引入腎而流于膀胱，必變爲遺尿之症。方宜止嘔散寒湯：

白朮二兩　人參五錢　附子一錢　乾薑一錢　丁香五分。水煎服。

此方散寒而用補脾之品，則寒不能上越，而亦不得下行，勢不得不從臍而出。

腎寒吐瀉由心寒胃弱

嘔吐不已，食久而出是也。下痢不已，五更時痛瀉三五次者是也。此症人以爲脾胃之寒，服脾胃藥而不效者，何也？蓋胃爲腎之關，而脾爲腎之海。胃氣弱不補命門之火，則心包寒甚，何以生胃土而消穀食？脾氣弱不補命門之火，則下焦虛冷，何以化糟粕而生精微？故脾胃莫急於補腎也。

方用：

熟地三兩　山萸二兩　茯苓三兩　人參三兩　北五味一兩　山藥四兩　附子一兩　肉桂一兩　吳茱萸五錢。細末爲丸，空心服。

辯脾胃症

凡人能食而食不化者，乃胃不病而脾病也，當以補脾，而補脾尤宜於補腎中之火，蓋腎火能生脾土也。凡人不能食，食之而安然者，乃胃病而非脾病也，不可補腎中之火，當補心中之火，蓋心火能生胃土也。世人一見不飲食，動曰脾胃病，而不分胃之虛寒責之心，不分脾之虛寒責之腎也。

補胃方

心腎兼補，治脾胃兩虛者固效矣。若單是胃之虛寒者，自宜獨治心之爲妙。方用：

人參一兩　白朮三兩　茯神三兩　菖蒲五錢　良薑五錢　白芥子三錢　棗仁五錢　半夏三錢　附子三錢　山藥四錢　遠志一兩　蓮子三兩　白芍二兩。

右爲末，蜜丸。每日滚水送下三錢。胃土由於脾虛，脾氣不下行，必自上反而吐，補脾則胃安。

方用：

人參三錢　茯苓三錢　白朮五錢　甘草一錢　肉桂一錢　神麯一錢　半夏一錢　砂仁三粒。水煎服。

此方治胃病以補脾土者，何也？蓋胃爲脾之關，關門之沸騰，由于關中之潰亂。然則欲使關中之安靜，必先使關外之敉甯，況方中有砂仁、半夏、神麯等味，全是止吐之品，有不奏功如神者乎？此脾胃雙補法也。

陽症吐血方

凡人感暑傷氣，忽然吐血盈盆，人以爲陰虚，不知陰虚吐血，與陽虚不同。陰虚吐血者，人安靜，不似陽虚之躁動不寧也；陽虚必大熱作渴，欲飲冷水，舌必有刺，不似陰虚之口不渴而舌胎滑也。法當清胃火，不必止血。方用：

石膏三錢　青蒿五錢　香薷三錢　荆芥一錢　當歸三錢　人參三錢。水煎服。

此乃陽症吐血之神劑也。方中雖有解暑之味，然而補正多於解暑。去香薷一味，實可通治。但此方止可用一二劑，即改用六味地黄湯。

又方

凡人吐血，人以爲火也。用涼藥以瀉火，乃火愈退而血愈多；或用止血之品仍不效，此乃血不歸經也，當用補氣之藥，而佐以歸經之味，不必止而自止矣。方用：

人參五錢　當歸一兩　荆芥三錢，炒黑　丹皮二錢，炒黑。水煎服。

一劑而血無不止者。方妙在不專補血，而反去補氣以補血；尤妙在不去止血，而去行血以止血。蓋血逢寒則凝結而不行，逢散即歸經而不逆，救死于呼吸之際，實大有奇功。有大怒後吐血，或傾盆而出，或冲口而來，一時昏暈，亦死在頃刻也。以止血治之，則氣悶而不安；以補血治之，則胸滿而不受；有變症蠭起而死者，不可不治之得法也。方用解血平氣湯：

白芍二兩　當歸二兩　荆芥三錢，炒黑　柴胡八分　黑梔三錢　紅花二錢　甘草一錢。水煎服。

一劑而氣平舒，二劑而血止息，三劑而病大愈。蓋怒傷肝，不能平其氣，以致吐血。不先舒氣而遽止血，愈激動肝木之氣，氣愈旺而血愈吐矣。方中芍藥多用之妙品，平肝又舒氣。荆芥、柴胡，皆引血歸經之品。

三黑神奇飲

丹皮七分，炒黑　梔子五分　眞蒲黄錢二分，炒黑　貝母一錢　陳皮七分　川芎一錢，酒炒　生地一錢，酒炒

水二樽　童便、藕汁各半樽。煎服。此方治吐血之症，神效無比，二劑而自止。

短氣方

此症狀似乎喘而實非喘，作實喘治之立死矣。蓋短氣乃腎氣虚耗，氣冲於上焦，壅塞于肺經，症似有餘而實爲不足也。方用：

人參　牛膝　熟地　麥冬　破故紙　山萸　枸杞　胡桃　北五味。水煎服。

不過三劑而氣平喘定。此方妙在用人參之多，能下達氣原，挽回於無何有之鄉。其餘純是補腎補肝之品，子母相生，水氣自旺，水旺則火自安於故宅，不上冲於咽門，此治氣短之妙法也。

實喘方

看其症若重而實輕。方用：

黄芩二錢　麥冬三錢　柴胡一錢　蘇葉一錢　山豆根一錢　半夏一錢　烏藥一錢　甘草五分。水煎服。

一劑喘定，不必再劑也。然實喘之症，氣大急，喉中必作聲，肩必抬起。

虚喘方

氣少息而喉無聲，肩不抬也。此乃腎氣大虚，脾氣又復將絶，故奔冲而上，欲絶未絶也。方用救絶止喘湯：

人參一兩　山萸三錢　熟地一兩　牛膝一錢　北五味一錢　麥冬五錢　白芥子三錢。水煎服。

抬肩大喘方

人忽感風邪，寒入於肺，以致喘急肩抬氣逆，痰吐不出，身不能卧。方用：

柴胡二錢　茯苓二錢　麥冬二錢　桔梗二錢　當歸一錢　黄芩一錢　射干一錢　半夏一錢　甘草一錢。水煎服。

此方妙在用柴胡、射干、桔梗，以發舒肺金之氣，用半夏以去痰，黄芩以去火。蓋外感寒邪，内必變爲熱症，故用黄芩以清解之；然徒用黄芩，雖曰清火，轉足以抑遏其火氣，而火未必伏也。尤妙在以桔梗、柴胡、射干，一派辛散之品，更足以消火滅邪也。

又方論：凡人有喘不卧，吐痰如湧泉者，舌不燥而喘不止，一卧即喘，此非外感之寒邪，乃腎中之寒氣也。蓋腎中無火，則水無所養，乃泛上而爲痰。方宜用六味地黄湯加附子肉桂，大劑飲之。凡人之卧，必得腎氣與肺氣相安，而後河車之路平安而無奔越也。

又氣喘治法

如氣喘而上者，人以爲氣有餘也，殊不知氣盛當作氣虚，有餘當作不足看。若認作肺氣之盛，而誤用蘇葉、桔梗、百部等藥，欲病去而愈遠矣。

人參一兩　牛膝三錢　熟地五錢　山萸四錢　北五味一錢　枸杞一錢　麥冬五錢　胡桃三個　生薑五片。水煎服。

此方不治肺，而正所以治肺也。或疑人參乃健脾之藥，既宜補腎，不宜多用人參；不知腎水大虛，一時不能遽生，非急補其氣，則元陽一線，必且斷絕；況人參少用卽泛上，多用卽下行，妙在用人參兩許，使下達病原，補氣以生腎水。藥中熟地、山萸之類，同氣相求，直入命門，又何患其多哉？若病重之人，尤宜多加，一兩尚欠也。但喘有初起之喘，多實邪；久病之喘，多氣虛。實邪喘者，必抬肩；氣虛喘者，微微氣急耳。此治久病喘之方也。若初起之喘，四磨、四七湯一劑卽止，喘不獨肺氣虛而腎水竭也。〔一〕

又方

腎火之逆，扶肝氣而上沖之喘也，病甚有吐紅粉痰者，此腎火炎上以燒肺金，肺熱不能克肝，而龍雷之火升騰矣。龍雷火，相火也。方用：

地骨皮一兩　沙參一兩　麥冬五錢　白芍五錢　桔梗五分　白芥子二錢　丹皮三錢　甘草三分。水煎服。

此方妙在地骨皮清骨髓中之火，沙參、丹皮以養陰，白芍平肝，麥冬清肺，甘草、桔梗引入肺經，則痰喘除，而氣喘可定矣。

〔一〕「竭」，手稿作「渴」，據文意改。

貞元飲

治喘而脈微濇者。熟地三兩　當歸七錢　甘草一錢。水煎服。婦人多有此症。

喘嗽方

如病喘嗽，人以爲肺虚而有風痰，不知非然，乃氣不能歸源於腎，而肝木挾之作祟耳。法當峻補其腎，少助引火之品，則氣自歸源，而喘嗽自止矣。方用：

人參一兩　熟地二兩　麥冬五錢　五味子一錢　枸杞一錢　牛膝一錢　菟絲子一錢　茯苓三錢　白朮一錢。水煎服。連服幾劑，必有奇功。倘以四磨、四七湯治之，必不效矣。

更有假熱氣喘吐痰之症，人以爲熱，而非熱也，乃下元寒極，逼其火而上喘也。此最危急之症，苟不急補其腎水與命門之火，則一線之微，必然斷絶。方：

熟地四兩　山藥三兩　麥冬三兩　五味子一兩　牛膝一兩　附子一錢　肉桂一錢。水煎冷服，一劑而愈。

久嗽方

人參一錢　白芍三錢　棗仁三錢　北五味一錢　益智五分　蘇子一錢　白芥子一錢。水煎服。一劑後，服六味地黄丸。

又方

秋傷于濕，若用烏梅、米殼，斷乎不效。陳皮　當歸　白朮　枳殼　桔梗　甘草等分。水煎服。三劑帖然矣。冬嗽皆秋傷於濕也，豈可拘於受寒乎？

肺嗽兼補腎方

肺嗽之症，本是肺虛，其補肺也明矣，奈何兼補腎也？不知肺經之氣，夜卧必歸於腎中。若肺經爲心火所傷，必求救於子，子若力量不加，將何以服仇哉？方用：

熟地二兩　山萸四錢　麥冬一兩　元參五錢　蘇子一錢　甘草一錢　牛膝一錢　沙參三錢　天冬一錢　紫菀〔一〕五分。水煎服。

又方

治久嗽，不論老少，神效。

烏梅五錢　薄荷五分　杏仁一錢　硼砂一錢　人參一錢，童便浸　五味子五錢，酒浸蒸　寒水石一錢，火煅　貝母三兩　瓜蔞仁五錢，去油　胡桃仁三錢，去皮　甘草五分。共爲末，蜜丸櫻桃大。淨綿包之，口中噙化。虚勞嗽未曾失血，脈未數者，皆可用之，不過十粒卽見效。

〔一〕「菀」，手稿作「苑」，據文意改。

又治久嗽方

人參　當歸　細茶，三味共三錢，水煎數沸，連渣嚼盡，一二服立效，不必三劑也。

治痰方

夫痰之滯，乃氣之滯，苟不補氣而惟去痰，未見痰去而病消也。方用：

人參一錢　白朮二錢　茯苓三錢　陳皮一錢　白芥子一錢　花粉一錢　蘇子八分　肉豆蔻二粒。水煎服。

治痰方

治痰之法，不可徒去其濕，必以補爲先，而佐以化痰之品。方用：

人參二錢　茯苓三錢　薏米仁五錢　半夏三錢　陳皮一錢　神麯一錢　甘草一錢。水煎服。

此方之中用神麯，人多不識其意，謂神麯乃消食之聖藥，非化痰之神品也。殊不知，痰之積聚稠粘，甚不易化，惟用神麯以發之，則積聚稠粘開矣。繼以半夏、陳皮，可以奏功。然雖有半夏、陳皮消痰，使不多用人參，則痰何從消？有人參以助氣，有薏仁、茯苓類，能健脾去濕，濕去而痰亦去矣。

更有氣虛痰寒者，即用前方，加肉桂三錢、乾薑五分。足矣。

更有氣虛痰熱者，不可用此方，當用：

麥冬二錢　白芍二錢　花粉一錢　陳皮一錢　白芥子一錢　當歸三錢　茯苓二錢　神麯三分　甘草一錢。

水煎服。

腎水成痰引火下降方

腎中之水，有火則安，無火則泛。倘人過於入房，則水去而火亦去，久之則水虛而火亦虛；水無可藏之地，則必泛上而爲痰矣。治法，欲抑水之下降，必先使火之下溫，當於補氣之中，又用大熱之藥，使水足以制火，而火足以煖水，則水火有既濟之美也。方用：

熟地三兩　山萸一兩　肉桂二錢　北五味一錢五分　牛膝三錢。水煎服。一劑而痰下行，二劑而痰無不消矣。

凡人久有痰病不愈，用豬肺一個，蘿蔔子五錢，研碎，白芥子一兩，五味調和，飯鍋蒸熟。飯後頓服一個卽愈。此乃治上焦之痰，湯藥不愈者，最神效。

治痰之法

古人所立治痰之方，皆是治痰之標，而不能治痰之本也。如二陳湯，上、中、下、久、暫之痰通治之，而無實效也。今立三方，痰病總不出其範圍也：

初病之痰

傷風咳嗽吐痰是也。

半夏一錢　陳皮一錢　花粉一錢　茯苓一錢　蘇子一錢　甘草一錢。水煎服。一劑而痰可消矣。

此方去上焦之痰，上焦之痰，原在胃中，而不在肺；去其胃中之痰，而肺金自然清肅，又何至火之上升哉？

已病之痰

必觀其色之白與黄而辨之，黄者火已退也，白者火正熾也。正熾者用寒涼之品，將退者用祛逐之味。今一方而俱治之。方用：

白朮三錢　白芥子三錢　茯苓五錢　陳皮一錢　甘草一錢　枳殼五分。水煎服。

有火加梔子，無火不必加。此方健脾去濕，治痰之在中焦者也。

又治已病之痰：

白朮五錢　茯苓五錢　薏仁五錢　陳皮一錢　天花粉二錢　益智仁三分　人參三分。水煎服。

有火加黄芩一錢，無火加乾薑一錢、甘草二分。此方健脾去濕而不耗氣，二劑而痰自消也。

久病之痰

久病之痰，切不可作脾濕生痰論之。蓋久病不愈，未有不因腎水虧損者也；非腎水泛上爲痰，即腎火沸騰爲痰。當補腎以祛逐之。方用：

熟地五錢　薏仁五錢　芡實五錢　山藥三錢　山萸三錢　北五味一錢　麥冬三錢　茯苓三錢　車前子一錢　益智仁三分。水煎服。

此治水泛爲痰之聖藥也。若火沸爲痰，加肉桂一錢，補腎去濕而化痰。水入腎宮，自變化爲眞精，而不變爲痰矣。此治下焦之法也。

又治久病之痰：方用六味地黄丸，加麥冬、五味子，實有奇功。無火加附子、肉桂可耳。

痰在胸膈而不化者，爲老痰也。方宜用：白芍三錢　茯苓三錢　柴胡一錢　甘草一錢　陳皮三分　白芥子五錢　丹皮二錢　花粉〔一〕八分　薏仁五錢。水煎服。妙在白芥子爲君，薏仁、白芍爲臣，柴胡、花粉爲佐，使老痰無處可藏，用八九劑而老痰可化也。

又痰成而塞咽喉者，爲頑痰也。方用：貝母三錢　半夏三錢　茯苓三錢　白朮三錢　神麯三錢　紫菀二錢　桔梗三錢　白礬一錢　甘草一錢。水煎服。此方妙在半夏、貝母同用，一燥一濕，使痰無處逃避。又有白礬消塊，梗、菀去邪，甘草調中，有不奏功者乎？

瀉火湯總方

梔子三錢　白芍五錢　丹皮三錢　元參二錢　甘草一錢。水煎服。

心火加黄連一錢，胃火加石膏三錢，腎火加黄柏、知母各一錢，肺火加黄芩一錢，大腸火加地榆一錢，小腸火加天、麥冬各一錢，膀胱火加澤瀉三錢。治火何獨治肝經也？蓋肝屬木，木易生火。肝火散而諸經之火俱散，但散火必須加下洩之藥，而使火之有出路也，則得矣。

初病治法

如人病初起之時，用藥原易奏功。無如人看不清，用藥錯亂，往往變症蜂起。苟看病眞，用藥當，又何有變症耶？

如傷風之症，必然頭痛身疼，咳嗽痰多，鼻流清水，切其脈必浮，此傷風也。

〔一〕「粉」，手稿作「紛」，據文意改。

防風一錢　柴胡一錢　黄芩一錢　半夏一錢　荆芥一錢　甘草一錢。水煎服，一劑即止，不必再劑也。

傷寒初起，鼻塞目痛，項强頭痛，切其脈必浮緊，此傷寒也。方用：

桂枝一錢　甘草一錢　陳皮一錢　乾葛一錢。水煎服，一劑而愈。

如傷食，心中飽悶，見食則惡，食之轉痛也。方用：

白术一錢　茯苓一錢　枳殼一錢　山楂二十粒　穀芽二錢　麥芽二錢　神麯五錢　半夏一錢　砂仁三粒　甘草五分。水煎服，一劑快，二劑愈。

如傷暑，必然頭暈口渴惡熱，甚則痰多身熱氣喘是也。方用：

青蒿一兩　香薷三錢　白术五錢　陳皮一錢　茯苓三錢　甘草一錢。水煎服。有人參加一錢，無亦可。一劑愈。

如傷濕，必然惡濕，身重足腫，小便短赤。又方用：

澤瀉三錢　豬苓三錢　肉桂五分　茯苓五錢　白术五錢　車前子一錢　柴胡一錢　半夏一錢。水煎服，一劑可愈。

燥病初起，咽乾口燥，不吐痰，乾咳嗽不已，面目紅，不畏風吹是也。方用：

麥冬五錢　元參五錢　桔梗三錢　甘草一錢　花粉一錢　陳皮三分　百部八分。水煎服。

火症初起，必大渴引飲，身有斑點，或身熱如焚，或發狂亂語。方用：

石膏三錢　元參一兩　麥冬一兩　甘草三錢　升麻三錢　知母三錢　半夏三錢　竹葉百片。水煎服。一二劑可止可安，不必四劑也。

發汗奇法

邪居腠理之間，必用汗藥以洩之。方用：

荊芥一錢　桔梗一錢　防風一錢　甘草一錢　蘇葉一錢　白朮五錢　茯苓三錢　陳皮五分。水煎服。

此方妙在白朮爲君。蓋人之脾胃健，而後皮毛、腠理始得開闔自如。白朮健脾去濕，而邪已難存；況有荊、防、蘇、梗以表散之乎？

勞病症

勞病既成，最難治者。蓋必有蟲生之，以食人之氣血也。若徒補其氣血，而不入殺蟲之品，則飲食入胃，止蔭蟲而不生氣血矣。但止殺蟲而不補氣血，則五臟盡傷，又何有生理哉？惟於大補之中，加入殺蟲之品，則元氣既全，眞陽未散，蟲死而身安矣。方用：

人參三兩　熟地八兩　地栗粉八兩　鱉甲一斤，醋炙　神麯五兩　麥冬五兩　桑葉八兩　白薇三兩　山藥一斤　何首烏八兩。右共爲末。將山藥末打成糊，爲丸。每日滾白水送下五錢，半年而蟲從大便出。

未成勞病，而將成勞病者。方用：

熟地一兩　地骨皮五錢　人參五分　麥冬五錢　白朮一錢　山藥三錢　白芥子三錢　北五味三分。水煎服。

陽虛下陷方

人因饑飽勞役，內傷正氣，以致氣乃下行，脾胃不能克化，飲食不能運動，往往變成勞瘵。若疑飲食不進，爲脾胃之火，肉黍之積，輕則砂仁、枳殼、山楂、麥芽之品，重則芒硝、大黄、牽牛、巴豆之類，紛然雜進必致臌悶，倘先以升提之藥治之何至於此。方用：

人參一錢　柴胡一錢　陳皮一錢　甘草一錢　黄耆三錢　當歸三錢　白朮三錢　升麻三分。水煎服。

凡人右手寸脈大於左手寸脈，卽内傷之症，不論左右關、尺脈何如，以此方投之，最神效。

陰虛下陷方

如人陰虛脾洩，歲久不止，或食而不化，或化而溏泄。方用：

熟地五錢　山萸五錢　白朮一兩　山藥三錢　北五味一錢　肉桂一錢　茯苓三錢　升麻三分　車前子一錢。水煎服。

此方純是補陰之藥，惟升麻以提陰中之氣；又有溫濕之品，以煖命門而健脾土，又何至再溏泄哉？

陰虛火動夜熱晝寒方

如腎水虛兼感寒者，或腎水虧竭，夜熱晝寒，此等症若認作陽症，則口渴而熱益熾，必致消盡陰水，吐痰如絮，咳嗽不已，聲啞聲嘶，變成勞瘵。法當峻補其陰，則陰水足而火焰自消，骨髓清泰矣。方用：

熟地一兩　北五味五錢　地骨皮三錢　白芥子三錢　車前子一錢　山萸五錢　麥冬五錢　元參三錢　丹皮一錢　沙參五錢　芡實五錢　桑葉七片。水煎服。此治陰虛火動者神效。

又方

治陰寒無火，用：肉桂一錢　附子一錢　熟地一兩　山茱萸四錢　白朮三錢　人參三錢　柴胡五分。水煎服。

二方治陰之中，卽有以治陽；而治陽之中，卽藏於補陰也。

過勞方

凡人過勞，脈必浮大不倫。若不安閒作息，必有吐血之症，當用滋補。方用：

人參三兩　白朮五錢　茯苓三兩　熟地五兩　山茱萸四兩　當歸八兩　白芍五錢　黃耆五錢　麥冬三兩　砂仁五錢　神麯一兩　五味子三兩　陳皮五錢。共爲末，煉蜜爲丸。每日早晚服五錢。

日重夜輕方

病重於日間，而發寒熱，較夜尤重，此等症必須從天未明而先截之。方用：

柴胡三錢　當歸三錢　黃耆五錢　人參一錢　陳皮一錢　半夏一錢　青皮一錢　枳殼一錢　白朮五錢　甘草一錢　乾薑五分。水煎服。

又方

更易：人參一錢　陳皮一錢　甘草一錢　白朮五錢　柴胡二錢　白芥子一錢　熟地一兩。水煎服。

夜重日輕方

病重於夜間，而發寒發熱，或寒少而熱多，或熱少而寒多，一到天明覺清爽，一到黄昏覺沉重，此陰氣甚虚也。方用：

熟地一兩　山萸四錢　當歸三錢　白芍三錢　何首烏三錢，生用　柴胡三錢　麥冬三錢　鱉甲五錢　白芥子三錢　茯苓五錢　陳皮一錢　五味子一錢。水煎服。

此方妙在用鱉甲，乃至陰之物，逢陰則入，遇陽則轉；生何首烏，直入陰經，亦攻邪氣；以芥子祛痰，又不耗其眞陰之氣，有不奏功者乎？必須黄昏服，以此藥則陰氣固而邪不敢入矣。然亦有陰邪而兼陽邪，亦發於夜間，其病亦發寒熱，無異純陰邪氣之症，但少少煩燥耳，不若陰症之常靜也。法當於補陰之中少加陽藥一二味，使陽長陰消，自然奏功如响。方用：

熟地一兩　山萸四錢　當歸三錢　鱉甲五錢　白芥子三錢　柴胡二錢　陳皮一錢　茯苓五錢　麥冬三錢　北五味一錢　人參二錢　白术三錢　何首烏三錢，生用。水煎服。

氣治法

氣虚氣實，不可不平之也。氣實者，非氣實乃正氣虚而邪氣實也。方用補正之藥，而加祛逐之品，則正氣旺而邪氣消矣。方用：

人參一錢　白术一錢　甘草一錢　麻黄一錢　半夏一錢　柴胡三錢　白芍三錢。水煎服。

推而廣之，治氣非一條也。氣陷，補中益氣湯可用；氣衰，六君子湯可採；氣寒，人參白术附子湯可施；氣虚，則用四君子湯；氣鬱，則用歸脾湯；氣熱，則用生脈散；氣喘，則用獨參湯；氣動，則用二陳湯加人參；氣壅塞，則用射干湯；氣逆，則用逍遙散。約之，氣虛則羸弱，氣實則壯盛。

虛者用前方，實者另一方。卽用：枳殼五分　白朮一錢　陳皮五分　茯苓三錢　白芍二錢　山楂十個　柴胡一錢　梔子一錢　甘草一錢。水煎服。

血治法

血不歸經，或上或下，或四肢毛竅，各處出血。循行經絡，外行於皮毛，中行於臟腑，內行於筋骨，上行於頭目兩手，下行於二便一臍，是周身無非血路。一不歸經，斯各處妄行，有孔卽鑽，有洞則洩，甚則嘔吐，或見於皮毛，或出於齒縫，或滲於臍腹，或露於二便。宜順其性而引之，以歸經已耳。方用：

當歸三錢　白芍三錢　麥冬三錢　熟地五錢　生地五錢　茜草根一錢　川芎一錢　荊芥一錢　甘草一錢。水煎服。

此方卽四物湯加減，妙在用茜草根，引血歸經。服一二劑後，用六味地黃湯，補腎以滋肝木。肝得養則血有可藏之經，而不外洩矣。

熟地五錢　山萸五錢　山藥二錢　丹皮二錢　澤瀉二錢　北五味一錢　茯苓二錢　麥冬二錢　甘草一錢。水煎服。血症最宜用此方，久服三年不吐血。

肺脾雙治湯

如人咳嗽不已、吐瀉不已，此肺脾之傷。人以爲咳嗽宜治肺，吐瀉宜治脾。殊不知，咳嗽由於脾氣之衰，斡旋之令不行，〔二〕則上爲咳嗽矣；吐瀉由於肺氣之弱，清肅之令不行，始上吐而下瀉。方用：

人參一錢　麥冬二錢　茯苓二錢　柴胡一錢　車前子一錢　神麯五分　薏仁一錢　甘草五分。水煎服。

此治肺、治脾之藥，合而用之。咳嗽之病、吐瀉之症各愈，所謂一方而兩用之也。

腎肝同補湯

腎水不能滋肝木，則肝木抑鬱而不舒，必有兩脇飽悶之症。肝木不能生腎中之火，則腎水日寒，必有腰背難於俯仰之症。肝腎必須同補：

熟地一兩　山萸五錢　白芍五錢　當歸五錢　柴胡二錢　肉桂一錢。水煎服。

此方熟地、山萸補腎之藥，而歸、芍、柴、桂補肝之品。既云平補，〔三〕似乎藥不該輕重，今補肝之品多於補腎者何？腎爲肝之母，肝又爲命門之母也，豈有肝木旺而不生命門之火哉？

心腎同源湯

腎，水藏也。心，火藏也。是心腎二經爲仇敵，似不宜牽連而一治之。不知心腎相克而實相須，無心之火則成死灰，無腎之水則成冰炭；心必得腎水以滋養，腎必得心火而溫煖。如人驚惕不安，夢遺精洩，豈非心腎不交乎？人以驚惕不安爲心之病，我以爲腎之病；人以夢遺精洩爲腎之病，

〔二〕「斡」，手稿作「幹」，據文意改。
〔三〕「云」，手稿作「去」，據文意改。

我以爲心之病；非顛倒也，實有至理焉矣。方用：

人參三兩　棗仁三兩，炒　山萸三兩　麥冬三兩　柏子仁三兩　茯神三錢　白朮五兩　熟地五兩　遠志一兩　菖蒲一兩　橘紅一兩　北五味一兩　山藥三錢　芡實五錢。共爲末，煉蜜丸，白滚水送下五錢。

此丸之妙，治腎之藥少於治心之藥，蓋心君寧靜，腎氣自安，腎安何至心動，此治心正所以治腎，而治腎正所以治心也。

寒熱眞假辯

眞熱症口乾極而呼水，舌燥極而開裂生刺，喉痛日夜不已，大熱烙手而無汗也。

眞寒症手足寒，久不回，色變青紫，身戰不已，口噤出聲而不可禁也。

假熱症口雖渴而不甚，舌雖乾而不燥，卽燥而無芒刺紋裂。

假寒症手足冰冷而有時溫和，厥逆身戰亦未太甚，而有時而安，有時而搐是也。各方用：

眞熱方

麻黃三錢　當歸五錢　黃連三錢　黃芩三錢　石膏三錢　知母三錢　半夏三錢　枳殼二錢　甘草一錢。水煎服。一劑輕，二劑愈。

眞寒方

附子三錢　肉桂一錢　乾薑一錢　人參一兩　白朮五錢。水煎服。

急救之，此乃眞中寒邪，腎火避出軀殼之外，而陰邪之氣直犯心宫。心君不守，肝氣無依，乃發戰發噤，手足犯青色。然則止用附、桂、乾薑逐其寒邪足矣，何用參、朮？即用而何至多加？蓋元陽飛越，正一綫之氣未絶，純用桂、附、乾薑一派辛辣大熱之藥，邪雖外逐而正氣垂絶，不若多加參、朮，猶可返正氣於若存若亡之際也？

假熱方

如人喉痛，口乾舌燥，身熱。人以爲熱而非熱也，内眞寒而外假熱耳。方用：

黄連三錢　白芍三錢　當歸三錢　半夏三錢　茯苓三錢　梔子二錢　柴胡二錢　枳殼一錢　菖蒲三分。水煎服。

此方妙在用黄連心宫，佐以梔子副將，提刀直入，無邪不散。柴胡、白芍又塞敵運糧之道。半夏、枳殼斬殺餘黨。中原既定，四隅不戰而歸已矣。然而火勢居中，非用之得法則賊勢彌張，安然直入。又加菖蒲之辛熱，乘熱飲之，則熱喜熱，不致相反而更相濟也。

假寒方

如人手足冰冷，或發厥逆，或身戰畏寒，人以爲寒，而非寒也，内眞熱而外假寒耳。方用：

附子一錢　肉桂一錢　人參三錢　白朮五錢　豬膽汁半個　苦菜汁三匙。先將水二碗煎藥，熟後以藥並器，放冰水中激涼，入膽汁、菜汁調匀，一氣服之。

方中全是熱藥，倘服不如法，必然虚火上沖，盡行嘔出。必熱藥涼服，已足而順其性，而下行又有二汁之苦，以騙其假道之防也哉！

上熱下寒方

上焦火勢之盛，吐痰如湧泉，面赤喉痛，上身不欲蓋衣，而下身冰涼，此上假熱而下眞寒也。

方用：

附子一個　熟地半斤　山萸四兩　麥冬一兩　北五味一兩　茯苓三兩　澤瀉三兩　丹皮三兩　肉桂一兩。水十碗，煎四碗，探涼與病人服之。二劑四碗服盡，立刻安靜。此上病治下之一法也，最效。

乍寒乍熱辯

病者有洒淅惡寒，而後發熱者也。蓋陰脈不足，陽往從之；陽脈不足，陰往乘之。何謂陽不足？寸脈微，名曰陽不足。陰氣上入陽中，則惡寒也。何謂陰不足？尺脈弱，名曰陰不足。陽氣下陷陰中，則發熱也。凡治寒熱，用柴胡升陽氣，使不下陷陰中，則不熱也；用黄芩降陰氣，使不升入陽中，則不寒也。

病在上而求諸下

頭痛、目痛、耳紅、腮腫痛，一切上焦等症，除清涼發散正治外，人卽束手無策，而不知更有三法：如大便結，脈沉實者，用酒蒸大黄三錢微下之，此名釜底抽薪之法。如大便瀉，脈沉足冷者，宜六味地黄丸加牛膝、車前、肉桂。足冷甚者，加熟地、附子。是冷極於下，而迫其浮火上升也，此名導龍入海之法。大便如常，脈無力者，用牛膝、車前引下之，此名引火歸源之法。

病在下而求諸上

凡治下焦病，用本病藥不愈者，須從上治之。如足痛足腫，無力虛軟，臁瘡紅腫，用木瓜、薏仁、牛膝、防已、黄柏、蒼朮之品不效者，定是中氣下陷，濕熱下流，用補中益氣升提之。如足軟，不能行而能食，名曰痿症，宜清肺熱。如治泄瀉，用實脾利水之劑不效，亦用升提，補中益氣去當歸，加炮薑、蒼朮；脈遲，加肉蔻、破故紙。如尿血，用涼血利水藥不效，宜清心蓮子飲。若清心不止，再加升、柴。如治便血，用澀止之藥不效，或兼泄瀉，須察其脈。如右關微細，或數大無力，是脾虛不攝血，宜六君子湯加炮薑；若右關沉緊，是飲食傷脾，不能攝血，加沉香二分。右寸洪數，實熱在肺，宜清肺，麥冬、花粉、元參、枯芩、桔梗、五味子、枳殼等藥。

眞熱假寒方

如人身外冰冷，身内火熾，發寒發熱，戰慄不已，此眞熱反現假寒之象以欺人也。自當用三黄湯加石膏、生薑，乘熱飲之。用井水以撲其心，至二三十次，内熱自止，而外之戰慄亦若失。後用元參、麥冬、白芍各二兩，煎湯與服，任其恣飲，後不再甚矣。

眞寒假熱方

如人下部冰冷，上部大熱，渴欲飲水，下喉即吐，此眞寒反現假熱之象以欺人也。自當用八味湯大劑，探冷與服。再令一人强而有力者，以手擦其足心，如火之熱，不熱不已，以大熱爲度。後用吳茱萸一兩、附子一錢、麝香三分，以少許白麪入之，打糊作膏，貼在足心之中。少頃必熟睡，〔一〕醒來，下部身熱，而上部之火息矣。

氣虛胃虛方

凡人病氣虛者，乃身體羸弱，飲食不進，或大便溏泄、小便艱澀。方用：

人參一兩　茯苓三錢　白朮五錢　陳皮一錢　甘草一錢　車前子一錢　澤瀉一錢。水煎服。

此方用人參爲君者，開其胃氣。胃爲腎之關，關門不開，則上之飲食不能進，下之糟粕不能化。必用人參以養胃土，茯苓、車前以分消水穀也。或服此而未愈。兼服八味丸，最能實大腸而利膀胱也。

氣虛飲食不消方

飲食入胃，必須胃氣充足，始能化糟粕而生津液。方用：

人參二錢　白朮三錢　陳皮五分　神麯五分　甘草三錢　黄耆三錢　麥冬五分　山楂五粒　炮薑一錢　茯苓三錢。水煎服。

傷麪食，加蔔子；有痰，加半夏、白芥子各一錢；咳嗽，加蘇子一錢、桔梗二錢；傷風，加柴胡二錢；夜臥不安，加炒棗仁二錢；胸中微痛，加枳殼五分。方內純是開胃之品，又恐飲食難消，後加消導之味，則飲食化而津液生矣。

〔一〕「熟」，手稿作「熱」，據文意改。

血虛面色黃瘦方

出汗盜汗，夜臥常醒，不能潤色以養筋是也。血虛自當補血，舍四物湯，又何求耶？今不用四物湯，用：

熟地一兩　麥冬三錢　當歸五錢　桑葉十片　枸杞三錢　茜草一錢。水煎服。

此方妙用桑葉以補陰而生血，又妙加茜草，則血得活而益生，況又濟之以歸、地、麥冬大劑以共生之乎？

氣血雙補方

飲食不進，形容枯槁，補其氣而血益燥，補其血而氣益餒；助胃氣而盜汗難止，補血脈而胸膈阻滯。法當氣血同治：

熟地三錢　人參一錢　白朮一錢　當歸二錢　川芎一錢　白芍三錢　茯苓二錢　麥冬五錢　穀芽一錢　甘草八分　陳皮五分　神麯五分。水煎服。

此方氣血雙補，與八珍湯同功，而勝於八珍湯也，妙在補中有調和之法耳。

扶正散邪湯

此專治正氣虛而邪氣入之者，如頭疼發熱，凡脈右寸口大於左口者，急以此方投之，效。

人參一錢　白朮三錢　茯苓三錢　半夏一錢　柴胡三錢　甘草一錢。水煎服。

消食善饑方

火盛之症，大渴引飲，呼水自救，朝食即饑，或夜食不止。方用：

元參一兩　麥冬五錢　竹葉三十片　菊花二錢　生地三錢　白芥子二錢　丹皮二錢　陳皮五分。水煎服。

久虛緩補方

久虛之人，氣息奄奄，無不曰宜急治矣。不知氣血大虛，驟加大補之劑，力量難任，必致胃口轉膨脹，不如緩緩清補也。

山藥一錢　茯苓一錢　當歸一錢　白芍二錢　白朮五分　陳皮三分　人參三分　麥芽三分　炮薑三分　棗仁五分　甘草三分。水煎服。

此方妙在以芍藥爲君，引參、苓入肝爲佐，小小使令，徐徐奏功，使脾氣漸實，胃口漸開，然後再用純補之劑，此乃緩治法。

補氣方

右手脈大，氣分之勞，方用補氣丸：

人參三兩　黄耆三兩　茯苓四兩　白朮八兩　白芍三兩　陳皮一兩　麥冬二兩　北五味一兩　遠志一兩　白芥子一兩　炙草八錢。煉蜜爲丸，早服五錢。

補血方

左手脈大，血分之勞，方用補血丸：

熟地八兩　白芍八兩　當歸四兩　山萸四兩　五味子一兩　麥冬三兩　遠志一兩　茯神三兩　棗仁一兩　白芥子一兩　砂仁五錢　肉桂五錢。煉蜜爲丸。晚服一兩。身熱去肉桂，加地骨皮五錢。

勞症與虚損有辯

外症外大相似，而治法實不同。虚損者，陰陽兩虚；勞症者，陰虚陽亢。故虚損可用溫補；若勞症，忌溫補而用清補也。兩症辯法，不必憑脈，但看人着複衣，此着單衣者，爲勞症。人着單衣，此着複衣者，爲虚損。勞症，骨蒸而熱；虚損，榮衛虚而熱也。

中風不語方

凡人跌倒昏迷，或自臥而跌在牀下者，此皆氣虚而痰邪犯之也。方宜用：

人參一兩　半夏三錢　南星三錢　附子一個。名爲三生飲，急灌之。

此症有因腎虚而得者。夫腎主藏精，主下焦地道之生育，衝、任二脈係焉。二脈與腎之大絡，同出於腎下，起於胞中。其衝脈因稱胞絡，爲經脈之海，遂名海焉。衝脈之上行者，滲諸陽，灌諸精；下行者，滲諸陰，灌諸絡，而溫肌肉，别經絡，結於跗。因腎虚，而腎絡與胞内絕，不通於上則瘖，腎脈不上循喉嚨，挾舌本則不能言。二絡不通於下，則痱厥矣。方用地黄引子：

熟地　巴戟　山萸　附子　石斛　肉蓯蓉　菖蒲　茯苓　肉桂　麥冬　五味子各等分　加薄荷、

薑、棗。水煎服。

口眼喎邪方

人多治木、治金固是，而不知胃土之爲尤切。當治胃土，且有經、脈之分。經云：「足陽明之經，急則口目爲僻眥，急不能視」，此胃土之經爲歪邪也。又云：「足陽明之脈，挾口環唇，口歪唇邪」，此胃土之脈爲喎邪也。二者治法，皆當用：

黄耆　當歸　人參　白芍　甘草　桂枝　升麻　葛根　秦艽　白芷　黄柏　防風　蘇木　紅花。

水、酒各半樽，煎服。稍熱服。

初起有外感者，加葱白三莖同煎，取微汗而自愈。

又治方

心中虚枉，不能運於口耳之間，輕則喎邪，重則不語。方用：

人參　白朮　茯苓　半夏　陳皮　石菖蒲　甘草　肉桂　當歸　白芍。此方治之，二劑全愈。

又治法

令人抱住身子，又一人扼住歪邪之耳輪，又令人以手摩其歪邪之處，至數百下，使面上火熱而後已，少頃口眼如故矣，最神效。

半身不遂方

此症宜於心、胃而調理之。蓋心爲天眞神機開發之本，胃是穀府充大眞氣之標。二本相得，則心隔開之，膻氣海所留，宗氣盈而溢，分布五臟、三焦，上下中外，無不周徧。若標本相失，則不能致其氣於氣海，而宗氣散矣。故分布不周於經脈，則偏枯。不周於五臟，則瘖。卽此言之，未有不因眞氣不周而病者也。方宜用黄耆爲君，參、歸、白芍爲臣，防風、桂枝、鈎籐、竹瀝、薑汁、韭汁、葛汁、梨汁、乳汁爲佐、使。不然而雜投乎烏、附、羌活之類，以涸榮而耗衞，如此死者，是醫殺之也。

又治半身不遂及口眼喎邪方

人參一錢半　黄耆二錢　當歸二錢　白朮一錢半　半夏一錢　干葛八分　紅花四分　桂枝五分　甘草四分

水二樽　薑三片　棗二枚。煎服。

此症人多用風藥治之，殊不見功。此藥調理氣血，故無不效，勿加減。

急慢風三六九日一切風俱治方

膽星八錢　雄黄一兩五錢　硃砂二錢　人參二錢　天竹黄一錢五分　茯苓二錢　鈎籐一兩五錢　牛黄二錢

麝香二錢　柴胡二錢，酒煮　鬱金二錢　青皮二錢　甘草四錢。共爲末，煎膏爲丸，豆子大，眞金一張爲衣，陰乾勿洩氣。薄荷湯磨服。

破傷風

蟬蛻去淨頭足爲末五錢　用好酒一碗，煎滚，入末調勻，服之立甦。又付治方用：

升麻　油頭髮　馬尾羅底　羊糞蛋各等分。共爲末，黄酒調服。

循衣撮空

此症非大實，則大虛。當審其因，察其脈，參其症，而分黑白矣。實而便秘，大承氣湯；虛而便滑，獨參湯；厥逆者，加附子。

恐怕症

夫人夜臥交睫，則夢爭鬬，負敗恐怖之狀，難以形容。人以爲心病也。不知肝經之病。魂藏於肝，肝血虛，魂失養，故交睫則若魘；乃肝膽虛怯，故多負多恐。此非峻補，不克奏功。而草木之不堪任重，乃以酒化鹿角膠，空腹服之可痊。蓋鹿角膠峻補精血，血旺則神自安矣。又有神氣不寧，每臥則魂飛揚，覺身在牀而魂離體也；驚悸多魘，通夕無寐。人皆以爲心病，不知此肝經受邪也。肝氣一虛，邪氣襲之；肝藏魂不得歸，是以魂飛揚若離體也。此用珍珠母爲君，龍齒佐之。珍珠母入肝爲第一，龍齒與肝同類也。龍齒、虎睛，今人例以爲鎮心藥，不知龍齒安魂，虎睛定魄也。東方蒼龍，木也，屬肝而藏魂；西方白虎，金也，屬肺而藏魄。龍能變化，故魂遊而不定；虎能專靜，故魄止而有守。是以治魄不寧宜虎睛，治魂飛揚宜龍齒，藥各有當也。

内傷猝倒方

凡人猝然昏倒，迷而不悟，喉有痰，人以爲風也，誰知是氣虚？若作風治，未有不死者。蓋因平日不慎女色，精虧以致氣虚；又加起居不慎，而有似乎風之吹倒者。方宜用：

人參一兩　黄耆一兩　白朮一兩　茯苓五錢　白芥子三錢　菖蒲二錢　附子一錢　半夏二錢。水煎服。

此方補氣而不治風，消痰而不耗氣。一劑神定，二劑痰清，三劑可全愈。

又治方

又有腎中之水虚，而不能上交于心者；更有肝氣過燥，不能生心中之火者，此皆陰虚而能令人猝倒者也。方用再甦丹：

熟地二兩　山萸一兩　元參一兩　柴胡一錢　菖蒲一錢　白芥子三錢　麥冬一兩　茯苓一兩　北五味一兩。水煎服。

此方補腎水，滋肺氣，安心通竅，瀉火消痰，實有神妙。一方茯苓五錢，服十劑可愈。

又方

又有心中火虚，不能下交於腎而猝倒者，陽虚也。方宜用全生湯：

人參一兩　白朮一兩　半夏三錢，生　附子三錢　菖蒲一錢　生棗仁二兩　茯神五錢　甘草一錢。水煎服。下喉則痰靜而聲出矣，連服數劑，安然如故。

又方

又有胃熱而不能安心之火而猝倒者，亦陽虛也。方用：

人參一兩　元參一兩　石膏五錢　花粉五錢　麥冬三錢　菖蒲一錢。水煎服。一二劑心定火清，三劑而愈。

又方

又有口渴索飲，眼紅氣喘，心脈洪大，舌不能言，不可作氣虛治。此乃腎虛之極，不能上滋於心，心火亢極，自焚悶亂，遂致身倒，有如風中也。法當補腎而佐以清火之藥，用水火兩治湯。方用：

熟地　麥冬　當歸　生地　五味子　元參　山萸　黃連　茯神　白芥子。水煎服。

又方

又有大怒跳躍，忽然臥地，兩臂抽搦，口眼喎邪，左目緊閉，此乃肝火血虛，內熱生風之症。當用八珍湯加丹皮、鈎籐、山梔。若小便自遺，左關脈弦洪而數，此肝火血燥，當用六味丸料，加鈎籐、五味子、麥冬、川芎、當歸；愈後須用補中益氣湯加山梔、鈎籐、丹皮，多服。如婦人得此症，則逍遙散加鈎籐及六味丸，最效。

寒熱厥法辯方附

寒厥者，手足必青，飲水必吐，腹必痛，喜火熨之；若熱厥，手足雖寒而不青紫，飲水不吐，熨則腹必痛，不可不辯。

熱厥方

熱厥，一時手足厥逆，痛不可忍。人以爲四肢之風症也，不知乃心中熱蒸，外不能洩，故四肢手足則寒，而胸腹皮熱如火。方用：

柴胡三錢　當歸二錢　荆芥一錢　黄連二錢　梔子二錢，炒　半夏一錢　枳殼一錢。水煎服。二劑愈。

又治熱厥方

白芍一兩　黑梔三錢　陳皮一錢　柴胡一錢　花粉二錢。水煎服。以白芍爲君，取入肝而平木。

寒厥方

人參三錢　白朮一兩　附子一錢　肉桂一錢　吴茱萸一錢。水煎服。

治發熱

人病發熱，先散其邪氣，邪退而後補正氣，則正氣不爲邪所傷。

外感發熱方

柴胡一錢　荊芥一錢　半夏一錢　黄芩一錢　甘草一錢。水煎服。

蓋四時不正之氣，來犯人身，必然由皮毛而入榮衛。故用柴胡、荊芥先散皮毛之邪，邪既先散，安得入内。又有半夏以去痰，使邪不得挾痰以作祟；又有黄芩以清火，使邪不得挾火以作殃；又有甘草調藥以和中，是以邪散而無傷於正氣。

内傷發熱方

柴胡　當歸　陳皮　甘草　梔子以上各一錢　白芍二錢　花粉二錢。水煎服。此方凡肝木鬱者，一服卽快。

卷二百一十一　大小諸證方論（下）

傅青主先生秘傳雜症方論（下）

便血矣而又尿血方

血分前後，便出於後陰，尿出於前陰，最難調治。然總之出血於下也。方用：

生地黃一兩　地榆五錢。水煎服。

二症自愈。蓋大、小便各有經絡，而其源同，因膀胱之熱而來也。生地、地榆俱能清膀胱之熱，一方而兩用之，於分之中有合也。

腰痛矣而又頭痛方

上下相殊也，如何治之？治腰乎？治頭乎？不知腎氣上通於腦，而腦氣下達於腎，上下雖殊，氣實相通。法當用溫補之藥，以大益其腎中之陰，則上下之氣通矣。方用：

熟地一兩　杜仲五錢　麥冬五錢　北五味二錢。水煎服。

蓋熟地、杜仲，腎中藥也，腰痛是其專功。今並頭痛而亦愈者，何也？方雖補腎之劑，腎旺則上通于腦，故腰不痛而頭亦因之不痛也。

遺精矣而又健忘方

遺精，下病也。健忘，上病也。何以分治之而咸當乎？方用：

人參三兩　蓮鬚二兩　芡實三兩　熟地五兩　五味子一兩　山藥四兩　麥冬三兩　棗仁三兩，生　遠志一兩　石菖蒲一兩　當歸三兩　柏子仁一兩，去油　山萸三兩。蜜丸。每日五錢。

此症遺精，是腎水之虚；而實本是君火之弱。今補其心君，則玉關不必閉而自閉矣。

泄瀉矣而又呑酸

泄瀉者，寒也。呑酸者，火也。似乎寒熱殊而治法變矣。不知呑酸雖熱，由於肝氣之鬱結；泄瀉雖寒，由于肝木之克脾。苟一方以治木鬱，又一方以培脾土，土必大崩而木必大彫矣。不若一方而兩治之爲愈也。方用：

柴胡一錢　白芍五錢　茯苓三錢　陳皮五分　車前子一錢　神麯五分　甘草五分。水煎服。

此方妙在白芍善舒肝木之鬱，木鬱一舒，上不克胃而下不克脾。方中又有茯苓、車前，以分消水濕之氣，水盡從小便出，何有餘水以呑酸，剩汁以泄瀉哉？

中氣矣而又中痰方

中氣、中痰，雖若中之異，而實皆中于氣之虚也。氣虚自然多痰，痰多必然耗氣，雖分而實合耳。

人參一兩　半夏三錢　南星三錢　茯苓三錢　附子一錢　甘草一錢。水煎服。

蓋人參原是氣分之神劑，而亦消痰之妙藥。半夏、南星雖是逐痰之神品，而亦可扶氣之正神。附子、甘草，一仁一勇，相濟而成。

精滑夢遺方

人以爲腎之虛也，不獨腎病也，心病也。宜心腎兼治。方用：

熟地半斤　山藥四兩　山萸四兩　茯苓三兩　北五味一兩　肉桂一兩　人參三兩　白朮四兩　麥冬三兩　遠志一兩　棗仁一兩　肉蓯蓉三兩　鹿茸一兩　砂仁五錢　杜仲一兩　巴戟天三兩　補骨脂一兩　柏子仁一兩　紫河車一副　附子一錢。右共爲末，煉蜜爲丸。

此方用熟地、山藥、山萸之類，補腎也；巴戟、蓯蓉、附子、鹿茸，補腎中之火也，可以已矣，而又必加人參、茯苓、柏子仁、麥冬、遠志、棗仁者，何也？蓋腎中之火虛，由於心中之火虛也；使腎火不補，心火不益，則反增上焦之枯竭〔二〕。故欲補腎火，而補其心火，則水火相濟矣。

又一說，方内加白芍三兩。

又治夢遺方

蓋人病夢遺，由於腎水耗竭，上不能通於心，中不能潤於肝，下不能生於脾，以致玉關不閉，無夢且遺。法當大補腎，而少佐以益心、益肝、益脾之品。方用：

熟地一兩　山萸四錢　茯苓三錢　棗仁五錢，生　北五味一錢　白芍三錢　當歸三錢　薏仁三錢　白朮五

〔二〕「竭」，手稿作「渴」，據文意改。

錢

茯神二錢　肉桂五分　白芥子一錢　黄連五分。水煎服。

一劑卽止，十劑不犯。此方妙在五臟兼補，而使心腎兩交，自然魂魄寧而精竅閉矣。

陽强不倒方

此虚火炎上，而肺金之氣不能下行故耳。若用黄柏、知母，煎湯飲之，立時消散；然自倒之後，終年不能重振，是亦苦也。

元參三兩　麥冬三兩　肉桂三分。水煎服。

此方妙在用元參以瀉腎中之火，肉桂入其宅，麥冬助肺金之氣，清肅下行，以生腎水。水足則火自息矣，不求倒而自倒者也。

陽痿不舉方

陽痿而不振者，乃平日過於琢削，日泄其腎中之水，而腎中之火，亦日消亡。蓋水去而火亦去，必然之理。如一家人口，厨下無水，又何以煮爨而生烟？必汲其泉源，而後取其柴炭，可以鑽燧而取火，以煮飯食，否則空鐺安炊耶？方用：

熟地一兩　山萸四錢　遠志一錢　巴戟一錢　肉蓯蓉一錢　肉桂一錢　人參三錢　枸杞二錢　茯神二錢　杜仲一錢　白朮五錢。水煎服。

癲狂方

此症多生於脾胃之虚寒，飲食入胃，不變精而變痰，痰迷心竅，遂成癲狂矣。苟徒治痰而不補氣，未有不速之死者。方用：

人參五錢　白朮一兩　肉桂一錢　乾薑一錢　白芥子五錢　甘草五分　菖蒲五分　半夏三錢　陳皮二錢。水煎服。

如婦人得此症，加白芍一兩、柴胡二錢、黑梔子二錢，去肉桂，治之最神效。

治發狂見鬼方

此症乃氣虛而中痰也。宜固其正氣，而佐以化痰之品。方用：

人參一兩　白朮一兩　半夏三錢　南星三錢　附子一錢。水煎服。

治發狂不見鬼方

此是內熱之症。

人參三錢　白芍三錢　半夏三錢　南星二錢　白芥子一錢　黃連二錢　陳皮一錢　甘草一錢。水煎服。

又方

此症亦有傷寒得之者，一時之狂也，可用白虎湯以瀉火。更有終年狂而不愈者，或持刀殺人，或詈罵人，不認兒女，見水大喜，見食大惡，此乃心氣之虛，而熱邪乘之，痰氣侵之也。方宜用化狂丹：

人參一兩　白朮一兩　茯神一兩　附子一分　菟絲子三錢　半夏三錢　菖蒲一錢　甘草一錢。水煎服。

此方妙在補心、脾、胃之三經，而化其痰，不去瀉火。蓋瀉火則心氣益傷，而痰涎益盛，狂何以止乎？尤妙用附子引補心消痰之劑，直入心中，則氣易補而痰易消，又何用瀉火之多事乎？一劑可狂定。

又方

凡發狂罵人，未渴索飲，與水不飲者，寒症之狂也。此必氣鬱不舒，怒氣未洩，其人平日定懦弱不振者耳。治宜補氣消痰。方用：

人參一兩　白朮五錢　茯苓五錢　半夏一錢　南星一錢　附子一錢　菖蒲三分　柴胡一錢。水煎服。茯苓當易茯神一兩，下喉熟睡，〔二〕病如失也。

治癇症方〔三〕

此症忽然臥地，作羊馬牛之聲，口中吐痰如湧泉者，痰迷心竅，因寒而成，感寒而發也。方用：

人參三錢　白朮一兩　茯神五錢　山藥三錢　薏仁五錢　肉桂一錢　附子一錢　半夏三錢。水煎服。

前方治此症亦效，後附丸方：

人參三兩　白朮五錢　甘草一兩　陳皮三錢　南星一兩，生　半夏一兩　附子一錢。右爲末，蜜丸。須病未發時服之，則永不再發矣。

〔二〕「熟」，手稿作「熱」，據文意改。
〔三〕此行頁眉處有墨筆「羊羔風也」四字批注。

治尸厥方

此症一時猝倒，不省人事，乃氣虛而痰迷心竅也，補氣化痰而已矣。方用：

人參三錢　白朮五錢　半夏三錢　南星三錢　白芥子一錢　附子五分。水煎服。

又方

用蒼朮三兩，水煎灌之，必吐。吐後卽愈。蒼朮陽藥，善能袪風，故用之有奇效。凡見鬼者，用之更有效。

治瘧如神遇仙丹

生大黃六兩　檳榔三兩　三棱三兩　莪朮三兩　黑丑三兩　白丑三兩　木香二兩　甘草一兩。共爲細末，水丸櫻桃大。

如遇發日，清晨溫水化下三四丸。行後以溫米飯補之。忌腥冷、蕎麪等物，孕婦勿服。

治痢疾方

此症感濕熱而成，紅白相見，如血如膿，至危至極者。苟用涼藥止血，熱藥攻邪，俱非善治之法。方：

白芍二兩　當歸二兩　枳殼二錢　檳榔二錢　甘草二錢　滑石三錢　蔔子一錢　廣木香一錢。水煎服。一二劑收功。

此方妙在用歸、芍至二兩之多，則肝血有餘，不去克脾土，自然大腸有傳送之功化。加之枳殼、檳榔、蔔子俱逐穢祛積之品，尤能於補中用攻。而滑石、甘草、木香調達于遲速之間，不疾不徐，使瘀滯盡下也。其餘些小痢疾，只用減半治之，無不奏功。此方不論紅白痢疾，痛與不痛，服之皆神效。

又治痢方後附

當歸一兩，酒洗　黄芩七錢　蒼朮一錢　厚朴一錢　陳皮一錢　大腹皮一錢。水二樽，煎一樽，頓服。

治血痢方

血痢腹痛者，火也。方用：歸尾一兩　黄連三錢　枳殼二錢　白芍一兩　木香二錢　甘草一錢　蔔子二錢。水煎服。

治痢疾腹不痛方

腹不痛者，寒也。方用：白芍三錢　當歸三錢　蔔子一錢　枳殼一錢　檳榔一錢　甘草一錢。水煎服。

前方治壯實之人，火邪挾濕乃爾也。更有内傷勞倦、與中氣虚寒之人，脾不攝血而成血痢，當用理中湯加木香、肉桂；或補中益氣湯加熟地、炒黑乾薑，治之而愈。

火邪内傷辯

此辯痢症之血色也。如火邪之血，色必鮮紅，脈必洪緩，口必渴而飲冷水，小便必澀而赤濁。内傷之血，色不鮮而紫暗，或微紅淡白，脈必細而遲，或浮濇而空，口不渴，即渴而喜飲熱湯，小便不赤不澀，即赤而不熱不渴，此訣也。後又記他治痢神方：

罌粟殼七顆　烏梅七個　陳橘皮七片，皆如常法，而甘草七寸炙其半，生薑七片，煨其半，黑豆四十九粒，炒其半。用井水一大罌，加小罐内，文武火熟煮而飲，一服痛止，再服脱然。

治瀉奇方

有一日瀉五六十行者，傾腸而出，完穀不化，糞門腫痛，如火之熱，苟無以救之，必致立亡，宜截瀉湯：

薏仁二兩　澤瀉二錢　人參三錢　白芍二兩　車前子一兩　黄連五錢　茯苓五錢　甘草二錢　山藥一兩　肉桂三分。水煎服。

治水瀉方

白朮一兩　車前子五錢。水煎服。此方補腎健脾，利水去濕，神效。

又治火瀉方

火瀉，完穀不化，飲食下喉即出，晝夜有瀉數十次者，甚至有數百次者，人皆知爲熱也。然而熱之生也，何故？生於胃中之水衰，不能制火，使胃土關門不守於上下，所以直進而直出也。論其勢之急迫，似乎宜治其標，然治其標，不能使火之驟降，必須急補腎中之水，使火有可居之地，而後不至於上騰。方宜用：

熟地三兩　山萸一兩　甘草一兩　茯苓一兩　車前子一兩　白芍三兩　肉桂三分。水煎服。

此方乃補腎之藥，非止瀉之藥；然而止瀉之妙，捷於桴鼓矣。神妙方。

又治久瀉方

此症乃純是下清水，非言下利也。利無止法，豈瀉水亦無止法乎？故人患水瀉者，急宜止遏。方用：

白朮五錢　茯苓三錢　吳茱萸五分　棗仁一錢　車前子一錢　北五味一錢。水煎服。

治大便不通方

人以爲大腸燥甚，誰知肺氣燥乎？肺燥則清肅之氣不能下行於大腸，而腎經之水僅足以自顧，又何能旁流以潤澗哉？方用：

熟地三兩　元參三兩　升麻三錢　牛乳一碗　火麻仁一錢，水二樽。煎六分，將牛乳同調服之。一二劑，必大便矣。

此方不在潤大腸，而在補腎、大補肺。夫大腸居於下流，最難獨治，必須從腎以潤之，從肺以清之，啟其上竅，則下竅自然流動通利，此下病而治上之一法也。

治實症大便不通方

大黃五錢　歸尾一兩　升麻五分　蜜半樽。水煎。

此方大黃泄利，用當歸以潤之，仍以爲君，雖泄而不至十分猛烈，不至有亡陰之弊；況有升麻以提之，則泄中有留，又何必過慮哉？

治虛症大便不通方

凡久病之後，大便秘者，方宜用此。

熟地一兩　元參一兩　當歸一兩　川芎五錢　火麻仁一錢　大黃一錢　桃仁十個　紅花三分　蜂蜜半盅。水煎服。

治小便不通方

膀胱之氣化不行，卽小便不通。是宜治膀胱而已矣，然而治法全不在膀胱也。方用：

人參　蓮子　茯苓　車前子　王不留　肉桂　白果　甘草。水煎服。

此方妙在用人參、肉桂，蓋膀胱必得氣化而始出。氣化者何？必心包絡之氣也；卽用參、桂，而氣化行矣。尤妙在用白果，人多不識此意。白果通任、督之脈，走膀胱而引羣藥；況車前子、王不留盡下洩之藥，服之而前陰有不利者乎？

又方

七味地黄丸：茯苓二錢　肉桂一錢　熟地一兩　山萸四錢　澤瀉一錢　丹皮一錢　山藥一錢　車前子一錢。水煎服。

此方妙在不去通小便，而專治腎水，腎中有水，而膀胱之氣自然行矣。

治大小便不通方

方用：油頭髮燒灰研末，用三指一捻，入半樽熱水中，飲之立通。

又一方用：蜜一盅　皮硝一盅　大黄一錢　黄酒一盅。煎至一處，溫服甚效。此一方最簡。

治腰痛方

痛而不能俯者，濕氣也。方用：

柴胡一錢　澤瀉一錢　豬苓一錢　防己二錢　白芥子一錢　白朮五錢　山藥三錢　肉桂三分　甘草五分。水煎服。

此方妙在入腎而去濕，不是入腎而補水。初痛者，一二劑可以奏功；日久者，必多服爲妙。痛而不能直者，風寒也。方用逍遥散加防己一錢，一劑可愈。若日久者，當改用白朮二錢，酒煎服，十劑即愈。加杜仲一錢。

又丸方付

杜仲一兩，鹽炒　破故紙五錢，鹽炒　熟地三兩　白朮三兩　胡桃仁二錢。共爲末，蜜丸。每日空心、白水送下一兩，服畢自愈。

又方

凡腰痛不止，腎經之病，乃脾濕之故。

白朮四兩　薏仁三兩　芡實二兩。水六碗，煎一碗，一氣飲之。此方治夢遺之症，亦神效。

背骨痛方

此症乃腎水虛耗，不能上潤於腦，則河車之路，乾澀而難行，故爾作痛矣。方用：

黄耆一兩　熟地一兩　白朮五錢　山萸四錢　北五味一錢　茯苓三錢　麥冬二錢　防風五分　附子一分。

此方補氣補水，去濕去風，潤筋滋骨，何疼之不愈哉？

腰腿痛筋骨痛方

方用養血湯：當歸一錢　生地一錢　肉桂一錢　牛膝一錢　杜仲一錢　破故紙一錢　茯苓一錢　防風一錢　川芎五分　甘草三分　山萸二錢　核桃仁二個　土茯苓二錢。水酒煎服。

又腰痛至足亦痛方

黃耆八兩　防風五錢　薏仁五兩　杜仲一兩　車前子三錢　茯苓五錢　肉桂一錢。水十碗，煎二沸。取汁二碗，入酒内，一醉而愈。腰足痛，明係是腎虚而氣衰，更加之濕，自必作楚。妙在不補腎而單益氣。蓋氣足則血生，血生則邪退。又助之薏仁、茯苓、車前子之輩，去濕而血活矣。況有杜仲之健腎，肉桂之溫腎，防風之蕩風乎！

腿痛症

身不離牀褥，傴僂之狀可掬，乃寒濕之氣侵也。方用：

白朮五錢　芡實三錢　茯苓一兩　肉桂一錢　萆薢一兩　杜仲三錢　薏仁二兩。水煎服。日日服之，不必改方，久之自奏大功。

兩臂與肩膊痛方

此手經之病，肝氣之鬱也。方用：

當歸三兩　白芍三兩　柴胡五錢　陳皮五錢　白芥子三錢　羌活三錢　半夏三錢　秦艽三錢　附子一錢。水六碗，煎三沸，取汁，入黃酒内，服之。一醉而愈。

此方妙在用白芍爲君，以平肝木，不來侮胃。而羌活、柴胡又去風，直走手經之上；秦艽亦是風藥；而兼附子攻邪，邪自退出；半夏、陳皮、白芥子，祛痰聖藥，風邪去而痰不留；更得附子無經不達，而其痛如失也。

脚氣方

今人以五苓散去濕亦是正理，然不能上升而盡去其濕也。必須提其氣，而水可散也。方用：人參三錢　白朮三錢　黃耆一兩　防風一錢　薏米仁五錢　肉桂一錢　芡實五錢　白芍五錢　半夏二錢　柴胡一錢　陳皮五分。水煎服。

此方乃去濕之聖藥。防風用於黃耆之中，已足提氣而去濕；又助之柴胡舒氣，則氣自升騰，氣升則水亦隨之而入於脾中；又有白朮、茯苓、芡實、薏仁，俱是去濕之品，有不神效者乎？凡有濕者當以此方治之。

足弱方

此病不能步履，人以爲腎水之虛，而不但此也，由於氣虛不能運動耳。方用補中益氣湯加：牛膝三錢　金釵石斛五錢　黃耆一兩　人參三錢。

手足痛方

手足肝之分野，而人乃爲脾經之熱，不知散肝木之鬱結，而手足之痛自去。方用逍遥散加：梔子三錢　半夏二錢　白芥子二錢。水煎服。一劑則痛如失。

蓋肝木作祟，則脾不敢當其鋒，氣散於四肢，結而不伸，所以作楚。今平其肝氣，則脾氣自舒矣。

胸背手足頸項腰膝痛方

筋骨牽引，坐臥不得，時時走易不定，此是痰涎伏在心膈上下變爲痰。或令人頭痛，夜間喉中如鋸聲，口流涎唾，手足重，腿冷。但用控涎丹，不足十劑，其疾如失矣。

風寒濕合病治方

風寒濕三氣，合而成疾，客於皮膚肌肉之間，或疼或麻木。

牛皮膠二兩　天南星五錢，研　生薑汁。共熬膏，攤貼。後用熱鞋底子熨之。再加羌活、乳香、沒藥末，更妙。

治諸痛方

手痛、足痛、心腹痛，一身而衆處皆痛，將何以治？治肝爲主。蓋肝氣一舒，諸痛自愈。不可頭痛救頭、足痛救足也。方用：

柴胡一錢　陳皮一錢　梔子一錢　白芍五錢　薏米仁五錢　茯苓五錢　當歸二錢　蒼朮二錢　甘草一錢。水煎服。

此方逍遙散之變化也，舒肝而又去濕去火，治一經而諸經無不奏功矣。

治手麻木方

此乃氣虛而寒濕中之，如其不治，三年後必中大風。方用：

白朮五錢　黄耆五錢　防風五錢　陳皮五分　桂枝五分　甘草一兩。水煎服。

十指皆麻，並面目失色，此亦氣虚也。以補中益氣湯加木香、麥冬、香附、羌活、烏藥、防風，三劑可愈。

治手足麻木方

用四物湯，加：人參　白朮　茯苓　陳皮　半夏　桂枝　柴胡　羌活　防風　秦艽　牛膝　炙草　薑棗引。水煎服。四劑愈。

凡木是濕痰死血也，用四物湯，加：陳皮　半夏　茯苓　桃仁　紅花　白芥子　甘草。水煎服，入竹瀝、薑汁服。

治腿麻木沉重方

用導氣湯：黄耆二錢　甘草錢半　青皮一錢　升麻五分　柴胡五分　五味子三十粒　歸尾五分　澤瀉五分　陳皮八分　紅花少許。水煎溫服，甚效。

又方

治兩手麻木，四肢困倦，怠惰嗜臥。乃熱傷元氣也，宜用人參益氣湯：

人參一錢　黄耆二錢　甘草一錢　炙草五分　五味子三十粒　柴胡七分　白芍七分　升麻五分　薑三片　棗二枚。水煎熱服。

又方

治渾身麻木不仁，及兩目羞明怕日，眼澀難開，視物昏花，睛痛亦治。方名神效黄耆湯：

黄耆一錢　陳皮五分　人參八分　白芍一錢　蔓荆子二分　炙草四分。水煎服。

如有熱，加黄柏三分。

治左脇痛方

左脇痛，肝經受邪也。方用：黄連三錢，吴萸炒　柴胡一錢　當歸一錢　青皮一錢　桃仁一錢，研　枳殼一錢　川芎八分　紅花五分。水煎，食遠服。

有痰加陳皮、半夏。

治右脇痛方

右脇痛，邪入肺經也。方用；片薑黄二錢　枳殼二錢　桂心少許　陳皮五分　半夏五分　炙草五分。水煎服。

治左右脇俱痛方

柴胡　川芎　白芍　青皮　龍膽草　枳殼　香附　當歸　砂仁　甘草。薑水煎。入木香末，三、四分服。

兩脇走注痛方

兩脇走注痛而有聲者，痰也。二陳湯，加：枳殼　砂仁　木香　川芎　青皮　蒼朮　香附　茴香，去甘草。

治脇痛身熱方

脇痛身熱者，勞也。用補中益氣湯，加：川芎　白芍　青皮　砂仁　枳殼　茴香　升麻，〔一〕去黄耆。

咳嗽氣急方

咳嗽氣急，脈滑數者，痰結痛也。方用：瓜蔞仁　枳殼　白芥子　青皮　茴香。水煎服。

兩脇有塊

左脇有塊作痛，是死血也。右脇有塊作痛，是食積也。遍身作痛，筋骨尤甚，不能伸屈，口乾目赤，頭眩痰壅，胸膈不利，小便短赤，夜間殊甚，又遍身作痒如蟲行，人以爲風也，而不知肝腎氣虚而熱也，用六味地黄料加梔子、柴胡，是乃正治也。三劑後見效。

〔一〕「升麻」，此藥疑衍，補中益氣湯中已有升麻。

二濁五淋辯

濁淋二症，俱小便赤也。濁多虚，淋多實，淋痛濁不痛爲異耳。濁淋俱屬熱症，大約屬濕痰下陷及脱精所致。惟其有痛，大約縱淫慾火動，强留敗精而然，不可混治。

治淋用五淋方

淡竹葉一錢　赤茯苓一錢　芥穗一錢　車前子五錢　燈心一錢。分作二劑。

治濁用清心蓮子飲

石蓮子二錢半　人參二錢半　黄耆二錢，炙　麥冬錢五分　黄芩錢五分　赤茯苓二錢　地骨皮錢五分　車前子錢五分　甘草五分。煎服。

關格方

怒氣傷肝，而肝氣冲於胃口之間，腎氣不得上行，肺氣不得下達而成此症，以開鬱爲主。方用：

柴胡一錢　鬱金一錢　茯苓一錢　蘇子一錢　白芥子一錢　白芍三錢　荆芥一錢　花粉一錢　甘草五分。水煎服。

又方：用生半夏爲末，水丸菉豆大，入鼻孔中，則必嚏噴不已，用水飲之立止。通治中風不語，及中惡、中鬼等症俱妙。

胸結症

此乃傷寒之變也。傷寒邪火正熾，不可急與飲食，飲食而成此症者，急須用瓜蔞一枚，搥碎，入甘草一錢，同煎服之。夫瓜蔞乃結胸之聖藥，平常人服之，必至心如遺落，令病人服之，不畏其虛乎！不知結胸之症，是食在胸中，非大黃、枳殼、檳榔、厚朴所能祛逐，必得瓜蔞始得開脾推蕩，少加甘草以和之，不至十分猛烈。

久病心痛方

心乃神明之君，一毫邪氣不可干犯，犯則立死。經年累月而痛，邪犯心包絡也，但邪有寒熱之辨，如惡寒見水如仇讎，火熨之則快。方用：蒼朮二錢　白芍五錢　當歸一兩　肉桂一錢　良薑一錢。此方治寒邪犯包絡也。

又方

如熱邪犯包絡，見水喜悅，手按之而轉痛也。方用：白芍一兩　黑梔三錢　當歸三錢　生地五錢　陳皮八分　甘草一錢。水煎服。

寒熱二症，皆責之於肝也。蓋肝屬木，心屬火，木衰不能生火，則包絡寒矣，是宜補肝而邪自退。若包絡之熱，亦由於肝經之熱也，瀉其肝木已矣。

胃氣痛方

人病不能飲食，或飲食而不消化，作痛作滿，或兼吐瀉，此肝木來剋脾土也。方用：白芍二錢　當歸二錢　茯苓二錢　柴胡二錢　白芥子一錢　甘草一錢。

有火加梔子二錢，無火加肉桂一錢，水煎，此方再加白朮三錢；有食加山楂三錢，傷米食加枳殼一錢，有痰加半夏一錢，有火能散，有寒能驅，此右病而左治之一法也。

腹痛方

有腹痛不可忍，按之愈痛，口渴飲涼水則痛止。少頃依然大痛，此火結在大小腸，若不急治，一時氣絕。方用定痛如神湯：山梔三錢　茯苓一兩　白芍五錢　蒼朮三錢　大黃一錢　厚朴一錢　甘草一錢。水煎服。

此方舒肝經之氣，瀉火逐瘀。

又方

治冷氣心腹疼痛，此方名火龍丹：硫磺一兩，醋製　胡椒一錢　白礬四錢。醋打蕎麪爲丸，桐子大，每日服廿五丸，米湯送下。

又方

治腹中有痞塊，一時發作而痛，不可手按者。方用：枳實一兩　白朮二兩　馬糞五錢，炒焦。酒煎服。

大滿方

此邪在上焦壅塞而不得散也。方用：

枳殼三錢　梔子二錢　瓜蔞一個，搗碎　陳皮三錢　天花粉三錢　厚朴五分錢　半夏一錢　甘草一錢。水煎服。

此方之妙，全在瓜蔞能祛胸隔之食，而消上焦之痰；況又佐以枳殼、花粉，同是消中之聖藥；又有厚朴、半夏，以消胃口之痰；尤妙在甘草，使羣藥留中而不速下，則邪氣不能久存，自然散矣。

舒筋方

人一身筋脈，不可有病，病則筋縮而身痛，脈濇而身重矣。然筋之舒，在於血和；而脈之平，在於氣足。故治筋必須治血，而治脈必須補氣。人若筋急拳縮，傴僂而不能立，俯仰而不能直者，皆筋病也。方用：

當歸一兩　白芍五錢　薏米仁五錢　生地五錢　元參五錢　柴胡一錢。水煎服。

此方奇在用柴胡一味，入於補血藥中，蓋血虧則筋病，用補藥以治筋宜矣。何以又用柴胡以散之，不知肝爲筋之主，筋乃肝之餘，肝氣不順，筋自縮急，今用柴胡以舒散之，鬱氣既除，而又濟之大劑補血之品，則筋自得其養矣。

斂汗方

出汗過，恐其亡陽，不可不用藥以斂之也。方用：人參一兩　黄耆一兩　當歸一兩　北五味一錢　桑葉五片　棗仁一錢　麥冬三錢。水煎服。

又方

手汗洗法用：黄耆一兩　乾葛一兩　荆芥三錢　防風三錢。水煎一盆。熱薰而溫洗三次，即無汗。

黄水瘡方

雄黄五錢　防風五錢，煎湯洗之即愈。

初飲砒毒方

用生甘草三兩，加羊血半碗，和匀飲之，立吐而愈。若飲之不吐，速用：大黄二兩　甘草五錢　白礬一兩　當歸三兩。水煎湯數碗飲之，立時大瀉即生。

大健脾丸方

焦白朮三兩　人參一兩，乳炙　扁豆一兩，炒　蓮子一兩半，去心　雲苓一兩半　山藥一兩，炒　芡實二兩半，炒　陳皮二兩　神麯二兩，炒　山楂二兩　薏苡仁三兩，炒　麥芽一兩半，炒　黄連三錢半，酒炒　澤瀉三錢半

藿香五錢　桔梗五錢　炙草五錢　白蔻三錢半。煉蜜爲丸，米湯飲下。

三教歸一方

治楊梅結毒下疳，一切不論遠近、毒發大小，神效。

水銀一兩　火硝七錢　白礬八錢　乳香一錢　沒藥一錢　冰片一錢　血竭三分　珍珠一分　象牙一分。

以上五味不見火，其餘水銀、火硝、白礬三味共研，至灰黑色。用桑柴文武火升成，合後五味，棗泥爲丸桐子大，壯人服一錢。用燒酒洗頭，涼水漱口數次。再以艾葉、甘草洗患根，上前藥末。或吐或瀉，十日全愈，絕無傷損，永不再發，一如平日。服藥後忌飲食、房欲百日。如靈藥升不成，多加水銀，以四兩爲度。

治瘋狗咬傷神方

此方得自異人，醫書所不載。毒從大便解出，並無所苦，萬不失一，飲食亦無禁忌。

熟軍二錢　枳實二錢　厚朴二錢，薑汁炒　明雄一錢　眞川黃連六分　檳榔一錢　眞木香末六分　巴豆霜六分，去淨油。共爲末。米糊爲丸，綠豆大，用滾水空心服。

至晌午，毒從大便解出後，方可飲食。大人服五十丸，中人服三十五丸，小兒服二十五丸。孕婦服之，胎或難保。此方不似他方，用斑蝥，毒從小便破出，痛楚難受。飲食又多禁忌。並有破不出而死者，又有愈後聞鑼鼓聲而死者。

又方

初被瘋狗咬時，卽服菜油半茶鍾，可免成毒。

又方

用手指甲焙黄，研爲末，滚黄酒調下，發汗卽愈。忌牀事半載，無慮。

瘡毒

如神湯：銀花一兩　當歸一兩　蒲公英一兩　荆芥一錢　連翹一錢　甘草三錢。水煎服。

治頭面上瘡

銀花二兩　當歸一兩　川芎五錢　桔梗三錢　蒲公英三錢　黄芩一錢　甘草五錢。水煎服。

二劑全消，治頭面上瘡，不可用升提之藥，最宜用降火之藥，切記之。

治身上手足之瘡疽

銀花三錢　當歸一兩　蒲公英三錢　花粉五錢　甘草三錢　牛蒡子二錢　芙蓉葉七片，如無葉用根三錢。水煎服。

統治諸瘡

天花粉　生甘草　金銀花　蒲公英。水煎服。二劑全愈。

此方消毒，大有奇功，諸癰諸疽，不論部位，皆可統治之也。

治疥方

大楓子三錢　核桃仁三錢　人言一錢　水銀一錢。研末爲六丸，晚間於心窩上，用一丸，以手旋轉之，一夜一丸。病輕者用三四丸即愈，重者或再配一料可。

產後治法

以補氣血爲主。方用：人參三錢　當歸一兩　川芎五錢　荆芥一錢，炒黑　益母草一錢。有風，加柴胡五分；有寒，加肉桂五分；血不淨，加山楂十粒；血暈，加炮薑五分；衄血，加麥冬二錢；夜熱，加地骨皮五分；有食，加穀芽、山楂；有痰，少加白芥子。餘則不必胡加。

胎漏胎動

俱氣血不足之故。方用：人參二錢　白朮五錢　杜仲一錢　枸杞子一錢　山藥二錢　歸身一錢　茯苓一錢　熟地五錢　麥冬二錢　北五味五分　山萸二錢　甘草一錢。水煎服。

此方不寒不熱，安胎之聖藥也。胎動爲熱，不動爲寒。

横生倒養

氣血之虧也，氣血既虧，子亦無力，不能轉身而出，遂先出手足，必以針刺之，疼而縮入。急用：人參一兩　當歸三兩　川芎二兩　紅花三錢。煎湯灌之。

子懸

乃胎熱子不安身，欲立起於胞中，故若懸起之象，倘以氣盛治之，立死矣。方用：人參一錢　白朮五錢　茯苓二錢　白芍五錢　黄芩三錢　歸身二錢　杜仲一錢　熟地一兩　生地二錢。水煎服。

此皆利腰臍之聖藥，少加黄芩，則胎得寒而自定矣。

治產後大喘大汗方

邪入於陽明，寒變爲熱，故大喘大汗。平人得此病，該用白虎湯，而產婦氣血大弱，何可乎？方用補虚降火湯，以麥冬、人參補氣，元參降火，桑葉止汗，蘇子定喘，助正而不攻邪，退邪而不損正，實有奇功效也。

麥冬一兩　人參五錢　元參五錢　桑葉十四片　蘇子五分。水煎服。

產後亡陽發狂

大約亡陽之症，用藥汗止，便有生機，宜未定狂而先止汗，用收陽湯：人參三兩　桑葉三十片　麥冬二兩　元參五、七、八錢　青蒿五錢。水煎服。

一劑而汗止，二劑而狂定，後用人參、麥冬、北五味、當歸、川芎調理。此方止可救亡陽之急症，一時權宜之計，二劑後，必須改用他方。

產婦氣喘腹痛方

此症少陰受其寒邪，而在內之眞陽，必逼越於上焦，上假熱而下眞寒也。方用平喘去寒散：

人參　麥冬　白朮　肉桂　吳茱萸。一劑喘定，二劑痛止，必微寒頓服。

產婦嘔吐下痢方

此腎水之泛溢，因腎水之衰微也，急用補陽之藥，入於補陰之中，引火歸源，水自下行矣。

人參五錢　山萸五錢　白朮一兩　熟地一兩　茯苓一兩　車前子一錢　附子一錢　肉桂三分。水煎服。

白帶

產前無帶也，有則難產之兆，即幸而順生，產後必有血暈之事，方用黑豆三合，煎湯兩碗，入白果十個，紅棗廿個，煎後入：

熟地一兩　山萸四錢　茯苓三錢　山藥四錢　薏米仁四錢　澤瀉二錢　丹皮二錢。加水二碗煎服。一劑止，二劑永不白矣。亦通治婦人白帶，神效。

血崩方

歸身一錢，酒洗桂炒　生地錢二分　蒲黃三分，酒炒　地楡三分，酒洗　丹皮五分，酒洗炒　木通五分　白朮一錢，土炒　橘紅七分　香附五分，童便浸　三七根五分　薑三片　酒一樽　水一樽。煎九分，空心服。如無眞三七根，薑酒三四亦可。

治産門症

黄柏三錢，炒　輕粉五分　兒茶三錢　冰片五分　麝香三分　白薇〔一〕三錢　乳香三錢，炒去油　鉛粉三錢　潮腦三錢　蚯蚓糞三錢。各爲末調匀擦瘡。此方通治諸瘡亦可，治産門瘡最效。

産門非痛即癢，一方可以兼治：當歸一兩　白芍五錢　柴胡一錢　梔子三錢　茯苓五錢　楝樹根〔二〕五分。

治婦人下瘡

豬懸蹄丸：蛇牀子一兩，微炒　豬懸蹄一個，炒　皂礬五錢　枯礬五錢　燒砂三錢，炒　南烏桿一兩　樺皮二錢　食鹽一錢，炒。棗泥爲丸，核桃大，雄黄爲衣，甘草米泔水洗淨入藥，三日内，服龍膽瀉肝湯，忌食胡椒、蕎麪、魚、北瓜、房事百日。

又補録定胎方

歸身　陳皮　川芎　白芍　熟地　香附　吳茱萸炮去黑水，去蒂、梗，酒炒　以上各二分　茯苓八分　丹

〔一〕「薇」，原作「微」，今正之。
〔二〕「楝」，原書作「練」，據文意改。

皮七分。

經行過期色淡者，加官桂、炮薑、艾葉醋炒，五分　薑一片。水一碗，煎八分，空心服，渣再煎臨臥服。經行時服起，連用四劑。

保產無憂散

當歸錢五分　川芎錢三分　枳殼六分，麩炒　祁艾五分，醋炒　紅花五分　紫厚朴七分，薑炒　川羌活五分　川貝母一錢　荆芥穗八分　炙黃耆七分　菟絲子二錢，酒洗　炙甘草五分　白芍藥一錢二分，炒。

右藥十三味，只用十二味，各照分兩稱準，不可任意加減，徒服不靈。若安胎去紅花不用；若催生去祁艾不用。一劑用井水一樽半，煎一樽，薑三片爲引，熱服，渣用水一樽，煎半樽熱服。倘不好，再用水一樽，煎半樽，服之卽好，不用二劑。

滑胎煎

胎氣臨月，宜常服數劑，以便易生。當歸三五錢　川芎五七錢　杜仲二錢　熟地三錢　枳殼七分　山藥二錢。水二樽，煎八九分，食遠溫服。

如氣體虛弱者，加人參、白朮隨宜用之，便實多滯者，加牛膝三分。

大資生丸方

老人用。人參五錢　茯苓二兩　雲朮三兩　山藥一兩，炒　薏米一兩五錢　建蓮〔二〕二錢，去心　芡實一兩五錢　麥芽一兩，炒　神麯八錢，炒　白芥子八錢，炒　陳皮一兩　白蔻八錢　扁豆一兩五錢　炮薑八錢　當歸一兩，酒炒　棗仁一兩五錢，炒　遠志七錢　炙草八分，酒洗。共爲細末，煉蜜爲丸，如彈子大，每服三丸。或以逍遙散，或以歸脾湯送下亦可。

健脾丸

白朮二兩五錢，土炒　蓮子二兩五錢，去心　山藥二兩五錢，炒　山楂二兩五錢　芡實一兩　茯苓一兩。以上六味，俱飯上蒸晒兩次，加神麯五錢、白芍五錢、白色大米蟲五錢、陳皮二錢，澤瀉二錢。如瘦極成疳，加蘆薈三錢，杜仲二錢；，如泄瀉，加肉菓，煨三錢；，如內熱、口乾、大便結，加黃連二錢，薑炒；，潮熱，加柴胡三錢；，骨蒸，加地骨皮五錢；，有蟲，加使君子三錢；，肚腹脹大、大便閉寒、腸鳴作聲，加檳榔五分、木香一錢，煉蜜爲丸，如彈子大，空心米飲送下二三錢，宜常服。

治脾泄方

上黨參四錢，去蘆　焦於白朮二錢　雲苓塊二錢　炒白扁豆二錢　炒薏苡仁三錢　炒穀芽三錢　炒甘草六分　砂仁五分　陳皮八分　加建蓮肉去心炒，七個。

〔二〕「建」，原書作「健」，據藥名改。

又治脾泄丸方

於白朮米泔浸透切片，米湯拌，蒸晒五次，陳土炒焦，四兩　雲苓塊米湯拌蒸晒，三兩　白扁豆炒，去皮，四兩　薏苡仁炒，四兩　穀芽炒，三兩　陳皮米湯拌炒，一兩　甘草炒，一兩　砂仁略炒，七錢　建蓮肉去心炒，四兩。共爲細末，每早服四錢，米湯或開水下，每一錢，加人參末半分和勻。如不用參，則原方加上黨參去蘆切片，焙，四兩。

治肝氣方

當歸二錢　白芍一錢二分，酒炒　焦於白朮錢五分　雲苓塊錢五分　柴胡八分，醋炒　生甘草五分　丹皮一錢　黑山梔一錢　炮薑三分。水煎服。

大滋陰補水丸方

懷大熟地烘燥，六兩　山藥炒，三兩　北沙參三兩　抱木茯神去木人乳拌蒸晒，三兩　棗仁炒，三兩　沙苑蒺藜揀淨炒，三兩　大麥冬去心焙，三兩　蓮鬚二兩　阿膠　蛤粉炒，三兩　左牡蠣煆，四兩　丹參炒，二兩　敗龜版炙，四兩　菟絲子淘淨酒煮爛搗餅乾，二兩　遠志肉去心，一兩二錢　桂元肉烘炒，一百二十個　甘草煎湯泡炒，六錢。右共爲末，煉熟蜜爲丸，梧子大。

又方

魚膘一兩，煎碎蛤粉炒　沙苑蒺藜酒洗，炒　全當歸各四兩，酒洗　牛膝三兩，酒洗　枸杞子三兩，揀淨。蜜爲丸，黄酒送下。

神仙附益丸

婦人常服卻病方。

香附一斤，童便浸透，〔一〕水洗淨，露一宿，晒乾，再如此三次用　益母草十二兩，洗烘爲末　再用香附四兩，艾葉一兩。煮汁，加醋大半，共爲糊丸，梧子大，每日百丸，空心下。

此方能治婦人百病，生育之功如神。胎前産後俱服，神妙無比。藥雖不貴，而功效倍常，仙方也。

尿方〔二〕

爲風寒濕氣傷者，用此方：小茴香二兩，微炒。用上好眞酒一大甯，豬尿泡一個，將茴香、眞酒裝入泡内，將口控好，沙鍋内用水上火煮，以酒盡爲度，取出晒乾研末，每服三錢，紅糖水冲服。

又方

因人事過多傷者，用此方：川軍三錢，研末。用雞子一個，包入泥内，上火燒之，以熟爲度，去皮黄，將川軍末與雞白共爲一處和丸，梧子大，每服二錢，眞酒送下，連造三次，服完可全愈矣。

〔一〕「便」，原書作「侵」，據文意改。
〔二〕「尿方」，臨産須知全集卷下作「尿白方」。

又方

川軍三錢　牡蠣三錢　芡實三錢。共爲細末，用雞清和丸梧子大，每服三錢，開水送下，分三日用，服完卽愈。又用八味丸原方，加白菓仁七個，三五服卽愈。

木耳丸

治腰腿痛。蔄苣子白色，四兩　枸杞子四兩　白木耳半斤。煉蜜爲丸。〔一〕

治乳疼方

生半夏一個，研末　葱白一寸。搗爲泥，用絹包之，左乳疼，塞入右鼻孔，右乳疼，塞入左鼻孔內。

傷風腿疼方

蒜瓣　荆芥　防風　紅花　地骨皮　川烏　草烏　乳香　沒藥各三錢　透骨草錢半。煎湯洗畢，火乾，覆被見汗卽愈。如未效，再洗二三次。

治腿上濕瘡方

榆條　椿條　柳條　桑條　槐條各一兩　荆芥　當歸　葱鬚　蒜瓣　川椒各一撮。水十碗，煎五碗

〔一〕「煉」，原書作「練」，據文意改。

洗，洗後，敷以銀杏散：銀珠一兩　杏仁五錢　京粉五錢。研細末。

治心口痛方

大棗一個，去皮核　胡椒七個，共搗爛和勻，湯送下卽愈。

又方

一個烏梅兩個棗，七個杏仁一處搗，男酒女醋送下去，不害心疼直到老。

人馬平安散

明雄黃一錢　硃砂一錢　冰片一分三厘　麝香一分五厘。共爲細末，磁瓶收貯。治男女大小，心口臌悶，水瀉痢疾，心腹疼痛等症。用骨簪，男先點左眼，女先點右眼，點之卽愈。兼治牛馬豬羊等畜。

治夏日中暑氣紅白痢疾方

山楂五錢，炒黑　紅糖五錢　白糖五錢　蘿蔔一個　藿香錢五分。若白痢用紅糖一兩，若紅痢用白糖一兩。水煎服。後付他經驗神方。

五子衍宗丸

男服此藥，添精補髓，疏利腎氣，不問下焦虛實寒熱，服之自能和平，舊稱古今第一種子方。有能世世服此藥，子孫蕃衍。

甘州枸杞子八兩　菟絲子八兩，酒蒸搗餅　遼五味子二兩，研碎　車前子二兩，搗淨　覆盆子四兩，酒洗去目。上各藥俱擇地道精新者，焙晒乾，共爲細末，煉蜜丸梧子大，每空心服九十丸，上牀時五十丸，白沸湯或鹽湯送下，冬月用温服送下。脩合春取丙丁巳午，夏取戊己辰戌，秋取壬癸亥子，冬取甲乙寅卯，忌尼師鰥寡之人見之，及雞犬畜見之。

百子附歸丸

女服此藥，調經養血，安胎順氣。不問胎前產後、經事參差、有餘不足諸證，悉皆治之，殊益胎嗣。此太僕吏鮑璧，台州人，其妻年三十不生育，忽經事不至者十月，腹鼓大無病，皆謂妊娠，一日忽產惡物盈桶，視之皆敗痰積血。後服此丸，〔二〕不期年生一子。張云，彼嘗以此二方與人，服無不應者。

眞阿膠蛤粉炒成珠　蘄艾葉去筋梗醋蒸乾　當歸擇肥大酒洗去蘆　川芎去蘆　熟地黄去腦取沉水者，要懷慶佳者　白芍藥肥長者。以上各貳兩　香附赤心者去毛杵成米。水醋各淹一宿，晒焙乾，十二兩。右爲細末，用大陳石榴一枚，連皮搗碎，東流水三升，熬去滓，麪糊爲丸，梧子大，每服百丸，空心陳醋点湯下。

洗眼仙方

防風五分　硼砂一厘　膽礬二厘半。同煎，水洗之，立愈。

〔二〕「服」，原書作「復」，據文意改。

明目補腎方

小紅棗十二枚，冷水洗淨去核　甘枸杞子三錢　馬料豆四錢。水二碗，煎一碗，早晨空心連湯共食之。

洗眼奇方

方出道藏，不論瞽目、犯土、雲霧、風眼、火眼、昏花，久洗自明。用皮硝六錢　桑白皮一兩　水煎。每遇日期，熱洗數十次。正月初五、二月初二、三月初三、四月初九、五月初五、六月初四、七月初三、八月初十、九月十二、十月十二、十一月初四、十二月初四。以上吉星日子，乃通光明也。其方千金不易，屢用屢驗。

吐血救急方

吐血不止，用青柏葉一把　乾薑三片　阿膠一挺，炙。共三味，以水二碗，煎一碗服。

又，就用吐出血塊，炒黑爲末，每服三分，以麥冬湯調服。

又，以古金墨磨汁，同蘿蔔汁，飲之。　痰帶血絲，童便、竹瀝止之。

又，茜根末二三錢，童便煎服。吐血不止，藕汁加童便良。

又，大蘇葉根，搗汁溫服。

鼻血欲死，亂髮燒灰，水服，方寸匕，吹之。

又，刀刮指甲末，吹之，即止。

一人少患血症用露漿方

中秋前後，用無五棓子，新青布一二疋，扯作十余段，每段四五尺，五更時，於百草頭上荷葉、稻苗上尤佳，先用細竹一根，掠去草上蛛網，乃用青布，繫長竹上，如旗樣，展取草露水，絞在桶中，展濕卽絞，視青布色淡，則另換新布，陽光一見卽不展。所取露水，用磁罐洗淨盛貯，澄數日自清，晚間用男乳一酒杯約一兩半，白蜂蜜一酒盞，人參湯一酒杯，多少同乳人參須上等，四五分不拘，總入一宮碗內，將露水一飯碗，攙入宮碗，共得七八分，和匀，以綿紙封口，用碟蓋好。次日五更，燒開水兩大碗，將宮碗内露，隔湯盩熱，睡醒時，緩緩溫服之。藍所以殺蟲，露去諸經之火，參補氣，乳補血，蜜潤肺，治一切虛損勞症奇效。

辛稼軒，初自北方還朝，官建康，忽得癩疝之疾，重墜大如杯，有道人教以取葉珠卽薏苡仁，用東方壁土，炒黃色，然後水煮爛，入砂盆内，研成膏，用無灰酒調下二錢，卽消。沙隨先生，晚年亦得此疾，稼軒親授此方，服之亦消。然城郭人患不能得葉珠，只於生藥舖買薏苡仁，亦佳。

治腎虛腰痛方

用杜仲，酒浸透炙乾，無灰酒調下。又記治食生冷心脾痛方，用陳茱萸五六十粒，水一大盞，煎取汁去滓，入平胃散三錢，再煎熱服。又沙隨嘗患淋，日食白東瓜三大甌，而愈。

治喉閉方

用梧桐子一二十粒，研細，少加醋，服下痰去自愈。

又用帳帶散，惟白礬一味，或不盡驗。南浦有老醫，教以用鴨嘴膽礬，研細，以釅醋調灌。有鈐下一老兵妻，患此垂殆，如法用之，藥甫下咽，卽大吐，去膠痰數升，立瘥。

又治眼障，用熊膽少許，以淨水略調，盡去筋膜塵土，用冰腦一二片，痒則加生薑粉些少，時以銀筯點之，奇驗。赤眼亦可用。

有人病溺不下，求於乩，仙判云：「牛膝車前子，三錢共五錢。同剉爲麤末，將來白水煎。」空心服之，果愈。

急治時行瘟症方〔二〕

藿香二錢　紫蘇錢五分　蒼朮錢二分　赤苓三錢　白芷一錢　陳皮錢五分　川朴一錢，薑製　烏梅四個，打碎　檳榔一錢　半夏錢五分，薑製　桔梗一錢，引加生薑三片，大棗三枚。水三杯，煎成一杯，溫服。

痰火神丸方

大黃五兩，酒蒸極黑　陳皮一兩，去盡白　白朮二兩，土炒　前胡二兩　枳實二兩，麩炒　山楂二兩　生甘草四錢　大半夏二兩　花粉二兩，土炒。

製半夏法：生薑自然汁泡之三次，用薑三兩，取汁，滚水半碗入半夏內，一次泡七天，取出焙乾，共爲細末，老米煮粥搗爛爲丸。

〔二〕本葉係大小諸證方論鈔本最末一葉，葉面右側較正文低二字半位置書一「終」字以示完結。

附録一　傅眉集〔一〕

卷一　五言古詩

感興擬古雜詩三十首

大化無厚薄，動植共我還。造物成我易，父母生我難。君子感至仁，測之難易間。金心有盈縮，天地爲不完。無寧西北傾，不遑堂上歡。

豎儒爭禮樂，阿諛妄引經。窮巷修廢儀，〔二〕瓦瓢揖讓升。千奴共一膽，眼飽睆豆羹。百幅被恨小，萬錢費亦輕。獨食何穎考，不及裴之横。丈夫不家食，豈黜五侯鯖？〔三〕此亦懷駿餘，史册記異名。遂使千古下，朶頤猶寧馨。

櫜鞬左右懸，馬蹄霜雹鳴。大澤逐麞鹿，鹿馬亂奔騰。命中馬足間，數筋受鈹棱。食肉飲其血，野火吹行鐺。筋力苟自我，口腹無隱情。

鳩雀怨鷹隼，蒿萊噂喈鳴。一穗表高讓，半菽以死爭。覩所爭讓間，溪刻吾不能。君輩雖累百，損益奚一翎。

〔一〕傅眉我詩集丁本未刻，此以劉本爲底本，以戴、張、王本爲校本。
〔二〕「巷」，底本爲「菴」，據張本改。
〔三〕「侯」，各本作「候」，據文義改。

爲是自南來，爲復自北至。浮雲何蠢蠢，倏忽生水裔。友風喜慫恿，雲將無本意。衆星沾沾明，膚寸失其次。明月入安排，孤行獨不避。狂風不憐目，豈其爲噫氣？所期勝鰭指，拔木非君事。雉子何斑斑？〔二〕風雨揾懷抱。文章無晦明，光彩耿林表。田鳥好羣飛，白脰嬌自好。各生八九子，飲啄野田草。不敢怨鷹鸇，致疑及此鳥。

方寸橐天地，弱翰藏英雄。江河朝北海，弄態失蛟龍。海水灌沃焦，日夜輸其中。五味不可盡，五色不可窮。君眼遽幾許，怪物不我同。腹尺大幾何，詎望君相容。

誰忍爲此言，古淚今猶零。情概可若何，謂不如友生。兄弟有緩急，焉狗游俠名。兄弟不相信，惡乎吾推誠。

倀倀然而來，諫誘何紛紛？自吾去兄弟，妻子日益親。持此感姻婭，姻婭皆雷陳。姻婭少偉士，婦翁多細人。延賞細已甚，安仁鄙無倫。

羊道何幸甚？婦翁兩奇人。北海既俊偉，中郎復博聞。眭生固自可，魏攀亦隱淪。未嘗備壻禮，殊駭今之民。

朝亦思憶汝，暮亦思憶汝。所不思憶者，日月下臨土。不思復不憶，汝當不愁苦。興言念飄風，知復幾時怒？

謂言青雲至，不虞黄雲來。黄雲好飄風，飄風多塵埃。青雲欲作雨，所願不得偕。同雲有乖迕，草木安望哉！

熙熙復壤壤，落落復碌碌。日月共衆多，視息逾幽獨。使我語此輩，不如共騶卒。自不護細行，

〔二〕此句張刻甲、乙、丙本作「稚子何班班」。

豈易得人辱？

何以迎我兄，薄言御其車？何以駕我車，薄言服其駒？弊車惜新軸，饑馬念生芻。歇車秣我馬，我兄來以徒。

生天固小乘，慧業良不易。政自難許人，靈運大多事。誰爲丈夫者，焉得羞小技？豪舉多耳食，貪夫使眼氣。憎疾修黑業，不得入初地。團沙既無益，淪胥亦非細。不如面牆垣，中有古文字。鏗鍧聞金石，豈爲瓦礫至！

皎若夾霞月，紅如綿裹丹。〔一〕眉目既明嫿，甚口語不讕。〔二〕嘉賓來長者，盡歡聊杯盤。沐髮付胡粉，姿態溢波瀾。技擊秘單複，迴風勦脚寒。劃星斷尺電，青虹雙劍搏。彎弓左右射，明月不得圓。上馬纏良稍，〔三〕下馬不據鞍。漸次就末坐，雍容顏色閑。兵凶戰亦危，奇正如循環。小說聊致師，間陳雜家言。諸子縱橫抽，史策前後援。豎儒澤四經，曲學恡一端。混一覽今古，一臂失其傳。俛仰瞭冥冥，致身唐虞間。辨難注鋒鏑，麈尾風雨還。堅白其來久，魏晉導其源。四德執才性，三諦通涅槃。疑易限天分，廢莊非輸班。公謙抽緒餘，崇讓糟粕團。譬之冢蹢異，以作鼠璞觀。門論有標會，辨宗多自煩。慧林集白業，此子殊不凡。當時無勍敵，子眞得瓦全。伐塚非大盜，〔四〕傷珠郭子元。抽軫授絺綌，求女子亦難。並包斷胸臆，箭發那羅延。何至令執蓋，爲人負弩韊？亂轍多靡旗，豎義無復完。怒者知爲誰？林庭映欄杆。所貴聞得失，豈敢驕高賢！

〔一〕「綿」，底本爲「錦」，據張本改。
〔二〕「讕」，底本爲「闌」，據張本改。
〔三〕「良」，底本爲「弓」，據張本改。
〔四〕「伐」，底本作「代」，據張本改。

幽廓覽高愁，庭除明月方。嘆息仰列星，胡爲有參商？人間尋干戈，天上猶不忘。垂象亦隱忍，出没不相望。神靈有主客，躁疾分陰陽。衡伐坐天威，小人私故鄉。大化鑠金石，怨毒何其彰！

鵂鶹雖小鳥，不巢惡木枝。偃鼠雖滿腹，不飲濁水泥。所求知易給，所居知易爲。嘉樹不可待，河清不可期。風雨我所安，飢渴我所宜。陰陽有盛衰，氣運有遷移。性命有壽夭，志氣有崇卑。事機有遲速，勞逸有安危。

誘睡滅明燭，强寐寂無聲。伏愁在黼帳，角枕不可憑。遙遙夢愈遠，亭亭心更明。勞形詎官止，紛念豈神行？方寸如漏巵，挹憂傾不盈。江海匝迂闊，迂闊通精誠。精誠正顛倒，顛倒聞鷄鳴。

蒼鵝縱橫飛，飛飛下黄池。池中何所有，中有紫靈芝。紫芝三百本，蹂躪無復遺。不虞蒲且子，莎隨發殺機。弱弓加青雲，長頸繫生絲。丈夫不私快，惻然爲汝悲。

駿馬不駕車，快刀不割泥。駕車逸足蹇，割泥利刃虧。丈夫不自練，坐視精力微。夢寐尚推遷，物化其咎誰？

桂花白山樊，蕙草青荒麓。精舍亦蘧廬，樹下非忘宿。至人豈無所，憒憒處幽獨。雨雪常深林，純氣滿空谷。

至仁測鳥獸，孟孫得良傅。君子惡殺人，當斷不猶豫。操刀誠必割，救囚不五步。齷齪春申君，〔二〕朱英棄之去。

溝壘非耳目，積財無鬼神。不過三十萬，諸侯西屬秦。車馬五十乘，奴婢一百人。錢幣五百萬，

〔二〕「齷齪」，底本作「齷齷」，據張本改。

黄金四萬斤。交歡漢將相，疏間楚君臣。

有口當滿用，有手當滿錢。沈浮焉足計，出入恣其便。此時無卿相，千金亦有權。魚鹽負海岱，吳越與繒連。

使財若流水，焉得無生理。都會稱揚州，水陸聚天市。緩急旣時有，吾慕裴公子。以致千金客，養值百金士。

駑馬喜在後，惡馬喜在先。惡馬當用轡，駑馬當用鞭。燕雀起道旁，變懼不肯前。狡憤復汗喘，盡日勞鞍韉。良馬心膽定，千里蹄不懸。饑不食惡草，渴不飲濁泉。被甲盤蟻封，注坡帶橐鞬。主人苟卓犖，筋骨安足憐。鐵騎滿原野，一匹攻中堅。縈攪三十萬，〔一〕縱横唯鎗尖。旌旗爲之靡，〔二〕壘壁隨周旋。斬得大將頭，鼓聲猶闐闐。戰場塵土歇，宿昔何多端！

有米六千斛，一囷指三千。伯符不問舍，公瑾不求田。上岸卽殺賊，洗足復入船。六郡富精兵，北向爭中原。伯珪自守虜，樓櫓與天連。

牀上不相容，道南推大宅。臥彼田舍翁，不住坐談客。須構百萬房，誰能寄籬落？蘧廬難久居，白日勞枕席。枕席夢悠悠，江海今横流。

興霸奪長吏，土雅剽金錢。丈夫時有此，囊篋勞縢緘。安用胡奴米，〔三〕不可與作緣。闒茸與物宜，貧賤非皇天。富貴自吾有，英雄非漫言。祿命無準擬，時務有變遷。俗士旣卑鄙，儒生稱聖賢。

〔一〕「攪」，底本作「擾」，據戴本、張本改。
〔二〕「旌」，底本作「雄」，據王本改。
〔三〕「胡奴」，底本作「奴人」，據戴本、張本、王本改。

古今多迂闊，王霸唯行權。高才策利害，肘後金印懸。人皆謂日月，安排天地端。蠢茲趨昧伏，耳目如夜闌。棲月于昧谷，沈日于虞淵。高朗鎖鬢眉，〔二〕暗陰結心肝。可惜好肌肉，因偕黄土乾。乾坤無人豪，崢嶸空虚間。日月如合璧，晴雪居其間。各自生雲霞，誰能爲防閑？

村居雜詩二十一首

汝何不速來？當畏江水深。不畏江水深，云胡遲至今？駑馬不助氣，道途不就人。美人憚遠道，遠道勞人心。〔三〕

何所動惆悵，嗔憒呵燈篝？幽鈍就枕席，勞夢多悠悠。匡坐不出戶，無益於離憂。聊自開夜扉，眞冷迫簾鈎。天青萬籟虚，故吾乃不愁。月氣逼雲散，河聲崖上流。

沉吟怨美人，河水損白日。憒懣多依違，支笻任南北。〔三〕峽口無橋梁，一直陰厓入。途窮不問人，絕壑下轉石。發蒙摧枯枝，紅樹避不及。別興動幽怨，〔四〕不復足憐惜。

與女期南海，〔五〕相見東海隅。東海有神山，覽冀州有餘。雲霞多淑郵，岣嶁一蘧廬。仙人遊八荒，何必戀其居！豈若人世間，田舍守盆杅。

〔二〕「朗」，底本作「明」，據張本改。
〔三〕此二句張本爲「美人無遠略，遠略勞人心」。
〔三〕此句底本作「意南至於北」，據戴本改。
〔四〕「怨」，戴本、張本作「怒」。
〔五〕「海」，戴本作「嶽」。

俛仰俄頃間，憂憤滿四海。美人旦暮來，夷猶歲月改。〔二〕極知來大難，未免有所待。有待之爲煩，芳草被人采。

小人喜負人，豪傑不喫虧。事機無終極，何養聲名爲？膽識力交到，氣奪謀亦遲。寸心既決動，四體敢狐疑。

妙知不可預，安排多失期。柳堤常亦到，未必如此時。不知所以靜，和之以天倪。高雲不罣眼，慢慢罥柳枝。〔三〕孤梟一雙起，誰或使之飛？

天地暖欲雪，空林雀亂鳴。晝雪天地晦，夜雪天地明。有薪可以爨，有米可以蒸。不饑復不寒，且不勞我營。

風林月散亂，晴雪飛細明。幽人殘夜歸，此時氣極平。出入絕粗息，調適觀我生。明滅高柳間，河房搖一燈。

夜柏團幽黑，丹崖淡月明。雪靜樹影動，寒空搖一星。一縷曳河霧，暗鴻聞遠聲。薄酒既新熟，閉門舉青燈。遠鐘隱隱來，無住耳不盈。

不能斷接構，早起誦我經。戶牖夜閉塞，不受天地清。一逕取高場，竅虛耳目靈。林巒朝氣紫，寒蕪朝氣青。青紫冥寞間，日動一河明。

物化不必窮，保始坐空林。一心捐河水，乃得其常心。中往既造適，外來不入陰。收散各有得，闔會而不尋。

〔二〕「夷」，底本作「彝」，據戴本改。
〔三〕「罥」，底本作「冒」，據張本改。

丈夫累七尺，驅使由蠢魚。何爲有古今？何爲有史書？陰陽何逆順？氣運何盈虚？何爲異族類？何爲有親疎？何爲有冠纓？何爲有衣裾？何爲難其行？何爲苦其居？賤子亦何爲，心性如此迂？

閉門復閉門，不敢出門前。牆垣無一畝，中有碧玉天。畦蔬不外求，桔槔灌我園。於今爲抱甕，何見無機然？遁世不遁情，時求高柳邊。白沙雜金沙，紫菊錦蔓連。獨立不敢想，柳復俄頃延。

西嵒連綿青，紫宂裂深黛。翠柏裳其上，疎柳蔽其外。汾河貼村流，夜烟細於帶。僑人時往來，頗信鄰里愛。雜坐樹根底，老幼皆不怪。飧餌時見遺，頻復饋野菜。其風豈不淳，不必問疆界。

素産久零落，河灘剩碓沙。所幸河不漲，蒲稗雜蒹葭。開渠使渾水，捥拔無萌芽。淤得一寸泥，田父喜無涯。辛苦五六年，薄租升斗加。粗糲有勉强，香秔膩齒牙。卽此念祖德，膏腴屬誰家？誰家復誰家，何處種桑麻？

離亂難安穩，城東復城西，城西阻河水，城東沿沙溪。趨避東西間，豈得稱幽棲！沙溪去城近，酒瓶容易提。汾水多鴛鴦，春堤烟柳齊。飽看西嵒雲，癡立不知饑。不忍此時淚，重作舊時啼。

我自舊時人，自當新人欺。

偶爾啖凍桃，收核藥囊裏。敝廬牆垣下，持歸作種子。十年計已遲，高興忽如此。良田不可求，歲月逼鹽米。人生皆道偕，饑寒及生死。生死由饑寒，安用此四體！

生死與道近，饑寒與道遠。每將饑寒急，遂置生死緩。縺繻愧鶉衣，藜藿苦粗飯。及此惟怨尤，卽悔亦已晚。甚懷竄悄愁，絲粒不自反。果能不畏貧，證汝得安穩。

飯訖附驢背，直趨裂石祠。柳根偎寒口，河霧銷凍眉。峽陰頹然深，松杪風不離。因見野鴨去，始知樹影移。歸來清爨熟，薄粥正及時。

來逕橫阡陌，歸復逐渠水。隔水見漣漪，綠溜組寒芷。高柳圍落日，岸草順風委。晴雪聳精神，凄緊一肩起。高雲不著意，幾時入峽裹？

飲馬五首

驛馬飲河干，馬蹄入沙窩。高柳下微風，河水上其波。長流盪心胸，豁達渺山河。腐儒昧形勢，表裏何足多！上黨連太行，俯視臨朝歌。腹心既已潰，秦梁將若何？

走馬大堤上，卸鞍垂楊裏。霹靂拓雕弓，餓鴟振髇矢。〔一〕金鍐紛往來，不逐輕薄子。驚飆散層陰，神駿竪雙耳。紫焰照八荒，碧蹄動千里。驊騮不可欺，倜儻爲心死。帶刀絡排沫，平野風塵起。

飲馬莫飲饑，走馬莫走飽。四月上雨水，九月添夜草。經綸盡寸心，鞍韉凴遠道。芻豆安足論，駕馭解顛倒。

三更汾水綠，馬影站其中。匹練流不遠，頹委橫奔瀧。疎星上下碎，明月四五重。深夜果幽寒，抱鞍聽征鴻。

汾河烟下響，明月烟上飛。烟響明月流，蒹葭紛依依。馬啼驚石子，洲渚起鷺鷥。微風集肌膚，暗柳稍參差。平蕪明更幽，馬還鷺鷥歸。

秣馬

瘦馬不戀秣，老氣竟天地。主人敢懷安，事產負雄志。四壁徒弓矢，桁上懸鞍屉。仲冬應授衣，

〔一〕「振」，戴本作「搌」。

羊裘遇寒蔽。糠覈食豈肥，蒯緱劍猶利。治亂無南北，奇正因形勢。能殺士之半，十三得其次。

花時前後得十一首

絳枝濛紫氣，白雲横素陰。春蓀入明際，烟樹出暗深。今余趨當生，先事到花林。量無不薮蒲，以茲誘寸心。

避人曳春扉，趁林多不還。朝氣變情貌，夜云溼未闌。有生資物養，佳期取花間。揣紅當幾日，料白見一端。始知幽獨處，可以露心肝。

暗柳映明壑，明光組暗雲。取資俄頃異，去與旦夕新。假虚在物滿，順動還天眞。再到宛昔遊，今來非舊因。幽用嗇冥會，春餘留討論。

人苦不知足，花柳狃村巷。風烟寄篤信，邁往容幽戇。城郭一往來，高爽神不王。〔一〕捐棄塵土中，始覺吾廬曠。無忘喧卑時，要言青雲上。

看花亦有術，故當映柳枝。取紅風處奪，合碧烟際離。側背豔不盡，錯綜窮春姿。纏綿理幽緒，中軫解棼絲。將迎知無極，延納救一時。

風崖多危花，雨壑淹側嚥。白豔不忍看，虚香紛襲人。逐道瞠若後，抗物俄已紛。自貴不心對，索寞非至仁。芳菲達神理，感激爲陽春。

閲萬頻花樹，初花迹日陳。老花多變態，所玩翻覺新。不敢令心解，風香揚不聞。遷運自時序，無知非積塵。花朝連極欲，抵掌肆賤貧。

〔一〕「高爽」，王本作「畜樊」。

春力與我乖，飛花與風協。流紅闌入簾，投隙試巧捷。諜迓小作態，侮我傷春怯。塗神若專直，欺魄不可接。大道不違物，徙睇玩新葉。

虛緣竟空言，花飛兼夢覺。死生猶捐憐，開謝焉寄託？在物豈制命，持後善邱壑。既落可若何，委化亦云略。蜂房帶雨拖，燕巢連泥攫。所遇無不可，新柳寓廖廓。

廢心亦豫託，及期多不憑。流嘆花柳間，馳思費攖寧。內觀豈信僞，外遊偕至誠。窮樂非鹵莽，初鶯審新聲。

落英若遠事，新夢又蜚花。亂白迫眉目，風雪傾烟沙。魂交猶違人，獨往撥紛葩。失路亦知返，無涯隨有涯。

野鷹來

青天矗孤鷹，鳴噪駭雀魄。一擊知誰當，霜威不肯苟。靜坐高樹末，攫搏淡毒手。蕭瑟崑昆黃葉，〔一〕氣勢蓋榆柳。風雨待之來，物駿神應守。

春水

春水亂如夢，村逕柳陰委。亦可以逍遙，意表不能爾。極知巖穴安，厓閣爲情死。苟且當和光，隱逸豈如此！山澤亦何苦，爲我藏垢恥？標寄各有托，苦心費料理。小謹不大立，訾食不肥體。正經不獲意，不如從奇偉。歧刺者不深，外索權難倚。奇功由篤誠，愚公有孫子。名雖實之賓，天

〔一〕「崑」，張本作「梟」。

地與才士。丈夫貴得志，不在解苛禮。黑雲不可測，氣壓無遠邇。

讀莊四首

人獸不亂羣，人鳥不亂行。宋人不肯恕，〔一〕鳥獸乃相忘。至人之因緣，豈復可思量！蓬艾苟不存，視天之蒼蒼。

人皆謂之狂，自以爲不狂。一癡復一醒，我亦有不芒。精神不可學，當寓諸荒唐。純想可以飛，何有應帝王！

大上和其光，其次不近情。周旋與物俱，熏習變死生。衣有不可服，言有不可聽。轂有不可食，焉得逢人迎！

雖有褊心人，不至怒虚舟。直心是道場，與物猶休休。小人多憎嫌，不復因怨尤。虚舟苟無人，沉鑿捐中流。專有折鏌干，乃不必復仇。

井陘〔二〕

榆關至井陘，一百三十里。馬不得並騎，車不得方軌。〔三〕何必李左車，所見略爾爾。成安君儒者，計不知出此。〔四〕惟儒家者流，險道遂悠悠。

〔一〕「恕」，底本作「怒」，據戴本、王本改。
〔二〕戴本題作「過井陘」。
〔三〕「方」，底本作「並」，據戴本改。
〔四〕張本少此二句。

寸心

寸心稍若理，山中雲微流。夫惟無人到，乃可以久留。此似不難見，余何爲獨愁？深情細細苦，使我登高邱。

雪晴眞定朝發

草外覺海動，碧溢幾千里。宿鳥發遠磧，沙際一邊起。金汁流不圓，鎔紅傾地委。咫尺卽上天，寒無之半止。鬚眉鎖慘黑，朝霞生神顗。開合成晝夜，晦明亦至理。陰暗易生愁，高朗乃近喜。晴發心胸間，光洞山川裏。

丹崖雜詩二首

自疑多不信，可信爲誰何？好語不如默，丘陵可悲歌。雪晴日光重，寒烟蒙一河。似人何足喜，一我亦已多！

無可奈何事，强付之不聞。行吟橋梁上，峽口生夜雲。日入萬物息，中軫歇紛紜。無始亦不遠，因愛日逡循。〔一〕貪癡差可離，不能斷其嗔。〔二〕聞道遂自忍，吾不如靈均。所際若有異，〔三〕云何强其

〔一〕「日」，戴本、張本作「生」。
〔二〕「嗔」，底本作「眞」，據戴、張本改。
〔三〕「異」，戴本、張本作「冀」。

身？

齋心

微涼滿方寸，〔一〕靜籟聞幽聲。消息隨耳性，中色無代聽。形骸不足賴，天地許精誠。響歇既彼盡，□魂連冥冥。

秋色

秋色在村外，柴門久汨沒。丘壑雲無窮，半晴山雨歇。木葉塡風烟，鴈底見微月。寒蕪砧杵疎，草蟲因間發。

泰山六章

始氣貫耳目，猶未分陰陽。宕神青冥間，飛形靈瑣傍。人間既憔悴，行吟溯天潢。濫觴決夜峽，南下灌大荒。四十萬里上，下視何蒼蒼！斗柄指鬚眉，撥星搴朝光。連山朝宗來，浮雲齊不遑。齊雲魯雲青，燕雲趙雲黄。峯巒若鳧鷖，泛泛水中央。皇天無一尺，臣語敢疎狂。高極與愁近，愁絕不可當。九州紛總總，〔二〕於何爲故鄉？

封禪七十二，歷姓已不全。載記十二家，鏤牒秘不宣。秦皇自雄才，李斯學亦淹。誦功再刻石，

〔一〕「滿」，底本作「在」，據張本改。
〔二〕「紛」，底本爲「分」，據張本改。

象書天璽，峋嶁後絶倫。其文復蕪穢，不及邯鄲淳。鐵畫賴元常，受命自今存。斯彼亦何瘳？際遇星精下爲臣。君臣煥一時，今古無多聞。文章有盛衰，翰墨生不辰。苟不隨北伐，亦當侍東巡。皇龍鳳變不測，雕蟲言日陳。帝王自歷數，應運須才人。馬上得天下，其主未必文。天中日昆吾，蘅。雲旗戒先敺，隅隈風雨停。兩岸草木動，靈駕夫或行。

劣，無情又不能。離合不可爲，天門舒精誠。美人知滿堂，不敢望目成。長彗何時撫？山中芳杜

一陽復一陰，先民有死生。壽夭在司命，誰能爲重輕？大道不趨避，亦解遺其形。臣自安蹇見魯仲連，其心誰能亮？

紅樹得罔象。及茲歎形妙，始悔神不王。心胸塡塵土，闓見豈得曠？邱林入安排，遠遊亦虛妄。不夾道青芙蓉，動靜使我喪。風泉若飛鳥，倒流上崖嶂。起於青松間，緣於翠柏上。寒花注耳目，

上帝不可給，檢策安所載？天街有南北，神州□内外。〔三〕乃今論其勢，損益天不槩。多，謀王則事敗。無德而用事，祖龍才十倍。中阪遇風雨，儒生心口快。何與於乃公，金泥封石蓋。大國信泱泱，風氣連海岱。崢嶸暗靄間，齊桓亦焉在？當時固不可，夷吾拒以怪。四鄰强國

所折衷，後來誰豪賢？其間千餘歲，於何猶闕然？

泣涕連。亂世無大音，庸人多妄言。川岳閉金碧，腐草競新鮮。驢鳴日覩傍，犬吠雲闕巔。〔二〕彦和函與封者，奉車乃在焉。神龍飛白水，赤熾光復燃。對越騰茂實，足以助皇天。伯仁眞盛際，使我薄蝕失其傳。文過德不及，辭采殊精堅。漢武眞風流，所冀在神仙。長卿不獲從，絶筆於鴻篇。石

〔二〕「巓」，底本作「顛」，據張本改。

〔三〕「□」王本作「分」。

皆不純。人間曷爲感？志士多苦辛。何至弊精力，手擘聽因循。蒼史去天遠，程李苟簡淪。眞形自有圖，俗書安足論！

離家漸遠客心依次稍抽寒緒略撰征概聞見襍陳政爾不計疎密自大梁起至于江上止焉〔一〕

身遠心稍歇，卽次安夢寐。崢嶸寂寞間，筆硯復生事。昨出滎陽郭，〔三〕黑子點水裔。〔三〕出入關東西，于此爲牽制。所以楚漢交，勝敗爭其利。南望官渡城，幽默按一轡。不惜袁本初，可憐諸謀士。當其送葬時，已爲孟德易。許攸有高才，反覆殊可畏。古今勞日暮，蒼然眉目際。風起大河南，雲過崧岳背。大梁果名都，略無幽暗意。日月不偏頗，星辰按躔次。四城各有門，門門各無異。獨有東城門，侯生司路閉。土木遂千古，性命成捐棄。長堤屯複雲，蒲柳互蒙蔽。黃積蒿萊深，紫緣沙草細。日日防河決，不知幾時至。四郊盡平野，于何爲守備？無德則先亡，難施之後世。豐鎬與郟鄏，〔四〕强弱自軒輊。慨念唐虞前，神武軒轅氏。沴氣鍾蚩尤，涸金鑄兵器。上天借應龍，乃誅其兄弟。八陳多頭尾，誰能發其秘？外黃舍人兒，孺子年十四。眼中無項羽，曾何爲芥蔕？食醬心星旁，商丘久荒廢。何有安鼇王，只知魏無忌。鷃雀不可數，尺寸負羽翼。陰晴易噪喜，乾坤多此

〔一〕此篇錄自傅眉手稿詩册，藏山西省博物院，由白春娥釋文，曹玉琪重校。張、劉、王本我詩集收錄，題中「襍」字，劉、王本作「離」。

〔三〕「滎」，手稿作「榮」，據張、劉、王本改。

〔三〕「點」，傅山全書初版本作「默」，據手稿改。

〔四〕「鄗」，傅山全書初版本作「鄏」，據手稿改。

輩。忽覺風氣殊，大澤生驁悸。陂陁露精神，起伏隱形勢。黑雲漏夕陽，驕悍明一雉。雄艷矜綉領，耿介滿丹臆。山川乏偉人，荒草養元氣。自豐沛蕭碭，以至于淮泗。區宇須滌蕩，天威有所寄。庸人自生息，豈其耗天地？隴畝之所積，不够聖人費。陰陽爲儲畜，正難日月計。其間千百年，問代始一二。在南則太祖，在北則高帝。楊舲度淮水，深碧停不逝。螽山青嶄嶄，丘陵不敢恣。肅穆凍雲前，猶列萬國幣。客懷盡中原，植物感柔膩。竹木被晴雪，枳橘橫寒刺。紅樹多碧身，歲晏益幽麗。霜藤飛其間，縹緲綴金翠。魚罾絡樓櫓，雉堞罥菱芰。客飯多魚藕，齒牙雋鮮脆。南酒不利人，胸膈易留滯。[一]到江尚百里，江雲濕衣袂。豁然叠障開，白閃大江沸。風濤劃吟情，菰蘆落愁思。非復渡河時，宿昔無所置。離家始眞遠，百端亂不治。促迫上孤棹，舩開岸已離。遊子强安排，青看遙峯遞。

和遊仇猶東峽石甕子二十四韻

猶憶石甕峽，風湍捲晴雪。至今眉睫際，合沓空青列。苔蘚風雨厚，駁犖如繡鐵。邱壑勞夢寐，飛形時應接。佳期尋亦難，所苦非蹩躠。猥得誦佳句，俯頷心爲折。似與射洪尉，林坐合其轍。筆墨生峪岈，水鑿石崖齧。擲地聞幽響，清冽在慧舌。金碧帶光燄，爭與雲霞裂。造物任取資，鎔裁烟霜截。神論若昔遊，槁木尚夼兀。文章不可馴，雕龍見娑竭。莫非我輩語，歎取爲之絕。高才無天馬，浮雲那能籥。山川賴奇人，冥搜始得决。盈眶攬海岱，豈暇及邱垤。知此非陽阿，聊欲沐我

〔一〕「易」，手稿又作「有」。

髮。風塵黯天地，蘊藉且岩穴。心細理岑岫，崩剝討乳窟。蒼黛丹赭間，脫復紫芝抉。〔一〕杜蘅芳裳衣，不共外人說。跫然來足音，慘淡搖寒樾。大雅久不作，浩蕩若沒滅。不圖聞正始，登臨眼自別。

挽吾玉〔二〕

吾玉不如意，隱捩鬱以死。微情不可明，性命遂如此。不無失迂拗，篤論賴君子。慧業隘而潔，修辭避粗鄙。每以空寂音，用之于黷體。生澀未能圓，妙在無利齒。勝處正超詣，不轂徑致止。差強伐塚者，舊氣滿於紙。松僑延寒塾，破欚北崖倚。日夕讀南華，老樹響不已。時復發至論，斤兩慎藏否。畏人有所茹，不忍口已哆。文章有危險，齟齬生荆杞。筆研爾馨地，爭雄亦可恥。〔三〕富貴斷不敢，客氣吾輩使。眉目既凝滯，心肝能得幾。禮法兼風流，刺譏迴絶理。最惡今之琴，不教入其耳。大音昧君臣，誰屑辨宮徵？神難無累人，道器辱庸指。不如聽琵琶，凄快殊可喜。何必怕鄭衛，惟恐不淫靡。酒酣念孤菴，北調甚遒美。婦人寄高解，丈夫厭仳倠。位置徽岳間，無異伶人爾。主人頗針芥，孤掌爲之抵。叫跳驚曙色，開戶雪沒趾。此歡不可再，好友真絶矣。往昔盛林薄，約我過其里。柏窒有結構，容膝茸幽址。林中趂墮雲，一片飛不起。虛亞閪一竅，偪側互支壘。石榻當其無，繩樞紐茅芷。削稜穩酒瓶，鑿嵌貯經史。香枝煮薄粥，腸細欲數米。短援一丈濤，種松風洗洗。饑虎臥其外，介人眠其裏。蒼翠頻入夢，心已馳于彼。竟不及子在，襆被荷秋紫。丘壑失佳

〔一〕「脫」，張本作「托」。
〔二〕此篇據山西博物院藏手稿整理，曹玉琪重校。我詩集張、劉、王本收錄。
〔三〕「亦」，手稿又作「足」，又作「殊」。

人，涕下若纍纍。憐汝一掬土，零落霜葉底。吾玉亦可謂不耐葹歐人矣。

附：吾玉丈教吾子弟章句于城東松𥧌日爲快論皆不欲聞之于人今得讀此小記牙後緩慧如晤生平因書舊作挽章于末其痛不減聞笛〔一〕

吾玉不如意，隱捩鬱以死。微情不可明，性命遂如此。不無失迂抝，篤論賴君子。慧業隘而潔，修辭避粗鄙。每以空寂音，用之於艷體。生澀未能圓，妙在無利齒。勝處正超詣，不彀徑致止。差强伐塚者，舊氣滿于紙。松僑延寒塾，破爐北厓倚。日夕讀南華，老樹響不已。時復發至論，斤兩愼臧否。畏人有所茹，不忍口已哆。文章有危險，齟齬生荆杞。筆硯爾馨地，爭雄已可恥。眉目既凝滯，心肝能得幾。富貴斷不敢，客氣吾輩使。禮法兼風流，刺譏迴絕理。最惡今之琴，不教入其耳。大音昧君臣，誰屑辨雜徵？神難無累人，道器辱庸指。不如聽琵琶，凄快殊可喜。何必怕鄭衛，惟嫌不淫靡。酒酣念孤菴，北調□遒美。〔二〕婦人寄高解，丈夫厭仳倠。位置徽岳間，無異伶人爾。主人頗針芥，孤掌爲之抵。叫跳驚曙色，開戶雪沒趾。此歡不可再，好友眞絕矣。往昔約秋深，或當遊其里。栢室有結構，容膝葺幽址。林中趂墮雲，一片飛不起。（下缺）

明妃篇六章

朱榮競膏沐，丹青復誤人。豈無金錯鏡，畫師焉得神！皇天予絕色，寸心知其眞。佳俠含耿

〔一〕 此篇據山西博物院藏傅蓮蘇抄本整理，由白春娥釋文，曹玉琪重校。因與傅眉手稿本文稍異，故附錄於此。
〔二〕 此句抄本原缺一字。

介，曼睩蓋朝雲。美人自踈峻，造物亦輕幻。黄雲捲沙磧，塞馬逐秋雁。齷齪奉春君，和親安所見？漢制重因循，豔選鴛鴦殿。傳聞動宫壺，大家顰蛾眉。秋風零梧桐，別離知屬誰？汝豈能堪此，内人何蚩蚩？芙蓉墮寒淚，慧情深自知。竟不異人意，果妾發長安。哀箏鳴別鶴，寶瑟舞離鸞。旌旗淡白日，玉盌厭金盤。愛憎俱啗我，陛下不忍看。怏怏隨車馬，不及怨遠道。薄憤不可轉，漸遠躬自悼。〔二〕琅玕有擊臂，琥珀儘釵纛。珍珠青碧珠，賤妾何所好？頻噫稍若舒，愁歇更勞苦。胡笳轉孤蓬，琵琶帶風雨。闗塞忖不遠，南望再延佇。薄命良家子，絕漠不必語。

賤

踏我鏤香管，破我紫雲硯。裂我側理紙，我願如牆面。不知何如人，亦隨撫軍餞。陶公神者勝，不假大林善。吟詠本微情，日以趍卑賤。麟趾聞之疑，盧鍜帶之羨。

〔二〕「遠」，底本爲「達」，據戴本、張本改。

北角店苦雨三日閉門讀王李二公詩

雲雨惹不得，一合天地癡。白日射不透，大風吹不開。閉門死心坐，聊展讀過詩。神靜眼忽別，熟客生新姿。終日見雜人，吾眼何苦來？玉溪鍾離情，輞川多道詞。忠孝總不昧，風流亦在茲。行間映霽雪，華藻明漣漪。此道經草昧，何計方充逵？奎壁降文人，文路當清彝。

銅鞮西山得半日睡早起到山頂大石上呆坐眼耳非昨洒然得

老睡逃萬里，今忽來松林。何暇作奇夢，但爲冥衆心。精神臥即覺，礌砢朝能尋。寂入綠香裏，朗流紅羽音。哀哉吾眼耳，此去安所深！

未到丹崖隔河見村外柳林子而喜

碧樹何萋萋，黃樹何離離？紅樹何班班，單複籬落間？飄風蓬蓬來，雜葉磒不閑。顛倒捲白雲，委曲入南山。孤鳥難爲羣，前後多獨還。

日纏黃時到崛嵋上頭困憑閣闌〔二〕

神理喜幽困，不語憑厓閣。困緣靜始離，形精勞亦合。眞性隱隱來，〔三〕黃葉自然落。反照摛金

〔二〕「崛嵋」，底本爲「屈圍」，據張本、王本改。
〔三〕「性」，底本爲「信」，據張本改。

錦，一概被岑壑。巖花界烟道，石縫抽雲絡。隅隈多風颷，起滅在林薄。

效唐人樵人十詠複風叟二章

樵溪

陽厓多黛柏，陰嶂多黑檀。水樹幽不測，視聽一槩寒。樵逕有通阻，跋涉殊不難。倒是荷簑笠，風雨塞峽還。

樵逕

高林看不透，青天在深谷。芒鞋外無餘，神遇不以足。換肩花鳥間，未嘗避磕觸。城郭街道寬，使我常側目。

樵火

隨手支石竈，帶露抹鬢眉。不知乏薪處，苦寒何以支。惡薪不中燒，好薪溼亦肥。綠花燃雨柯，紅葉爆霜枝。

樵歌

樵唱無終始，風泉有時息。口鼻類虛竅，心肝仍木石。合拍肩頭空，一聲腰膂直。響到山花開，響過林巒寂。

樵風

樵采多日暮，每當風起時。束薪亦小和，肩擔生依違。枒枒槎槎動，颼颼颻颻隨。崖灌綠齊響，岩雲白亂飛。裝柴北岸上，卸柴南岸下。君知樵風便，朝暮爲誰假？傳屬古詩人，亦是采薪者。抬得神人箭，神人許執把。

樵斧

不虧此段鐵，天地日榛莽。黑陰蔽日月，豺虎得生長。刃上見果察，下手無留想。頑根不奈砍，君聽兩厓響。

樵擔

肩背閑覺苦，天付此勞性。掂掇試重輕，護擔如護命。柴立其中央，搪梢翻未定。指點謂兒孫，老人汗掩映。

樵叟

龜手石華泐，鮐背樹皮死。落葉罣霜鬢，沐鼓石泉裏。謂無過我人，欣慨勤四體。握錢不得酒，略復念城市。結髮事析薪，情僞亦屢受。城市每欺我，數錢或不彀。只教斧頭在，明日一擔又。有孫不識餌，買之置懷袖。

樵子

黄髪草根垂，藍縷木葉颺。批林拾風榛，破棚剝霜椽。但是有花處，連犴無攔當。斗絶見枯枝，疾力並鳥上。

樵家

岩棧罥崖黑，坭埏結烟味。瓠壺乾酒香，大匏作家計。松脂常省滅，月明不妄費。不愁一尺雪，柴門得深閉。

理菊二首

四月分菊種，九月花始齊。霜露自時敍，百草遂不支。佳花閲衆兆，于今無東籬。落英多耳食，歲寒不可知。天地重孤根，誰謂無町畦！

殷憂篤虛静，心亦無所住。一身視土木，于何爲親處？性命夾日月，顛倒忍遲暮。大道與愁偕。眞際有時露。孤花若遠紅，夢起看庭樹。透緑明前除，始聞寒雨注。方寸自爲地，菊畦姿徐步。破涇蒻花蕪，以此爲勞務。

西岩

西岩不離眼，色混春風中。寒黛青不揚，應接意稍慵。園柳微暗暗，峽雲遽悤悤。河烟兼雪霧，岑岫一以蒙。時換一峯露，輕妙愈不同。揣摩縹緲間，不知第幾峯。幽豔想不到，精心與物窮。林巒有實際，鹵莽殊不容。

崛嵂寺山門外

頹坐不暇語，第取酒盞斟。神氣稍爲接。幽悅與我尋。側睇寺西岩，歷落紅來禽。高松蔽晴日，薄雨濛深林。松身時反側，透亮見日沉。飄渺卷紫縠，飛傾融青金。綠霧忽然過，西南留一岑。當其希微間，遂能合冥心。

偕憂西夕心翻憐目兩日兩首

偕憂遣西夕，因心邱壑愁。內逸久韃韄，寂賞難我留。襟期不應接，幽姿安所投？明月睇深林，深林窺月幽。披林落微涼，風柯明悠悠。

曾陰逼飛鳥，飛鳥逼落日。落日亞河水，河水爲之溢。動靜疎孇明，烟柳細分悉。蒼然前嶺青，後岩紫猶急。夜色混須眉，誰能不嘆息！

瓶菊

今年氣候遲，九月菊不花。況復霜已屢，疎籬力不加。移置瓶盎間，幽綠塞寒家。寸心既稍歇，殊省夢中遮。猶有香種在，未開架上花。

聽松

此山亦常到，雲烟日日新。細領林草意，不似今日親。岩障無變改，由君自生塵。君今無罣礙，峯峯刺眼眞。粗鄙賴陶冶，此際難語人。一松響奮迅，寒脊豎精神。

端坐

端坐盤石上，下視見村落。綠柳不盈寸，細水互交絡。南望秋烟平，一帶圍城郭。卽此已高騫，而況入寥廓？人間信喧卑，耳目塵土摸。那得外來者，眞氣暗蕭索。去去不必顧，勝業在邱壑。

不睡

病與憂勞密，勞人與睡疎。簾外搖花樹，幽庭新雨餘。枕簟既涼惠，就倦覆我書。以此想酣寢，不知當何如。俄然苦反側，偃仰不獲舒。四體臥成勞，白日淡前除。一覺如此難，宜乎其愁予。

誘睡

勞力易爲睡，將無具妙理。菊畦試小鉏，虛土細終始。搖脫幸困頓，香汗得洗洗。方寸非誠息，要紖情不起。登席不解韈，伏枕不隱几。夢迴新眼明，肩袖壓書史。所期俄頃寧，不圖美如此。丈夫不穩睡，假寐亦可恥。

形影神章〔一〕

陶先生順化來往，故多安排之言，應盡便盡，〔二〕異因勞厭。吾又惡乎同乎先生，情所異同，是有我之「形影神」矣。

形贈影

亦解余假合，恥復宅庸神。動靜既非我，妍媸羞爲人。世何與人事？磊落生怨嗔。變渝不可言。焚和或天親。友生勢同異，焉保無乖分！感爾愛支離，乃不厭賤貧。逡循負汝者，日月實照臨。

影答形

役役有待者，幸得近君子。君惠志意言，忍復茹微理。同被日月光，不獨照葑菲。傲岸七尺軀，任運豈頹委！君卽有攀援，追隨逐君起。君苟趨捷徑，息陰亦非止。罔兩脫復問，所恃亦何鄙！將子無體柔，所慮非乖暌。願言作死交，以愧爲兄弟。兄弟苟不親，其誰不解體！

神釋

大道何所在？父母生我時。造物去我遠，天親恩無涯。愼莫謂假合，視爲土木資。去此塹懸

〔一〕張本「章」上有「三」字。
〔二〕底本「便」字下無「盡」字，據張本、王本與陶淵明形影神詩補。

解，適彼豈言歸。來往逆旅間，道路亦以罷。未始魂有恆，委焉怨魄虧。偕動有孤立，謝質悵獨離。所去若始至，慙愧拔宅飛。再拜謝形影，憂敢二子遺。性命共根本，忍獨成其私。

卽事爲叔玉詞兄勸酒

羣鴻遊碧霄，影落沈潭裏。微波如細網，麗㲲蓋蘋芷。浩蕩極高深，未嘗得正視。以之論書法，濃淡正如此。所以古帖難，鈎勒僅形似。步步復趨趨，羞澀逐舉止。況復捉刀人，官行神已委。魯公多自鐫，疎密得其使。寸心亦稍解，接構紛不理。近來臨池者，傾側爭吊詭。子敬得卑卑，高者不過米。右軍正法眼，衰微久不起。莊嚴復妙好，翻謂爲糠粃。家法守斲輪，不欲外人倚。拈花有别傳，石艾任公子。玉樓聳驢背，煐姝風雪底。寒光映村僑，請□□藏紙。再拜謝故人，幸甚望終始。昭餘戴晉人，聞之生禪喜。以我之嗇廬，盆盎貧如洗。飢寒不自顧，分半爲此事。沃焦灌不盈，噫氣過則已。絕技關性情，聰明豈腐水！不料懸甕山，漣漪結奇瑰。老柏黑陰下，玄玉若沼沚。聯翩戲遠雁，起伏不可擬。暗中矜摸索，其目幸不眯。伯陽小碣到，毫髮無張弛。韻舉當速圓，委曲知不鄙。叔玉性疎豁，龍虎繞其指。運斤如摶管，刻石如劃几。斛斯解作碑，古人多爾爾。愧非浣花翁，博子一啟齒。

丁巳秋興〔一〕

清秋作遠夢，飛上華嶽巔。大河若輕絲，一縷落秦川。微睇界内外，蒙恬所築邊。烟散見咸陽，

〔一〕此篇據山西博物院藏手稿整理，由孫蔭亭釋文，曹玉琪重校。

其城僅一拳，爲言帝王都，不爲玉井蓮。旌旗百餘萬，〔二〕俄然屯眼前。

蓮甦病好作此示之〔三〕

細聽汝靜睡，吾始解我衣。一切似皆解，如何還不饑？因而憶幼小，猶得記依稀。乳母與吾母，東樓共披圍。吾幼好腹痛，平時易犯些。一番發幾死，半夜症猶加。祖母牀前守，吾翁不在家。過來燈火亮，醫藥已紛拏。爺爺因汝病，幾日甚遑遑。久已睡難著，加之飯不香。從今節飲食，愼莫犯陰陽。天地恩無限，兒孫何以嘗？

卷二　七言古詩

朝陽洞夾堦兩老柏〔三〕

晉祠衆卉臨水多，〔四〕青楊白柳交枝柯。不能老大作嫵媚，此兩柏樹可奈何！左柏糾銅糾鐵起，

〔二〕「百」，傅山全書初版本作「石」，據手稿改。

〔三〕此篇據山西博物院藏手稿整理，由張秀蘭釋文，曹玉琪重校。

〔三〕此篇據手稿整理，以傅蓮蘇抄本校勘，手稿與抄本均藏山西博物院。手稿由王小蓉釋文，曹玉琪重校。我詩集張、劉、王本收錄，題作「晉祠戲歌夾階兩老柏」。

〔四〕「卉」，抄本作「木」。

老龍出沒教其子。攫雨搏雲岩阿幽，〔二〕解牙蜕角風霜裏。〔三〕造物湎慫其篤生，〔三〕旁人詆欺爲半死。右柏絕倒人莫嗔，材與不材穩放身。重根拗捩通心直，小節脫略礙眼新。自恃氣力憑壓物，豈其頹委依倚人。左柏右柏幽影寒，客子徘徊於其間。右柏左柏幽影淡，客子歌罷高雲散。

祝敬持翁代父〔四〕

太原令君孫北海，敬持北海之丈人。苛細不拘翁壻禮，眭夸差可爲等倫。北海以我遊方外，使我爲祝知我眞。三千里外高霞紅，半醉酡顏映酒樽。海雲多紫晉雲青，青雲紫雲通精神。敬持今年八十歲，道人今年七十五。老人聞老生歡喜，老脊强直不肯僂。至樂只有老人知，何能復向少年語！京口美酒甘於乳，太行南望遥勸汝。

題慈烏反哺圖

烏哺烏哺，慈孝天府。盧兒中枵，鴟啄米取。烏哺蟲豸，人哺經史。蟲豸潤毛羽，經史果性始。反哺何須五鼎俎，忠孝文章報老腐。兒多識字老人頡，兒有奇文臭厥古。斷不果肉責朝夕，反哺無過此美炙。

〔一〕「攫雨搏雲」抄本作「攫雲搏雨」。

〔二〕「霜」，抄本作「塵」。

〔三〕「湎慫」，抄本作「慫恿」。

〔四〕此篇據山西博物院藏手稿釋文，由曹玉琪整理。我詩集劉、丁、王本收錄。

卷三　五言律詩

山郭

風色沒輕重，垂楊致足憐。大河傾白日，長路貫青天。樹細驚鴻處，烟殊飛鳥邊。春寒支不住，山郭酒旗懸。

情際

晴雪連雲起，春城入柳青。不平風側側，無賴鷺停停。情際難深淺，花邊已晦冥。薄烟歷遠戍，次第到郊坰。

所見

院落晴猶溼，簾櫳雪後寒。梨花窺戶牖，楊柳共闌干。畫閣因羞閉，琵琶又朗彈。楓香催急調，賣手戀情歡。

白日

白日因誰費？青春怨汝來。桑蓬驚汗下，桃李又花開。歲月容苟且，懷安終不才。與人無以異，愁絕寸心灰。

今日二首

今日又無米，秋雲環堵生。斗升難活我，七尺不從征。烟火尋常斷，瓶罍顛倒傾。饑寒容易忍，丐貸豈人情！

丐貸終無行，饑寒又不能。出門須杖策，幾步算擔簦。破甑華星入，柴扉綠霧蒸。蓬蒿秋氣重，木榻冷於冰。

水亭之上琵琶〔一〕

荒草可園綠，黄鸝靜不鳴。琵琶愁殺我，風雨潑空庭。邊調多遒氣，深杯沒向衡。鴛鴦飛一隻，水霧滿浮萍。

橋上

揣我亦何念？度橋愁不醒。情至癡延佇，知爲誰竛竮？柳煖春風急，月飛鴻雁停。丹霞映晴雪，夜紫來冥冥。

〔一〕「水」，底本爲「冰」，據張本、戴本改。

煖之詩三章

亦似安排者，微軀如此時。形骸亦壞相，〔一〕口復累思維。算甚頻衣食，將焉用活爲？俄然成旦暮，宿命不能知。〔二〕

稍覺諸緣靜，煖因猶外來。寒暄自無始，知識總黕煤。若自以爲足，亦良可大哀。有心庶幾遇，又焉用高才！

磅礴寸心煖，隨身臥北檐。山川極靈動，耳目不憎嫌。白日歇情理，青天省米鹽。柴門性喜閉，幽雪卷晴簾。

晚行河上柳路聞解凌聲

此聲甚希有，東風戛戛機。河翻星影亂，月入鴈羣飛。雪逕偕來少，青天一我歸。暢然見崖柏，柏下卽柴扉。

不覺

不覺離村口，如何溪柳邊？賓鴻聞暗響，春氣滿青天。倒岸冰河斷，通川雪月連。夜行幽意足，歸卽放身眠。

〔一〕「亦」，戴本、張本作「一」。
〔二〕「能」，戴本、張本作「難」。

好夢

好夢連春夜，花林許定情。精神隨谷滿，風雨可身輕。迂闊眈書册，慇懃向酒瓶。明朝試屐齒，幽境亦陽春。

感知二首為史亦豹先生作〔一〕

客儘頻煩過，鏖糟混小村。風塵來介弟，忠義敬元昆。特特當君顧，偏偏為我論。高才休妄用，忍待好乾坤。〔二〕

江外一函到，汾隅滿紙眞。英雄不愛命，喪亂莫輕身。〔三〕此際為人子，惟宜養老親。捧書須日月，〔四〕不敢為他人。

罷酒

孤村表明月，通川落夕陰。一時無際會，千固遂銷沈。碧酒挾愁坐，紅鐙强夜深。愁人不忍度，蕭瑟莫於今。

〔一〕「亦」，張本作「赤」。
〔二〕「忍待好」，底本注：一作「容與視」。
〔三〕張本注：「英雄云云，史公來書中語。」
〔四〕「須日月」，張本作「三過讀」。

遠途

何所不聞見，情人難木雞。虛驕吾豈敢，外物未能齊。忍垢亦傷命，和光有不提。遠途終得到，此輩謂之迷。

命中

命中非弓矢，惟珧不足憑。麗龜雖絕技，飲羽亦精誠。眼底無人馬，鈹頭要死生。只知天策將，差可長孫晟。

野發

黑厭雲巒閃，〔二〕明遲烟水憐。憑心難顧盼，失氣向山川。柳拂殘星左，鴻投曙日前。晨鐘輕盡處，聲與白徐連。

題簾上畫鶴

塹稅仙人駕，臨風靜寫神。彩鸞難並立，威鳳比孤臣。浩蕩滄洲想，喧卑飲啄顰。道心朝旭上，丹頂映其眞。

〔二〕「閃」，張本作「悶」。

題芙蓉

謝詩稱藻豔，楚賦愛芬芳。貴幕當誰共，仙城獨自狂。飛揚帝闕迥，唱和御池涼。筆墨聊皴染，高才試劍芒。

白菊

有覺空庭雪，多聞滿架花。卽光深不露，非色變無涯。高朗搴眉目，芬葩横齒牙。寒花組密綉，知白獨貧家。

有送來紅雀一雙戲爲二首

遺我雙紅雀，丁寧換鄙書。家雞吾豈敢，野鶩意何如？羽翼誰當假，飛移帝頡初。墨花能作穗，飲啄莫愁余。

挂向高槐上，不教風雨傾。〔一〕盡情休顧畏，好語自如今。美酒呼香菊，眞珠濺綠陰。主人無近翫，何必減修林！

〔一〕「傾」，張本作「侵」。

知否〔一〕

生死汝知否，卽於今日埋。蘂纔不料理，書漸得安排。沙草成寒葩，禪單過早齋。沿溪花尚好，不誤曳青鞋。

骨借青蓮土，心能安穩迴。陽春新草活，冰雪正花開。粉黛不將去，精神莫再來。病忙今似省，吟興豈須灰。

苦

苦不敢人告，愁何得我寬？杯盤愈坦易，夢寐轉艱難。漸喜因商穢，猶多敗筆瞞。形骸一如此，委曲累心肝！

難

料決無知己，時難有眼人。安知千載後，不是再來身。風虎虧時命，雕蟲付日陣。上乘不許結，專結子臣因。

驚鏡

新雪驚明鏡，疎鬢白幾絲。丈夫忽然老，泣下莫之知。書史古人誤，心肝今日癡。支吾兒輩覺，

〔一〕張本題下注：「長芳云爲妾某作」。編者按：「長芳」疑爲「長房」之誤，「長房」指傅蓮蘇。

細數海棠枝。

裂石祠前三首

裂石不來久，忽然今日來。高松肅廟砌，老柳媚山隈。泉響綠烟裏，雲飛黛嶺開。老僧憐故舊，茶果頗安排。

情事寄雲外，心緣到柳前。游魚分碧藻，高鳥貼青天。遠月蘆花後，微風芳草邊。蹔時停屐齒，著處取留連。

山色新沾雨，空青撲面飛。柳條無力量，花片有情微。河上停輕屐，沙邊曬敝衣。歸來閉小院，晚磬度依依。

崛𡾊崖連理柏

佛性於何見？卽於連理枝。同根香抱命，一雨綠生時。至意何疎密？人心感合離。定然榮底是，信及更無疑。

卽事戲題二首

不知老夫字，果得濟人貧。野鶩如能愛，飛蚨與作因。纖濃生障礙，眞贋惹微塵。吾解吾書拙，詅癡笑殺人。

戲睹得鶖眼，仍爲作鶖書。誰能通大幻，我稍悟眞如。〔二〕灑水憐鸜鵒，窮人化蝨魚。單衣纔至骭，貪福莫虛徐。

卽事二首

這是甚麽事，豈容門外人？不知藏馬脚，竟敢鬭驢脣。莫怪如來怒，還偏釋子嗔。休將好鞋底，與彼拂微塵。

成佛何其易，文人眞個難。闠闤手空好，外道膽虛寒。安分蒲團上，休將佛子瞞。若能信得及，許汝住阿蘭。

論文四首

皇天秘典誥，不肯作之師。拾誦猶淵博，〔三〕通經判獨離。鑿輪傷穆穆，握槧喜卑卑。倒海看神力，雕龍雲雨隨。

空言猶嫉妒，實事豈能同？不發山河氣？何爭筆硯雄？乞靈無特達，伐塚有遺風。揚采將來事，垂天吾道窮。〔三〕

禮樂被迂腐，詩書養亂臣。丹青偏汨沒，粉黛遞因循。世不唐虞問，人爭黼黻陳。高才難續火，

〔一〕「悟」，底本爲「悞」，據王本改。
〔二〕「拾」，底本爲「恰」，據張本改。
〔三〕「天」，張本作「文」。

媪娖有傳薪。

夫豈無佳句？心肝不可知。今茲乘氣運，寰海上詩詞。痛飲離騷竊，悲歌慷慨欺。友生寧廓落，倡和有當時。〔一〕

哭壽元弟十三首

伯母棄汝早，吾母亦遺余。祖母齊抬掇，慈恩費拮据。亂離同被臥，嬉戲十年餘。最痛因貧賤，楝榹頗廢書。〔二〕

長安郊郭外，貴黶何曾看。只爾十來日，已知邊塞寒。平平了不作，遠遠意無端。竟是風人致，於今得此難。

以汝之才論，其何減惠連。通篇有不彀，幾句儘堪傳。門第生矜貴，〔三〕壺觴量獨偏。近來書更好，不料絕今年。

小楷愛遒媚，專心習破邪。嬾殊爲役少，力漸古人加。黑析連行雁，毫枯共萼花。所抄高士傳，風度見吾家。

忽忽於今在，癡癡還當眞。尋常因酒病，早起沒精神。貧賤難如意，沈酣不顧身。猛鷙生死隔，拍案淚沾巾。

〔一〕「有」，張本作「省」。「倡和」，底本注「一作率率」，張本注「一作牽率」。
〔二〕「楝榹」，底本爲「棟椽」，據王本改。
〔三〕「生」，張本作「習」。

麯先六月六，平旦井華挑。密袋專絲撿，新壺屢樣銷。關心修酒榨，著意洗糜鍬。釀事聞人說，無從熱淚燒。

顧盼接嬌女，艱難來小村。歸寧無著落，哭罷復關門。可怕遺孤病，言要司命恩。迴惶忘痛楚，顛倒愛生存。

四月天初熱，新涼換竹簾。當楹設小案，早飯共茅簷。生菜催人洗，熏香自取添。阿奴好整頓，誰復喜沾沾！

古有再生者，今何不活迴？危疑已不救，惶惑在方纔。汝若臥牀久，病多幾日來？得將人力盡，稍可此心哀。

失母吾憐子，遺孤復汝兒。殷憂方不歇，婚嫁畢無時。衣食正非慮，情懷何以支？悲來生感激，焉用丈夫爲！

晉祠悲往日，汝病借人房。得汗寒邪解，初聞飲食香。弟兄同叔侄，歡喜更淒涼。想到漂流日，於今更斷腸！

坐吾未修福，使汝只愁窮。書史親無假，饑寒愛不工。情華如慧命，書種獨微躬。誓以不貪力，來生兄弟同。

不敢開門看，青青見紫荊。空庭人不在，幾日草齊生。政可乾坤活，而先性命傾。傷心無過此，隱痛更難明！

贈戴符公先生

破琴貽耿介，奪席愈專攻。危患臣兼子，憂虞孝作忠。古人局膽識，學術妙圓融。亂世難愉色，先生不辱躬。

爲友書扇

外侮遝至，心手互違，草草博笑，其忙遽之狀見乎言外，卽已面見，非復諼言。

孔加衝雨到，顧我藥壺中。銀杏添茶韻，冰絲削藕空。逭遑酬筆債，促迫落花風。自恨人難遠，家雞轉不工。

疾中看楊生揭乳皮既賦十六韻自怡已復得八句

玉蝶拖黏粉，冰蠶煮斷綿。露蜩承翼薄，月蚌弄珠圓。凝蹇神如此，浮沈理亦然。端端看巧掇，貪取爾心蠲。〔一〕

題石〔二〕

但是陂陀石，頹唐總可人。風霜容磊落，煙雨澹精神。不爲孤花壓，誰能亂木因？點頭汝信我，各各會其眞。

〔一〕「爾」，張本作「病」。
〔二〕劉本注：「詩在冠山巨石上，商喜刻。」

掩卷四章〔一〕

漸次書難讀，幾行背已疼。紅鐙教夢恕，白日愧閑容。性不儒生喜，時何策士逢。忽然雙淚墮，吾道竟何從？

揣摩非記誦，挾册看流雲。老肯安衰憊，心殊異博聞。古來多治亂，時事尚紛紜。行遠無卑鄙，高才豈不文？

焉敢貌諸葛，單爲梁甫吟。寡聞難藉口，一看可傷心。再不攤書卷，如何遺陸沈？亂離忍垢恥，容易至於今？

冀望極傷氣，知名大累人。通身不打料，交手忽如神。史册生精彩，龍蛇見屈伸，躭躭豎寒脊，擲筆失酸辛。

代盆之歌〔三〕

小院丁香樹，開時住別人。一哀猶盡意，忍痛更傷神。手足頽然重，堦墀困此身。今年殊不想，乃爾過陽春。〔三〕

花底噉粗飯，花陰覆小盤。老人易饑飽，中饋愈艱難。舊酒傷紅苦，新虀感綠寒。一匙盛暗淚，

〔一〕此篇錄自傅慶編我詩佚存抄本，藏中國國家圖書館。

〔二〕此篇錄自山西博物院藏傅眉手稿詩册，由白春娥釋文，曹玉琪重校。張、劉、王本我詩集收錄，均題作「悼亡十二首」，并署「乙卯」二字。

〔三〕「一」與以下「二」、「三」等爲傅眉自注順序，傅山全書初版本未錄，據手稿補。下一篇同。

雙箸撥辛酸。二

痛處易聞道，兼能uniform性靈。乃如孤鴈過，不喜此時聽。遏遏迷花白，冥冥悶柳青。曠然諸苦息，覺我在空庭。三

虛室空如此，盈粱塞亂愁。往來無的的，飲食亦悠悠。崖雨雜風至，林花似雪流。會知恩愛散，少使寸心休。四

有如莊子者，而始許之歌。爾若稍聞道，吾當略可過。痛將嬌女抱，愛向去時多。自謂不能達，達人其奈何！五

勞夢見燈厭，吹燈心更明。微軀雖不動，細想入生平。不覺此時苦，而如家舍成。翻將煩惱結，驀直到雞鳴。六

生怕聞人哭，偏偏鄰媼啼。整難三夜睡，亂緒一時齊。哀迫柴荆過，聲隨風雨西。擲心愛網外，盡力苦中提。七

合歡到今日，恨不見先姑。轉徙饑寒歷，糠糟歲月逾。幸猶依祖母，還見舊規模。汝若生天上，承顏要婉愉。八

何者爲身本，因而著愛根？法心熏去在，性命護生存。離亂今無累，緣空感汝恩。當于成道後，伉儷誼猶敦。九

卽于此際論，爲有復爲無。罣愛非眞愛，凡夫豈老夫！所悲生死聚，纏縛婦人殊。誓願偕離垢，來成金色軀。十

粉黛不深好，荆釵勸總持。中厨見實相，酒食利修爲。有漏煩疇昔，無生歇此時。如賓由法忍，吾敬汝當知。十一

不是形銷鑠，中心有變渝。愛離猶晏爾，陰入見刑于。以此知情篤，奚其作想迂。嗒焉眞喪偶，無色證須臾。十二

讀天生楚中雙鶴詩依韻有和〔一〕

佳句籠江漢，烟霜兩鶴來。似聞天外唳，下舞故人杯。旣去遼東遠，如何砂磧迴？當無羽駕者，翻翮覓高才。一

矯翼皆鷟鸑，于何索侶儔？詩無江上格，〔二〕題遍酒家樓。〔三〕近翫防人狎，昂霄畏骨柔。風塵憑一睫，人類炤中州。二

幸于琴上別，哀響幷幽蘭。更甚堯時冷，如今際沍寒。明心成獨苦，宛頸不同歡。怕露凌霄志，深藏徑寸丹。三

風雲萬里力，滄海一時心。相嬾神仙授，迂還大將尋。衞軒兔宿昔，秦唳喜于今。休在鷄羣裏，昂昂負苦吟。四

碧膝青田種，參墟威鳳鄰。得逢靈囿日，不減帝鄉春。丹近花梢艷，〔四〕明趨池水新。無爲貌清隱，毰毸傍松筠。五

纔讀鵷鶵賦，先能王佐期。具微鸞鳳體，亦可帝庭儀。側捲層雲過，虛開偃月遲。氍毹猶尙可，

〔一〕此篇錄自山西博物院藏傅眉詩册手稿，由白春娥釋文，曹玉琪重校。張、劉、王本我詩集收錄，「讀」均作「見」。

〔二〕「江上」，張本作「崔顥」，張本乙本改爲「江上」。劉本校注云：「江上一作崔顥」。

〔三〕「酒家」，手稿又作「漢陽」。

〔四〕「梢」，傅山全書初版誤作「稍」，據手稿改。

無若卵生爲。六

浮慕仙胎者，庭墀儘稻粱。客來從鄙俗，驅迫壓當行。悶悶氣爲短，悠悠難見長。潛于人散後，振翅抖秋霜。七

一贊殊悲憤，吾憐庚子山。陳思樂府内，取意斷章間。異域離羈旅，芝田勝往還。性情明白極，幾句便開顔。八

最小雕蟲技，鷩鳴恥拾餘。籓籬馴狎慣，海嶠奮飛疎。明遠時猶遠，喬如盛莫如。客遊梁宋異，飲啄費踟蹰。九

隻身棲偃蓋，百尺臥松蘿。寧拙爲時少，無調取世多。風難君子化，尻似舍人何？誣若呑腥腐，神山不可過。十

銜藤誰博物？拔毚感知微。湖海人如在，遨遊願不歸。去非饑飽論，義豈主人違？肯向階前老，先鳴海日暉。十一

鼎湖黄帝遠，不忍問崆峒。迫詠遺瓊日，威思獻血風。淮南猶有藥，朔北厭孤蓬。共賜爭幽勝，何如會洛中！十二

橋上〔一〕

揣我亦何念，度橋愁不醒。情至癡延眝，知爲誰竛竮。柳煖春風急，月飛鴻雁鳴。丹霞映晴雪，夜紫來冥冥。

〔一〕　此篇録自張本我詩集卷二，他本未收。

歸翼二首〔二〕

幾日窮歸翼，生心看一般。陰晴忖日落，遠近量林還。億暗離邊月，先昏過小山。浮雲雖錯料，止足自防閑。

亂雲紿汝輩，參錯使之陰。豈易言棲託，無猜還舊林。早歸非失計，腐粟莫懸心。日照覆車處，車傍具陸沈。

遣悶三首〔三〕

落日不欲下，猶憐物役人。孤光何眷眷，往業又逡逡。不及此生快，無知奚報身。紛絲難換眼，强取水華新。

所期不必愜，心亦須之寧。疏杞翹寒紫，柔煙梗斷青。偶於霜葉聚，拾得翠兒翎。微物文如此，人何草木零。

昨日之江注，推遷又以移。蒿萊非我路，荒梗故園宜。避辱已蒙垢，知機不至危。歸來香晚飯，冬韭慰饞脾。

提之索拙作，為書此數章詩，不足觀，安貧作人，或當稍有益耶！

〔二〕此篇錄自王晉榮刊小傳我詩集卷三，他本未收。
〔三〕此篇錄自王晉榮刊小傳我詩集卷三，他本未收。

和子堅王先生中秋限韻二首〔一〕

亂離貧迫欲廢書，楝樾先生以為不可，卽取金扇寫詩見勉，且曰：「汝若無成，王子堅為不知人！」余學仍無所成，先生已作古人二十餘年矣。言之酸鼻，因憶書二章於此，以誌知己之感。

寂寥東郭夜，我輩過中秋。俗客此時散，荒亭作久留。果然懷抱合，特達月來投。不爲村醪密，心還興會稠。

多是酒闌睡，誰能心上明？玉樓可以到，桂樹許微行。冰雪肌膚變，風霜羽翼生。飛形萬里外，看月與雲爭。

追憶往昔歎息今茲始哭子堅先生十首〔二〕

身長不五尺，短小氣無窮。慧解先眉目，精神隱異同。故常眞處勝，語或誕時工。快士無留賞，庸情妄折衷。

軍敗一齊死，原心有重輕。絕裾懲老母，牽率悞先生。誰肯恕賢者，人私快不平。亂離多怪事，存沒出人情。

豈無皮相好，終是不心憐。前輩多裁抑，先生獨眼偏。齒牙要歎取，口實綴詩篇。淚始於今墮，

〔一〕此篇錄自王晉榮刊小傳我詩集卷三，他本未收。
〔二〕此篇錄自王晉榮刊小傳我詩集卷三，他本未收。

粗疏悔少年。

抽思逐境遠，悶悶失於今。覺是先生在，花還小院深。性情明白苦，排遣不訪尋。夢根雖顛倒，醒時悲不任。

撥遣醒時易，安排夢寐難。魂交露眞際，悲苦更辛酸。知己言猶在，高明骨已寒。生存交憒憒，死歿映心肝。

纏綿無夢覺，陳迹解新愁。保券來苛細，圍棋忍怨尤。壺觴不作爾，傾酌見風流。想到過人處，憂心稍稍瘳。

花林明戶牖，簷外酒旗流。茅店仍疇昔，江河邈舊游。再來蒙垢恥，趨迫失優柔。峪竹有何好，人無王子猷。

才人天性篤，豪傑始心虛。元歎分名字，公孫許贈書。少年喜慢罵，今日定何如。間執庸人口，其餘不問渠。

頗惜生存懶，書難董督抽。有時翻架上，脫復置牀頭。詩句會當妙，心肝不肯歐。今人欺筆硯，歐染總蒙羞。

誰起高才問，卑卑牆堵多。芳華今蕪穢，鷹隼寂山河。卽以臨池論，人誰三折波。商諸胡季子，當謂我如何？

忍饑三首〔一〕

拔劍亦云快，出門未必强。人情苟不合，草木備荒涼。口腹安其節，饑寒習以常。粗人餓不慣，醉飽意飛揚。

專專得上策，只是閉柴門。忍餓寧爲腹，懲羹不負言。甘肥戕口入，鄙倍向人噴。仁義驕羞語，吾爲達者論。

貧也原非病，誰何不曰迂。須眉生濟物，忠信措吾軀。此豈易衣食，還當飽餓夫。四豪門下客，那得不皆奴！

辛酉西村小園籬菊十章〔二〕

日夕霜氣重，寒花舒緩開。光徐明月並，香敢逆風來。物性原慵懶，人心遂錯猜。安排過暮遲，忍地自培栽。一〔三〕

老菊久經歷，吾籬安異同。柳條愁暗綠，杏葉强寒紅。花朵憎修飾，枝梢總不工。從無寒儉態，平等視秋風。二

受命未嘗傲，誰能稍變更。陽春有零落，霜露亦滋榮。幽意適然展，衆芳當不爭。素心仍舊澹，

〔一〕此篇錄自王晉榮刊小傳我詩集卷三，他本未收。

〔二〕此篇據山西博物院藏傅蓮蘇抄本整理。抄本注：「濁丹辛酉西村小園籬菊十章，機杼又稍變」由張秀蘭釋文，曹玉琪重校。張、劉、王本收錄，題作「西村籬菊十章」。

〔三〕「一」與此後的「二」、「三」等爲傅眉自注順序，傅山全書初版本未錄，據手稿補。

一倍避崢嶸。三

氣運會當爾，芳菲皆自然。神全霜降夜，特達雪晴天。翻以寒蕪盡，因於百草憐。深根遲鈍慣，不屑故翩翩。四

界限日加密，藩籬時似疏。雜賓來不斷，一概任何如。惔惔泛餘酒，虛虛映借書。空言多矯激，老我久消除。五

物情荒汲汲，時至倚悠悠。雨露偏爲喜，風烟定是愁。既難期旦暮，總不眄高秋。摛布芬芳遍，精神依舊收。六

不敢百花候，希求老菊新。猶蒙熱後急，暫托冷時親。意向料先背，榮枯外此身。但餘調護在，愈益恥驕人。七

未肯壓衰草，還能苦横枝。朝暾停半受，新雪不教知。物我齊寬裕，陰晴一坦夷。明年汝先綠，應念共寒時。八

花底休枯寂，中隳忌太清。昔年猶特特，今日甚平平。時節無生忍，因緣異熟成。園林開淨界，霜雪斷無明。九

拂性亦傷道，寧心證菊花。明光鋤障礙，威力失風沙。不共葛藤住，豪無寸草遮。根機隨横順，獨覺且吾家。十

卽事書雪峰春扇〔一〕

城南可過者，雙塔舊伽藍。古佛寒雙膝，雪峰同一龕。最憐涇氣少，藏得藏經函。清淨法身佛，書連茶酒三。

三月四日〔二〕

此中不可居，急忙返吾盧。要伸千里志，再讀十年書。老盡方知拙，藏身且學愚。漆園有傲吏，抬我入清虛。

贈敬翁〔三〕

耳目久昏塞，心情老更慵，雲濤開碧海，烟霧見青峰。何必愁雕虎，君家應豢龍。椎成須百鍊，休露紫芙蓉。

鄙語奉贈敬老仁翁，兼博笑政。　太原弟傅眉。

〔一〕此篇據太原晉祠博物館藏手稿整理。霜紅龕集誤爲傅山作，今移至此。

〔二〕此篇據太原晉祠博物館藏手稿釋文。傅山全書初版本未收。

〔三〕此篇錄自山内観編傅山の書法，日本二玄社一九九八年版，由堀川英嗣釋文整理。標題爲整理者所加。傅山全書初版本未收。

卷四　七言律詩

龍堂

小松灌柏連山稠，白樺黑檀夾道幽。夾道石頭爭磊落，連山樓榭一風流。高岑雨雪蒼遑過，絕壁桃花仔細愁。〔一〕陰窟有龍不可狎，溼雲黏霧冷颼颼。

洞房

池外闌干蔭碧梧，洞房斜掩紫金鋪。茱萸花繞明光帳，菡萏香隨宛轉爐。歇月鏡臺瑚玳瑁，壓風簾箔織珍珠。鳳凰墮地犀紋滑，偷檢軒轅少女圖。

燕燕

春風吹斷紫蒲茸，啣入盧家畫閣中。只許遊絲飛院落，不容柳絮近簾櫳。奈何蛺蝶彈輕粉，忽略桃花撲老紅。收拾香泥勞苦罷，鏡臺偷照玉蟠龍。

〔一〕「絕」，張本作「冷」。

與彈琵琶者

搊彈本領有高低，何必匙頭嵌碧犀。〔二〕一面不須拘鶺鴒，半槽難得盡鵾鷄。春風陌上桑先發，明月城邊烏夜啼。響到木蘭花慢落，收場移入阮郎迷。

聊城道中口占

吾兒十歲遊東魯，挾册初知孔世家。驢背青齊酣雨雪，羊裘燕趙奈風沙。每逢梨棗思兄弟，到處山川問阿爺。憨笑不知皸瘃苦，柳枝弓箭射寒鴉。〔三〕

河北岸上

一萬里流微禹力，三千餘歲至今荒。龍蛇合食星辰次，茂草應侵日月傍。倒拔上天精始白，迂徐貫海氣猶黃。盡收西北諸河水，提挈朝宗百谷王。

河南岸上

立向山川開闔處，龍門竹箭下青霄。力離華岳牽秦動，威過潼關逼魏搖。千里神皋須泄穢，九河故道不通潮。於今許汝東南下，北抱平陽爲帝堯。

〔二〕「匙」，王本作「起」。
〔三〕「弓」，底本爲「多」，據王本改。

自中牟道上南望廣武

征人夜半侵星發，冰雪山川日晚貪。上黨折迴趨直北，大河飛起落東南。崢嶸不斷誰何苦，寥廓於今倍不堪。頗怪嗣宗登廣武，傷心只合取沈酣。

將至大梁

據鞍顧盼一身輕，河水高於夾岸城。神到中原開偪側，才憑元氣益縱横。四圍積草連霜厚，幾點低山與鴈平。驢背也能消髀肉，忽然萬里夜愁生。

宿大梁西郭

起伏羣鳥爭樹黑，沈雄老日過河紅。猶傳甬道滎陽北，無復屯田汴水東。冷戍角聲遲度鴈，荒城旗影貼悲風。從來只以夷門重，不同蘭臺魏國空。

滎澤二首

氣勢暫停開小縣，丸泥低影鴈搖偏。黄河斜按城樓角，碧柳周圍壩堰前。水霧不時昏北郭，檣帆頃刻上青天。同船進釅憐秦晉，寒傍風簾共酒錢。

沿河風起不開船，日落雲濤自斷連。燈火傾搖鳧翼側，魚龍窺看女牆邊。客身過險愁初放，旅枕支平夢穩眠。遊子盤餐隨處可，老人心力不堪懸。

睢陽城北十里道口

凍月不舒霜柳縮，行人歷歷過沙堤。〔二〕天從鴈背通吴楚，日傍鴉翎上魯齊。客雪白從梁苑過，鄉雲青在太行西。古人著我愁腸處，知是睢陽不忍題。

仲弓祠底

小祠可喜無人跡，神座寒容鳥雀羣。老柳半身東漢雪，荒欄四合太丘雲。先生道廣非無見，今日艱難更不聞。半畝路隅幽默地，蓬蒿根底撥斜曛。

宿宿州

棲鳥落日共孤樹，歷歷行人抱影寒。細想古人愁殺我，此時吾道故當難。徐淮梁宋昏千里，草莽風雲結一團。半背漸偎蒲席煖，〔三〕又偕明月上征鞍。

自江口寄壽元弟

一身窮苦偕吾出，四壁饑寒累汝支。獨自老人容易悶，喜歡茶飯莫傷遲。間賒碧酒邀貧客，旋買紅梨與小兒。二月紫荊香滿院，吾歸猶及盛開時。

〔二〕「歷歷」，底本爲「如夢」，據張本改。張本注：「一作如夢。」
〔三〕「偎」，底本爲「隈」，據張本改。

渡江後自石頭再寄壽元

文章儘有江山助，迂闊翻因兒女添。到膝短衣防冷脫，聱牙難字爲生拈。臨池莫節粗蒲紙，煖地須縫小布簾。江外除過三白酒，其餘只是十分甜。弟善琴，能歌，有酒癖。

句容道上

過江不敢題爲客，耳目安排心稍寬。酒店臨橋撐小閣，茶庵逼水結疎欄。〔一〕青松紅葉山山豔，翠竹黃蘆壑壑寒。雲裂鴈捎金碧綻，斷崖納月側身看。

惠山

紫藤紅樹夾亭榭，黛柏青松遶閣欄。傖父頗能憐嫵媚，吴兒別自有心肝。只將茶酒爭風味，可惜山川著氣看。食酪於今渾不病，賀循塚骨齒應寒。

覺愁

小院門開霜竹裏，一闌桂樹足淹留。忽然歲暮看燈火，始覺今年有旅愁。布被薄偎寒竈歇，酒瓶雜坐客窗頭。還趨東郭元宵夜，莫誤春盤侍勸酬。

〔一〕「逼」張本注：「一作背」。

再到金陵四首

簫鼓燈船夜夜稠，六朝都會儘風流。皇天原不分南北，豪傑齊爭得上游。京口有情還北顧，鍾陵只恨背神州。富春形勢依然在，不復能生一仲謀。

謝公不復存遺宅，丞相於何有賜田？越調悲凄流一笛，吴歌哀怨倚三絃。自知情至當愁死，只作粗人不解憐。白下尚餘千古淚，石頭更勝十年前。

龍盤虎踞興王野，紫蓋黄旗應帝鄉。劉葛心憐形勢好，〔二〕英雄眼爲别人忙。古今奇繒來吴越，水旱漕糧下武昌。江背列山重供衛，皖城西起至維揚。

洗足入船成沓鼙，纏稍踏璧罷文章。儀鸞殿冷無新月，朱雀航空有戰霜。不是高才難得豔，會須痛打意差强。江山日月原神麗，晉宋齊梁自霸王。

今夜

今夜老人應有夢，明朝遊子穩開船。一身風雪三千里，滿笠星霜四十天。丹橘黄柑隨意剖，青燈碧酒不須眠。江南粗了梅花願，再看桃花小閣前。

開舵

盈耳纔聞開舵尾，寸心已覺離天邊。赤棠烏柏隨帆轉，雪竹霜橙夾岸緣。漸入夜光烟直破，横

〔二〕「好」，底本爲「外」，據張本改。

來沙角月傷圓。饑香晚飯三更後，冷豔紅燈照客船。

京口渡江

江水江雲江色變，滿江櫓棹撲江隄。白來雲雨風波合，黑逐菰蘆萑葦迷。遠浦先晴明桅外，小山猶溼趂窗低。〔一〕翻翻日脫魚罾上，〔二〕側側帆飛鷗鳥西。

雪晴遲渡臨淮郭口

酒壚先有朝烟起，渡口心情向酒偏。晴月反寒漁火後，暮船猶滯雁沙前。〔三〕夾河溼霧粘荒草，疊嶂精神透冷天。不料冰霜風雪裏，一連作客兩三年。

將到

青寒故國聞歌喜，夢裏風塵拂布衣。漸見小村榆歷歷，熟諳幽巷柳依依。厭煩橘柚江潭客，思想葡萄臘月歸。兒女不知今日到，試將吴語叩柴扉。

〔一〕「窗」底本爲「囪」，據王本改。
〔二〕「上」，張本作「外」。
〔三〕「滯」，底本爲「帶」，據張本改。

過韓侯嶺二首

夾隘陂陁紫土深，忽然起眼爲淮陰。幾行鴻雁隨開闔，一陣風雲過古今。河外漢軍猶未渡，平陽魏豹已成擒。塹時得駐英雄馬，遂使岡巒氣不沈。

東嚮何容事久稽，漢家斧鉞上壇提。出秦卽復仍趨晉，破趙因而遂下齊。號令合圍垓下後，精神迴看漢中西。山川多被庸人誤，別逕寧教草木迷。〔一〕

冷泉關

幾尺關牆沙土平，關門樓櫓傍河傾。冷泉不見旌旗度，蒿澤俄聞鼓角鳴。共慨古今同寂寞，何如當世立功名？試看搖落隨霜草，衰柳無人問死生。

從蒲阪望河外

東向開關是已非，崢嶸寂寞動朝暉。氣屯千里河聲緩，雲擲三峯岳影飛。且置當時天帝醉，只今誰得聖人威？富强形勢烟霜横，隔岸秦風上客衣。

中流覽睇

帝王都會夾河雄，混合秋空萬里風。秦漢烟雲連渭北，唐虞日月在蒲東。當關斷雨批分緑，兩

〔一〕「別逕」，張本注：「一作奇道」。

岸飛霜一概紅。大禹不教元氣泄，中條太白與天通。

過長平秦趙戰場之間得三章焉

傾國重兵爭要害，將軍枹鼓係存亡。雲前趙血孤城紫，沙裏秦人戰日黃。白起暗來無敢洩，廉頗再至亦須防。豈容枕息邯鄲外，西上臨洛卽虎狼。

敢有旌旗摩澤潞，豈無鼓角震邯鄲？竟來三國膏肓地，直上中原背脊看。卽不代韓先受禍，何能與趙坐相安。鄭朱弗出虞卿媾，不信秦人敢暴殘。

秦王顚倒多奇略，六國偷存怨暴强。共看公然居上黨，〔二〕無聞間道襲咸陽，古來離合君臣際，偏是英雄性命當。思用趙人空至老，猶能上馬愈悲涼！

秋雨感懷

秋雨深深槮綠陰，河橋傾倒碧沙沈。黄花一半連泥溼，紫蓼分披滿水浸。〔三〕寒竈烟遲難灼火，空牀香少抱孤衾。此時最是傷心處，暗暗黃昏淚不禁。

〔二〕「居」，張本作「趨」。

〔三〕「滿」，底本爲「□」，據張本、王本補。

頃徐中丞以雙鶴餉高使君欽如招飲席上賦美之郎送入覲二首〔一〕

松嵐乍脱紫虬枝，柏府移來白雪姿。部鳥懷音俱遠響，屏雲樹羽亦同時。天邊八座驂猶待，月下雙霓舞不辭。更倚高樓承綵躅，臬署在黄鶴樓側。仙人風笛慰相思。

瑶池逸翮不須招，渤海清光迴自調。欲借丹青生衮繡，旁垂文彩照賓僚。花階分啄霜威近，粉閣同鳴霽色遥。咫尺使君瞻鳳闕，從容騎汝上青霄。

乙卯春興〔二〕

河明一片青青裏，遠色低圍鴈外山。雨氣不離花樹後，春風只在柳條間。鼓鼙偓促生憂怖，〔三〕屐齒登臨倍等閒。獨自精神新日月，上春遊眺下春還。

壬子八月十五二章〔四〕

亂離二十九中秋，著處隨緣作滯留。財不多年僑石艾，只如昨日在仇猶。西河旅食移村落，東郭遷延又小樓。天地若何吾竊悟，霜華不向月華愁。

〔一〕李天生受祺堂集卷十七也收有此二首詩，未知確爲誰作，待考。
〔二〕此篇録自山西博物院藏傅眉手稿詩册，由白春娥釋文，曹玉琪重校。張、劉、王本我詩集收録，均題作「春興」。
〔三〕「促」，手稿亦作「齪」。
〔四〕此篇據山西博物院藏手稿整理，由張秀蘭釋文，曹玉琪重校。張、劉、王本我詩集題作「中秋二首」，詩文與此有異，兹附於後。

不將索寞與心期，寄興於今愈益癡。壓樓細膚挑紫索，滿盤香乳撿黃梨。燈前小院瓜開早，樹裏東崖月上遲。漫打泥頭傾琥珀，祖孫父子夜深時。

附：中秋二首

不將寂寞與心期，買得葡萄一兩枝。壓按新鮮團露果，滿盤津潤拾香梨。燈前小院瓜開早，樹裏東崖月上遲。漫打泥頭傾琥珀，祖孫父子夜深時。

亂餘二十九中秋，着處隨緣作滯留。纔不多年僑石艾，只如昨日在仇猶。西河旅食移村落，東郭遷延又小樓。自分此心愁已足，霜華不向月中愁。

九月杪夜獨立〔一〕

忽聞鍾磬三更後，獨立欄杆十月交。雪滑月尖搵死樹，〔二〕天寒斗柄入空巢。〔三〕傷心老大知無用，快意乾坤又不教。〔四〕翻賴太陵能善我，〔五〕心肝彊冷欲誅茅。

〔一〕此篇錄自山西博物院藏傅眉手稿詩册，由白春娥釋文，曹玉琪重校。傅廋編抄霜紅龕集佚存收錄，題作「九月杪夜獨立崛嵋」。
〔二〕「死」，手稿又作「老」。
〔三〕「入」，傅廋本作「戴」。
〔四〕「又」，手稿又作「似」。
〔五〕「陵」，傅廋本作「林」。

畫柏寄山中友人〔一〕

百年贏得此心堅，日逐風霜雨露前。剩有美陰來覆地，留教直幹待參天。山中衹合幽人侶，世上都無俗子憐。不到歲寒人不見，從他桃李日翩翩。

除夕〔二〕

冬日已過又逢春，寒暑頻催多病身。半世文章真潦倒，三年冷暖世間人。枯毫染盡乾心血，窮愁老尚戀儒巾。勞薪豈是全生計，白首而今始厭貧。

初度不懌〔三〕

年年人日逢初度，今歲逢之無好懷。誰將柏葉添新鬢，賸有梅花入坐開。詩句無從愁遣興，文章虛負聖明裁。疇云晚節精神健，華髩難禁老更催。

閏月再逢初度〔四〕

一年兩度逢人日，人日兼逢兩度春，白髮偏生愁裏客，黄花新折少年人。野多離亂添悲壯，門

〔一〕此篇據太原晉祠博物館藏手稿釋文。傅山全書初版本未收。
〔二〕此篇據太原晉祠博物館藏手稿釋文。傅山全書初版本未收。
〔三〕此篇據太原晉祠博物館藏手稿釋文。傅山全書初版本未收。
〔四〕此篇據太原晉祠博物館藏手稿釋文。傅山全書初版本未收。

少賓從絕世塵。老病年來惟擯棄，繙書轉覺性情眞。

鷹雞〔二〕

白雲朱冠兩逗奇，羽毛輕點墨淋灕。倚囪烏烏分明見，掛壁蒼鷹定不疑。夜半早啼驚欲曙，秋風不動意何遲。何當吹起劉昆帳，卻與祥鸞威鳳齊。

卷五　排律

七夕〔三〕

離合猶今昨，悲歡又歲周。佳期遲不錯，歸促預爲愁。亦既停無幾，安希稍作留。橋梁平緝緝，車駕莫悠悠。有累虯龍待，頻煩烏雀羞。機絲應未冷，邊幅亦須修。豈似張皇者，終能耐到頭。〔三〕成功爭徼幸，先事恥夷猶。冒冒多如此，〔四〕單單或不酬。〔五〕姑容還可用，反覆最難收。性命陽要約，

〔一〕　此篇據太原晉祠博物館藏手稿釋文。傅山全書初版本未收。

〔二〕　此篇據自山西博物院藏傅眉手稿詩册，由白春娥釋文，曹玉琪重校。張耀先刊本收錄在傅山霜紅龕集卷七中，陳監先先生墨筆眉批：「壽毛先生之作，誤編。」劉、王本均收錄在我詩集中。張、劉、王本均題作「七夕三十韻」。傅山于手稿題下注云：「小石詩」。

〔三〕　「能」，手稿又作「當」。

〔四〕　「冒冒」，手稿又作「際遇」。

〔五〕　「單單」，手稿又作「憂勞」。

深恩結怨尤。〔二〕時時承譃婉，〔三〕日日與陪游。枕席何兒女，君臣徑寇仇。神靈無茲恨，〔三〕世界不同憂。想到玄情極，言歸始意遒。〔四〕至誠知决絶，迂闊顧優柔。變化尋常處，〔五〕開荒萬一由。〔六〕連宵忽泛漲，十月不通舟。天上無洪水，人間有横流。陰陽稱不測，晷刻被人謀。何貴玄黄邃，因循運會休。斡旋誰定委，造物豈容偷！顛倒偏參鞲，乖違獨女牛。情憐眞繾綣，〔七〕眷顧實綢繆。河恕東西岸，街嚴南北陬。豚蹄良可笑，瓜果與之侔。巧觖針尖嗇，心奢綿疋求。文章從瓠落，倜儻冀分投。忍詢風雲候，〔八〕誰云匪我秋！〔九〕

修竹

閑居日清静，修竹自檀欒。嫩節留餘簭，新蕟出舊欄。細枝風響亂，殊影月光寒。樂府裁龍笛，漁家伐釣竿。何如道門裏，青翠拂仙壇。

〔一〕「結」，張、劉、王本均作「給」。
〔二〕「婉」，手稿又作「笑」。「譃婉」，張、劉、王本均作「顧笑」。
〔三〕「茲」，手稿又作「此」。張、劉、王本均作「此」。
〔四〕「歸」，手稿又作「回」。張、劉、王本均作「歸」。
〔五〕「變化」，手稿又作「破料」。張、劉、王本均作「變化」。「處」字，視手稿，或爲「外」字。
〔六〕「開荒」，張、劉、王本均作「荒唐」。
〔七〕「情」，張、劉、王本均作「請」。
〔八〕「忍詢」，張、劉、王本均作「堅忍」。
〔九〕「匪我」，張、劉、王本均作「非素」。

别怨

蕩子輕離别，憂思滿洞房。香奩乾翡翠，錦帶落鴛鴦。舊帳深於夢，荒琴不可張。殘星陪冷席，孤月浸空牀。被綻芙蓉折，鐙明菡萏凉。花烟昏半院，幽月淡高牆。屈戍連殘雨，闌干列曉霜。梅花欺點靨，萱草競塗黄。罷鏡飛孤雀，添爐絶異香。鬢鸞飄旁翳，髺鶴委嚴妝。粉匣金蠶死，釵籠玉燕亡。奈煩誰戶牖，嬾復待堂皇。寶璲憎鷞鶄，珠籠厭鳳凰。溼雲津柱礎，芳草定池塘。錯彩衫緣脱，金條裙衩長。薄寒侵繫臂，微減覺衣裳。獨自凴高閣，生愁支綺窗。閨人頻遠望，之子竟無良。長路幾箭地，黄河一葦航。蒼蕪歸鳥急，白日下垂楊。今夕知無益，明朝又斷腸。

哭尹夫人興縣尹賡虞之祖母康氏。〔二〕代作。

星宿天孫去，崑崙王母還。李花俄百歲，竹杖入三山。氣冷石樓側，風悲河水灣。母儀存口實，閨訓在人寰。瓦解爨宫壞，翬飛指顧間。泮芹仍舊碧，池水破新環。嘉俠幡然舉，諸生竟不關。美談知俎豆，文學屬釵鐶。孫子今千里，貽謀見一般。芝蘭時返睇，繐帳定開顔。霜髮猶疑見，霞裾不可攀。未亡酒掃苦，莫過老人艱。素旐飄邱隴，哀歌動市闤。吉占專締構，遺範尚幽閒。執紼躬親至，盈襟淚已潸。蔚汾蕭瑟處，松柏盡班班。

〔二〕「尹賡虞之祖母」，張本作「尹中丞妻」。

賦得深柳讀書堂限韻遺暑。

羣木猶未動，合抱早淩虛。析縷難疎密，分條有疾徐。人間萍卽絮，怪事葉爲魚。物性能遷植，星精賦始初。沃山青筆研，巫峽碧衣裾。敢累蕪詞喻，還堪豔體如。換鞭猶嫵媚，吹笛剩殘餘。不向東風裏，空哦糟粕書。

再賦前題

髣髴忘憂館，琅玕散衺書。篆文纖葉似，窺月翠欞虛。槐市名何俗，楸根蔭不如。肴味濃鷃鳥，寒光碧蠹魚。批帷恭月遇，拂案緒風徐。借色偏青眼，無心奈染裾。吹香嘗酒日，映雪絮飛初。人間清漪絕，陰陰綠雨餘。

困坐崛㠑阿蘭門外至暮

嶺背松杪露，〔一〕幽興使余趍。樓閣忽然見，精神十倍逾。往來形已妙，出入息猶粗。膝貼青苔上，心安白日隅。疲勞與道合，獨覺去人殊。竅外諸緣散，環中勝業孤。身光映草露，空翠灌醍醐。涼入知吾在，虛仍一物無。鐘聲迴落葉，夜色振衣襦。饑飯寒鐙好，酸虀美不圖。

〔一〕「杪」，底本作「抄」，據張本改。

再到崛㟗

纔作西菴想，松林綠夢飛。舊雲喜我到，新雨藹然歸。谷鳥遲將接，嵓花慰久違。客心收散亂，月性見精微。獨立如今是，人間日夜非。圓燈深的的，流磬細依依。漫脫雙毡屐，徐闗白板扉。綿趺麥薦軟，膩被柏柴肥。好睡眞無待，微軀亦庶幾。蟲聲猶未歇，不覺入於機。

崛㟗雨後

安知松不夢，而謂我將來。金碧青天破，黃雲黑嶂開。〔一〕即披深草去，〔二〕于拜大雄纔。對寺無百步，吾庵門一迴。飛揚還絕壑，壹氣守高臺。村落如蘇䖂，汾河只覆杯。心肝明白在，情性不容猜。〔三〕城郭難聞道，登臨得用才。神成今日勝，覺証此時哀。〔四〕熯地隨安妥，霜皮片片煨。

讀李崆峒集

有明全勝日，馳驟大家風。高調亦恆似，微情稍異同。江河水不共，山岳氣難通。抵掌鐃孫叔，驚人自孟公。時時見子美，處處失崆峒。衆木無偷綠，殊花豈借紅？

〔一〕「雲」，張本作「雷」。
〔二〕「去」，張本作「至」。
〔三〕「情性」，底本作「性命」，據張本改。
〔四〕「哀」，張本作「衰」。

雪峯生日卽事成篇以代花供可言着否正不葛藤佛法〔一〕

可憐雙窣堵，無復馬悲鳴。拔草難經始，吞針不改更。幢幡蓮葉破，欄楯月星明。一以雪峯住，能如寶掌平。單單薄土種，稍稍短牆成。喜脱袈裟氣，深留筆硯情。不希先果證，只願有花生。老母承慈供，如來許至誠。潛知攤半滿，似不作聲名。卽此是眞實，而當竭力營。三衣多砦砦，方領略錚錚。綺語翻禪語，茶鐺可酒鐺。解容元亮醉，快作怨詩行。但得推敲穩，何妨聚磕輕。若無起舞性，焉用再聞箏！

卽事牽率只作印可偈子莫作張秀才詩看〔二〕

竟難臥病處，紅日攬塵沙。預想紺園底，層陰窣堵斜。此身原有限，因累苦無涯。木榻先支穩，肩輿若到家。雪公不住勸，冷語未嘗嘩。煩熱聞鐘減，清涼得磬加。香粳滑似乳，新豆碧于霞。甜醬椒花炒，青鹽芥葅拏。經營親爨灶，調護等袈裟。自愧惟增長，其如與道遐。梵兄情更篤，下士性難遮。痛快須堅鎧，雄心犯木乂。只番眞偓促，生死等爭差。贊公今再出，懷遠豈其賒？不爲超三界，單憐讀五車，願修來世慧，誓供住蓮華。臥病塔院，一切累我梵兄，口謝正淺。諸感實除。弟眉力疾書别。

〔一〕此篇據太原晉祠博物館藏手稿整理，我詩集張、劉、王本收錄。
〔二〕此篇據太原晉祠博物館藏手稿整理，我詩集張、劉、王本收錄。

明日將適榆關鐙下讀我雪公之詩依韻勸勉幸無中隳殘藏之舉自有因緣如來在上不負汝苦心也弟眉博笑〔一〕

今日袈裟底，誰人似雪公？眞能修白業，不肯戀家風。烟雨千峯綠，雲霞一笠紅。如何三藏去，載取大乘東。馬不來悲塔，神能勝博叢。能仁心實冷，小果意翻濃。博學貧仍舊，聲聞落假中。奇文探虎穴，老手入龍宮。愼莫疑團結，還偏噫氣從。因緣多妄語，垂阻亦休恫。且奈寒單討，何妨破袖重。風塵雖黑土，日月愛蒼松。佛性原無着，文章别立宗。遷遷人盡怪，久久自當同。只守三條服，休虧七尺躬。蓮華心不斷，荷葉耳成功。鸛偈由渠誦，鸞音我獨工。維摩牀得坐，迦葉戶從容。入行惟留實，才名豈屬空？波旬俟汝便，莫似葉公龍。

效唐制科孫武教美人戰二十韻

似聞因伍相，傳客自齊來。未解何投合，公然不見猜。美人由步伍，獨自上高臺。歌舞平時厭，新鮮今日纔。繡衫嫌舊換，錦綺適新裁。綽約旗旄底，豐穠桃李開。此傖眞幸甚，秘戲與追陪。量是初頭見，多能第幾回。防他輕薄看，定作異常猷。隊長誰當得？將軍要儁才。到翻顏色見，不假衆人推。只有君王喚，通無此輩催。戰酣奪雲雨，專寵在霆雷。更背欄杆外，還依簾幕偎。紛紜作健羨，婉轉寓奇侅。躍冶男兒拜，先期勇士枚。其如親結及，〔二〕只當出征迴。斗絕葩紛落，沈冥琬

〔一〕此篇據太原晉祠博物館藏手稿整理，我詩集張、劉、王本收錄。
〔二〕「及」，底本作「乂」，據王本改。

琰灰。吳師猶未動，楚國已先摧。決勝無豪傑，而今安在哉？

再賦前題

隊長亦亡楚，西施竟沼吳。君王明賞罰，際會在賢愚。家國興衰異，功名生死殊。美人拚性命，大將立崎嶇。何必將脂粉，因而試鼓桴。子胥謀莫展，孫武氣何粗？巾幗男兒是，戎衣女子誣。喜談懸小白，不信載陶朱。特特譏司馬，區區拜腐儒。自來心膽細，只是眼睛奴。忍恥卑文種，要名陋勃蘇。古今多汨沒，臣子不勝誅。議論從涼薄，詞章自暖姝。春秋空定例，筆削尚虛拘。佳麗今如在，丹青日就蕪。未嘗不掩卷，至此每嗟吁。妖冶何關係，斬昂付有無。書生輕勁卒，彼其笑非夫。氣怕飛揚露，心防老壯渝。支離倫脊在，卽事動憂虞。

三賦前題

古來稱豁達，兼愛帶風流。不信芙蓉落，焉知霜雪愁。既能憐絕色，復欲霸諸侯。尚謂新嬉戲，傍人又雜揉。精神束組練，輕快撿吳鈎。匌葉粘旗角，金釵刮箭頭。握零騰迅衆，〔一〕賈勇露温柔。心利鋒希選，軍容物更尤。歡娛冒許諾，鹵莽及姱修。犀導遺違拾，鸞翹失不收。幾時聞鼓角，逕使弄戈矛。稍俟分趨緩，偷將委珮摎。幾幾儂以累，的的彼之由。宿昔偏猜妒，如今誰去留？枝梧錯舞過，生想亂行休。到事君王易，還寬苛細求。令嚴回臉急，隊密側身抽。戰水慚滂浩，行雲壓逗遛。始眞處女似，終使健兒羞。請試揮驕卒，何如宮寵仇！

〔一〕劉本注：「零一作雲。」

四賦前題

闔閭如謾語，孫子已專征。臧否惟威愛，矜張慣性情。須眉無豔色，粉黛即佳兵。尚未分軍伍，而先有死生。不知寢枕畔，誰作夢魂驚。翡翠釵猶戴，蝤蠐領已攖。一身八陳備，三令五申明。魚貫齊烟視，莎隨逐媚行。捧心愁處正，垂手舞時平。侮我由中易，難伊小過更。粲然流齒瓠，復爾掩唇櫻。練影香裾過，青春薤露傾。神連垂帶悸，膽怯步搖輕。鵝鸛長纓緊，風雲窄袖縈。樞環投鼓節，束髮赴金鳴。百戰揮才結，雙甄共目成。美人如敵國，壯士亦傾城。霸主能强忍，英雄不露聲。由來逢際會，得以立功名。更覺軍容麗，行如雁柱箏。

小園限全字二十韻。〔一〕

乾坤經變亂，氣性半虧全。漸畏精神露，何妨手足胼。小園終日灌，高柳見時憐。石片粗容膝，花陰暫息肩。紫欄橋影細，黛嶺月光偏。烟雨安留滯，雲霞意接連。攖寧瓜架底，法忍菜畦邊。夙昔雖聞道，如今逕嬾禪。英雄憑願力，忠孝信飛仙。似得隨緣過，終難物外牽。處心不賣笨，淫耳厭吹鞭。學問提防退，身名一切蠲。老來惟貴後，事起孰爭先？怨毒黑龍死，空談白馬堅。重生聊碌落，觀化任茅荃。糞豕羞遺鎧，雕蟲擲彩箋。將來幾萬劫，尚爾許延年。彌勒猶能見，心王亦有權。淨明圓驀地，歡喜叫蒼天。耳目人偕眄，聾矇手一篇。

〔一〕張本注作「限韻二十字」。

隴頭限頭字二十韻。〔一〕

豪傑恥其露，安危已熟籌。庸人無可隱，治亂豈能謀？出處皆蒙垢，浮沈固足羞。即教容管仲，亦得有齊侯。烟視分庭重，風趍列國遊。揣摩誰范蔡，詞賦愧枚鄒。秦印何當佩？梁毫更嬾抽。淮南售萬畢，呂氏鬻春秋。蹈海爭言魯，談天未必騶。才名成醉飽，夢寐屬歌謳。水火惟知入，鞭笞不解愁。離騷悲浝浝，小雅廢呦呦。侍從陪臺上，何如臥隴頭？膽非弓玉竊，意在叵羅偷。術動飛箝挾，心陰厚利求。勝雖三駟取，遲尚下車搜。劍顯由司馬，錐防或李彪。古來難一鶚，大抵類千鳩。蒿逕猶靈館，柴門卽郁州。心灰寧過冷，背汗不堪流。

代父爲鄭淡老題百子圖卷〔二〕

玉樹流香瀨，春溪曳錦裙。嬌兒初學步，俊氣卽超羣。小袖風迴雪，高冠顫切雲。心花隨舞出，頤解未詩云。抱叶麒麟夢，肩浮鸑鷟文。已知能秉笏，不啻配參軍。恩愛毫端說，丹青委蛻熏。天機盡遊戲，眞幻兩氤氲。

〔一〕張本注作「限韻二十字」。
〔二〕張本題作「爲鄭淡老題百子圖卷」，并注「代父」。

癸亥季冬謝劉東軒令君送牛二十韻〔一〕

仙令憐衰憊，〔二〕雙牽子母牛。重離嘉繇念，〔三〕八字相經抽。實向維摩化，非關灌頂求。茗奴眞俊快，水厄借風流。累豈豬肝給。〔四〕清先乳犢留。棧車那忍試，蒭豆急爲謀。薄雪蒙寒脊，微霜賁嫩牟。慈根枯樹活，支段潤身周。性命如茲遣，醍醐亦足羞。煎宜蓽蔆效，術致洞林瘳。〔五〕元子揶揄苦，君夫射睹愁。業無二者慮，緣合老夫收。文繡衣知免，新研刃不遊。養生別有得，戒殺願先酬。甚喜歧胡壽，何妨鳴夜廥。相齊心已矣，速富意優柔。少少耕沙脊，遲遲臥隴頭。傳家騎法在，老氏駕方休。鞭策將焉用，韁籠總任由。春風能喘問，瓦礫病中投。

囑牛十六韻

莫自披毛慣，休迷用角長。糞壇緣有限，香草福無量。離越精修免，迦羅喜捨當。然皆不可冀，夫且莫先望。長者憐魚困，天人愍兔忙。命因箭水定，跡向月輪藏。蒭秣因心取，犁轅墮漫嘗。豬驢空念祖，象馬並稱王。忍謂虧聞性，深知具慧光。遊岩身教現，渡水業緣亡。脂軸吾猶急，涎齡汝早忘。此生聊幸脫，再轉或難防。哂謗車前戒，皮徵亂世常。臭魍佳在爛，法乳熱仍涼。大患由

〔一〕張本「癸亥季冬」爲題注。
〔二〕「衰」，底本爲「哀」，據張本改。
〔三〕「念」，張本作「驗」。
〔四〕「給」，底本爲「結」，據張本改。
〔五〕「瘳」，底本爲「廖」，據王本改。

肥腯，蕃羣要刷瘠。爲將成熟意，迂闊用蒼茫。

臥病烓傍看楊生玉芝揭乳皮十五韻自怡

膩溼霜蛾落，虛圓白螘爭。微風香雨散，寒暈月華生。龍腦飛新片，陽冰薄結成。玻璃吹不展，冰玉手攤平。外命頻資借，人誰惜至精？丹元錯銷鑠，青骨怒支撐。甘苦依湯液，酸鹹避性情。酒花醁盞厚，雲緒滿匙擎。小愈防春近，聞和一喜澋。蜂房蠟蒂淺，蟹眼泡圈縈。悔莫牀頭忘，嗔還病後輕。少年隨口入，老大愧心幷。鬢髮何時潤，肌膚豈易盈？扶衰只得爾，堅忍此番更。亂酪初禪具，醍醐爲汝盛。

飲乳訶詰二十韻

舐犢夫何怪？生犧慘至仁。獸醫周禮設，駔儈漢家臣。縱酒無高晏，朝歌厭後塵。乞兒願鄙細，釣叟豈沈淪？已矣吾衰老，頹然氣不振。卽如羸牸到，亦作上乘因。茸脊憐卷蛸，芽蹄愛碧鱗。慈心隨處驗，物性較尤純。羅漢遊山跡，明王戰鬬嗔。無非權實用，總是揭藍身。甘蔗天人種，蓮花兒女親。世間誰忍壞？委脫各因循。怨毒成深業，殷憂累老人。亂酥看小嘸，虀粥盼沾脣。妄每風霜犯，慚惟背汗頻。佛恩何者是？正見此時眞。誓願生生報，愆尤的的陳。其風如不恥，入草又從新。龍象家庭証，良駒膝下馴。義烏同骨肉，錯過泪沾巾。

戲咏報國寺古松〔一〕

癡龍懶於起，黜宕横驚人。霜雪常沾爪，風雲每護身。輪囷安老大，脱略不求伸。所幸省繩墨，〔二〕因而免斧斤。有時發故態，狂性莫能馴。經雨生新角，聞濤抖舊鱗。紛拏寒影落，赹趠往來頻。〔三〕豈敢日星犯，還偏鷰雀嗔。何妨多節目，愈益見精神。忽復防猜露，頹然混積薪。那能共榆柳，寧可近荆榛。錯節能憔悴，傍人代苦辛。逃名方以内，肯作實之賓。忍垢無高下，盤桓別僞眞。

宿雙塔院卽事再與雪兄印之〔四〕

不過雙塔院，便爾一年餘。遂去高樓遠，因移東郭居。推遷時偶至，經歷夏之初。芍藥紅乾在，忍冬青以徐。下門先索飯，據榻臥看書。情于慧細密，法廢形骸疎。殘藏按邊滿，新茶壺屢虛。紅燈照爾我，願力其何如？

〔一〕此篇據山西博物院藏傅蓮蘇抄本整理，由白春娥釋文，曹玉琪重校。張、劉、王本我詩集收錄，題作「報國寺松下裴徊有作」。

〔二〕「所幸省」，張、劉、王本作「本不中」。

〔三〕「赹趠」，抄本又作「攫搏」。張、劉、王本作「赹蟆」，誤。「往來」，張、劉、王本作「老吟」。

〔四〕此篇據太原晉祠博物館藏手稿整理，霜紅龕集誤爲傅山作，今移至此。

卷六　五言絕句

春機二首

池煗鴛鴦溼，風輕杼軸泠。誰染五色絲，教儂織春錦？
顧看雙燕子，經緯紛交格。阿婆愛細縑，買絲不簡擇。

白露

白露怪荷葉，亂傾珠子打。風飄飄團雪，飛集柳根下。

秋花

秋花著雨困，朝睡猶未醒。寒蝶夢先覺，偷過花畔聽。

皎月

即如此皎月，豈不是良宵？壺盞雖排遣，心情更寂寥。

柳枝

柳枝著霜紫，柳葉帶霜黃。猶有青青者，精神曲岸旁。

無題三首

值泉須飲馬，逢花卽舉杯。稍看城闕近，轉見風雲來。

庸才慙倚馬，小技愧雕龍。霜皋腓草木，天宇變風雲。

萬境俱是幻，諸怪豈爲眞？幻中了卻幻，始見本來身。

步虛詞八首

金盤盛玉藕，經齒青雪濺。仙人解宿酒，大嚼一兩片。

不肯離人間，只愛人間酒。偶然到紫霄，歎取不離口。

我自有羽翼，何必駕玄鶴？神仙在眼底，遊戲諸樓閣。

絳雪千葉花，茹之不知老。世人不得嘗，仙家日日飽。

寧瞰黛瓤瓜，不服九轉丹。津液滿連舌，玉隴聞香寒。

西海住元氣，雜寶成仙宮。想喫飛龍芝，卽時過海東。

玉李硬如石，玉泉洗之軟。塵寰不能食，神仙以當飯。

青雲裁爲衣，赤雲裁爲裳。凌霄唱步虛，飛來廣漠鄉。

失題

寒月炤高臺，幽光團黑樹。想思不肯來，獸立酒徐度。

手談就幽嵓，橋外無人至。一亭孤小結，那得有俗事？

卷七　七言絶句

聞笛

隴頭寒水東西流，水流明月到涼州。涼州塞上垂楊柳，春風已發不須愁。

土木河

壓塞黄雲動朔風，榷場搖曳酒旗紅。一羣駿馬三千匹，〔一〕先買椰茶十萬籠。

上罷弓絃結帶鉤，榆林火歇帳房收。胡兒不敢先騎馬，〔二〕聽放戎王響骲頭。〔三〕

白草壓風吹觱栗，青天飛雪響琵琶。一片紅旗翻黑磧，齊時放馬入黄沙。

破陣子

一匹黄驄滿戰場，牙旗輕卷出邊牆。平翻沙磧三臺雪，入破胡天五月霜。〔四〕

〔一〕「駿」，戴本作「細」，張本作「湖」，王本作「胡」。

〔二〕「胡兒」，戴本作「小旗」，張本作「湖兒」。

〔三〕「戎」，戴本作「名」。

〔四〕「入」，底本作「一」，據戴、張本改。「胡」，戴、張本作「江」。

觀妓對撥〔一〕

忽雷斜起鬱金裙，先掃巫山一段雲。月照烏孫愁帝子，天攔紫塞絕昭君。

小鳳金花壓四圍，新翻楊柳綠依依。一霎鴻鴈幾時下，兩隻鴛鴦不住飛。〔二〕

鳳凰牙子綵絲繩，邏迻檀槽夾紫冰。想見風流柴附馬，〔三〕如今零落鄭中丞。

看鷹〔四〕

鐵骨天姿眞刻薄，金眸神駿老英雄。幾聲毛摯秋風起，一掌平蕪薙兔空。

倏忽青冥飜水測，霍拳奇氣動丘陵。嬾將鈎戟磨殘血，直上燕蘱理亂翎。

不分孳孤飛黑霧，豈容摰鳥坐蒼山。周旋日月翎梢底，提挈風雲指爪間。

青鶻不少白胸饒，攫得鴾鶉嚇鷃蜩。羞共傭奴爭矯捷，等閑決背入雲霄。〔五〕

曾逐楚文遊夢澤，復隨漢武幸甘泉。如今博物無君子，不信鸚鷂死老拳。

〔一〕「撥」，底本爲「發」，據戴、張本改。
〔二〕「隻」，張本作「個」。
〔三〕「柴附馬」，戴本、張本作「謝仁祖」。
〔四〕底本詩末注：「順庵曰：原百首，得此五首。」
〔五〕「雲」，戴本、張本作「青」。

春雪

春雪增寒遲杏花，柴門偏合凍貧家。〔一〕村僑幾日無蔬菜，手翦荒畦嫩菊芽。

丁香

紫丁香雜白丁香，香駕春籬撲玉缸。半醉靈堅香夢醒，一簾花影拂書牀。

迎春花和韻二首

一段深心冷處藏，爭先條綻定垂黄。不同衆木紛紛豔，獨占和風細細香。
奇葩自負不須藏，穩取腰圍錦帶黄。先送東風三月外，高沾上苑百花香。

賦得深柳讀書堂

涎綺沈沈翡翠濛，披墳拂典緑天風。朝青東映千函紺，暮紫西通萬卷紅。

看梅

老憑竹杖送生涯，悶撥殘書嬾在家。會可前村幽信到，喚嘗新酒看梅花。

〔一〕「合」，張本作「只」。

水鳥

天寒水鳥自相依，十百爲羣戲落暉。過盡行人都不起，忽聞水響一齊飛。

村居卽事

春雲淡處雁飛還，新月猶懸遠岫間。一道一絲不罣眼，垂楊影裏看西山。
老境尋常怕在家，橫提竹杖趂春沙。崖邊一樹飛晴雪，日日邨西看杏花。

硯田三首

硯田墨債老來多，野鶩雲烟撇眼過。聊把毛錐縫袒衵，犀渠七屬也檀波。
詩書素業不能支，頻喚龍淵未必知。稱汝方剛裁獺帽，負薪才罷建牙旗。
出門入門無所之，上馬下馬不停思。莫倚鄧當作健鬭，絳滕獨自作男兒。

臨終口號二首

父子艱難六十年，天恩未報復何言？忽然支段渾無用，世報生生烏哺緣。
西方不往不生天，願在吾翁霎膝前。我若再來應有驗，血經手澤定新鮮！

蠻仔

白先生居實孫蠻仔能為人牧牛，〔一〕雇工之租卽以養其祖母，言之眞令羞死讀書人。〔二〕五絕志喟，〔三〕可謂不匱矣，故人子弟願皆如此。〔四〕

漁梁壓水杏花開。〔五〕煙雨濛濛野店灰。〔六〕想到阿爺飲酒處，凄涼牛背淚齊來。

一蓑一笠趁陰晴，落日歸時牛亂鳴。〔七〕只怕阿婆慇記我，阿婆早已出柴荆。

石稜細草割長條，石上磨鐮束餓腰。累殺阿婆思戀苦，一籃菜飯倩人捎。

膏粱滿案怕沾脣，猶道妻兒受苦辛。不念雙親飢欲死，而今儘有讀書人。〔八〕

百結鶉衣野草新，鬢邊斜插一枝春。〔九〕兒家祖德如人問，是執詩壇牛耳人。

〔一〕「蠻仔」，拾遺本作「瞞子」。
〔二〕「言之」，拾遺本作「聞之」。
〔三〕「志喟」，拾遺本作「嘆息」。
〔四〕「願皆」，拾遺本作「皆願」。
〔五〕「開」，底本爲「低」，據拾遺本、王本改。
〔六〕「煙」，拾遺本作「山」。
〔七〕「落日歸時」，拾遺本作「日夕歸來」。
〔八〕「而」，拾遺本作「如」。
〔九〕「鬢邊」，拾遺本作「桃花」。

卷八　樂府

采蓮曲〔一〕

采蓮復采蓮，佳人惜顔色。招手語遊郎，無毁花邊葉。

楊枝子夜六章〔二〕

大澤無竹枝，歡且折楊枝。湖目死蠶傍，蓮子老作絲。
蟬聯鞭影落，歡謂楊枝舞。竹笋穿黄蘖，節節爲君苦。
勿恤儂歡時，忍痛情不變。只作春風吹，楊枝拂歡面。
聞歡甚倔强，〔三〕不肯蒲伏辨。直如梁上柱，到底只短站。
聞歡歡不痛，顛倒痛殺我。楊花時作綿，爲歡徹身裹。
楊枝代蒲鞭，長抽寸寸斷。歡反安慰儂，我自受此慣。

〔一〕張、劉、王本注：「十歲作。」
〔二〕「楊」，底本爲「揚」，據張本、王本改。
〔三〕「倔」，底本爲「屈」，據王本改。

昭君怨七解

美人滿後宮，又選良家子。不幸妾薄命，備數入宮裏。一解。朝逐内人前，暮逐内人後。流睇天壤間，迺與衆人偶。二解。誰不束錦裙，各自服紈綺。日日近乘輿，至尊不作爾。三解。匈奴稱臣來，稽顙塞垣下。自有閼氏山，只是產名馬。四解。大漢多傾城，竊聞豔若此。聖人不好色，願得嫁邊鄙。〔一〕五解。問誰嫁遠人，天子似偶然。衆人方疑信，闖起離牀前。六解。漢宮不得意，使性嫁單于。臣妾原薄命，不敢怨穹廬。七解。

估客樂〔二〕

夏不維揚，冬不西涼。涼州如冰，揚州如湯。揚州多魚，涼州多羊。西羊不羶，南魚似香。花先客看，酒先客嘗。道途熟練，讓我客行。君不出門，不知四方。欒秦飯韓，櫛宋沐梁。齊星魯月，燕雪代霜。鞍韉夢寐，寒暑餱糧。北有大河，南有長江。江平色白，河急氣黃。風沒上下，〔三〕來帆去檣。奇爲湖水，〔四〕性情不常。無風不急，有風復忙。水落心展，心蹴水揚。心越水外，水圍心傍。側捲逆打，使心不防。登岸起早，〔五〕身猶杳茫。不睡不夢，不離船艙。謂君不信，容易經商。貨有

〔一〕「嫁」，戴本、張本作「姹」。
〔二〕此篇録自山西博物院藏傅眉手稿詩册，由白春娥釋文，曹玉琪重校。張、劉、王本我詩集收録。
〔三〕「沒」，張、劉、王本均作「波」。
〔四〕「湖」，張、劉、王本均作「湘」。
〔五〕「登」，手稿又作「上」。張、劉、王本均作「上」。

好落，價有低昂；人有癡黠，情有露藏；語有正譎，〔一〕眼有估量。合買共賣，分宗撥搭。打馬出運，明包暗幫。眞正生理，〔二〕還討安詳。沉馱重載，緊束整裝。天時地道，有不違將。筐匪溟渤，措諸邊牆。囊橐朔漠，販弄海洋。〔三〕千里萬里，性命抵當。廓落鞓帶，釘盤鳳凰。絲不及皮，錢比金强。嵌珠銲寶，錦襯貂鑲。〔四〕輕刀厚背，利器貴藏。〔五〕吞泉汲水，〔六〕蛟口抽光。大弰整角，長弓一張。箭幹要直，〔七〕翎華須長。〔八〕，雨簏旱罩，風溼無妨。不征不戰，紀律在央。〔九〕楚言吳語，邊衣塞裳。敢吃亂酪，〔一〇〕會嚼檳榔。交易慷慨，〔一一〕不裙不襠。君試看我，何爲故鄉！

〔一〕「正譎」，張、劉、王本均作「譎正」。
〔二〕「理」，手稿又作「意」。張、劉、王本均作「意」。
〔三〕以上四句，劉、王本把「筐匪溟渤」與「囊橐朔漠」互換了位置。劉本注：「囊橐四句，張刻倒了。」案：據手稿，張本不誤。
〔四〕「鑲」，張本作「襄」。
〔五〕「貴」，手稿又作「善」。張本作「善」。
〔六〕「汲」，手稿作「吸」，張、劉、王本均作「汲」，據文義，當爲「汲」字。
〔七〕「要」，張本作「樺」，劉、王本作「喜」。
〔八〕「華須」，張本作「毛鷳」。
〔九〕「央」，張本作「中」，劉、王本作「央」。手稿作「中」，據韻律，「中」字誤。
〔一〇〕「吃」，張、劉，王本均作「噉」。
〔一一〕「交易慷慨」，張、劉，王本均作「慷慨交易」。

卷九　賦

蓮葉兜鍪賦二篇 十二歲戲作

興甲兵之勇事，用堅金而爲胄。戴芙蕖之翠葉，壯兒童之戲鬬。跨竹馬而同曉，揚蔗戟以相助。取菱實與菇蔣，包軍中而爲糧。視菡萏之灼若，如從軍之豔妝。鼓闐闐於口中，爭斬取其花王。

爰有嬰兒，采彼荷葉。深蒴葭緣，短留莖節。倒而戴之，妙與頭貼。光則綠沈，輕非鑌銕。顧影增壯，揚眉動烈。將戲戰於水湄，儼披堅而逸絕。於是跨竹馬，揮蒲鞭，柳弓發，蔗鎗銛。鼓餘勇以逐北，歸獻功而爭先。折菡萏而發歌，斯童子之武焉。

幽懷賦 甲申四月

惟孟夏之短夜兮，魂九逝而無路。足趋跳以背北兮，〔一〕眴杳杳而南顧。吾不計夫路之曲直兮，靈魂所秉之素也。遂循道而平驅兮，逕乃有夫四歧。其北則水聲隱隱而訇磕兮，波潏潏而跳馳。東深林之叢薄兮，烟鬱靂以茀離。西灝灝而藏白兮，氣襲人而湮淼。余從容以就祝融兮，有烱炖之神龍。攀修髯而直上兮，虛飄飄以從風。何靈魂之不懷故土兮，何衆人之不同好也。蘭蕙生而性芳兮，不以遷徙而變臭。鸞音如笙簧兮，安能與啁噍而爲伍！鷹鸇積怒而厲雲兮，豈趨蹌彊之踵武。唯不羣而孤舉兮，衆詍諑以詈余。犬以怪而吠兮，人以切而嫉之。以武王之左右兮，猶欲傳刃乎夷齊。

〔一〕「趋跳」，王本作「踖跔」。張本「跳」作「踕」。

自古有此度兮，吾復何疑？衆修齗而晦畹兮，余顑頷以靦覞。復詭詎以自誇兮，余又從而詫誂以詸其論。亦云水可導而不可防兮，豈使倡逆理之奸譣？寧九死而危身兮，不忍受此謎煽。時迫隘而沈溺兮，將以肆夫遠遊。偕夷齊而曾舉兮，託西伯而爲郵。余諄諄以致辭兮，欲見夫武王。使傳望召之兮，曰余惡首陽之二臞尪。攜二仁而辭余兮，乃微子與陽狂。或懷洪範之漆觚兮，或抱祭器而謙頌。問比干何裔兮，不在周之庭。遂乘雲而翩翩兮，令鸞鷟求其所在。見而勞之兮，何作忠以自害？天帝無私而輔德兮，人臣不可爲槩也。彭咸就而唁余兮，約歙軔乎蒼梧。重華教以不易本初兮，庶前賢之可追。徑度歷崑崙兮，西母餽永命之糧。苟余情之信直而不枉兮，雖夕死其何妨！遂不服而高厲兮，遇召虎而上征。告以余所遭兮，忽啼泣以涕零。流涕慰余曰：少康之一旅一成兮，卒能並唯珧是憑。太甲放而始治兮，雉呴鼎耳以盛高宗。西戎虐吾之幽皇兮。宣王明察以中興。往者吾固知之兮，來者吾不聞。掩涕以陳辭兮，莽新夷漢之幾春。光武寬而洸潰兮，應鬱葱之舂陵。召公聞而勉余兮，宜返駕乎故土。焉爲賓而爲客兮，急尋所主。謝忠告而拜手兮，諧赤天之熛怒。

亂曰：騏驥思君之大輅兮，以騁其迅狂兮，植蘭於幽谷兮，何如樹之都房兮，駑馬戀秣兮，周狗衛主兮，心有主兮身爲客，身爲客而遮遊至君之前，陳其極兮！

柳芽疏賦 乙酉春作〔一〕

季㾓將逝，孟余爲繼。落花流亂，素緜緯麗。於是惜春之女，艴艴艴粧。嫺容光曜，雲鬢碧瑲。翠衣向柳烟鬭色，緗裙與杏蕊商黄。曼聲嘯侶，纖手攜折。靜步避塵，嫳姍微行。睥睨碧林，菀彼

〔一〕張本題注：「一曰春蓄，六朝體。」

柳荑。危攀弱杪，〔一〕嬌坐傾枝。若輕行於掌上，無百斛之珍珠。拉碎檀欒，摧破嬋娟。遠揚幡纚，斷烟復聯。臨風罥春，孰令歡來？歡自長往，行見絮飛。儂憐若味，新香可嚌。幽之令酢，冥以爲蠚。其味則廉寒淺鮮，薄脎淡修。春迴瓠犀，濯濯風流。嫵媚嵌瑟瑟之琛，〔二〕的皪轉粼粼之壚。繂春萌以遠想，憐嫣嫛之蕁攄。長條娉婷侔腰嫥婾，孅葉連卷寫眉之模。笑顣頷之楚娃，未知服此爲臞䠊也！

論文賦 教子。〔三〕

光明俊偉之文，高山大川，白日皎月。心肝無暗昧之私，齒牙任高朗之節。筆如其手，手如其舌。不薄不巧，不修不屑。其疎其拙，亦時有之，而固不足以累夫豪傑。至如濃雲交錯，回風混移，大雨如注，不辨鬚眉，晦明咫尺之間，而雷落雹飛，視聽所不及住，震蕩所不及期，此文章之氣鬱勢迫，力逼光迸，前至者未及排而暢，而後到者已復越而馳，精神激勃，閃掣透露，不暇收斂而爲之者，奴人見之則走，而庸人聞之則駭且疑矣。漢子長、唐子美之外，不復多他人之見。推才人之文，有在於是者，而論法矜體鄙拘瑣細之人，又豈足以語斯！

若夫一握重兵，專斷而前，江河則越，溪壑則塡，陣奚其厚，城奚其堅，節制重整，任力追奔，膽識既決，何難易虛實之有，而吾爲之趨焉避焉！此非才人之精悍嚴酷者，不能得文章之權。亦有

〔一〕「杪」，底本爲「抄」，據張本改。
〔二〕「嫵」，張本作「娥」。
〔三〕此篇據山西博物院藏抄本整理。抄本似傅蓮蘇青年時手筆。「教子」題注，抄本無，據劉、張、王本補。由曹玉琪重校。

棄輜重，將選鋒，視遠若近，視重若輕，巧於過險，寂若無聲，不留不滯，不測其形，而已入敵人之營，拔其幟，取其纛，鼓角齊鳴者矣。此文章之連犿輕快者類之。

乃有老樹一花，霜荷半葉，其間則小翠翾焉，寒鷺肩焉，鴈連連焉，凍蝶捋其須焉，豈不幽細？吾不能爲此溪刻枯瘦之態也，然亦致有足憐。新柳依依，朝花離離，春風微動，曳以連漪，鴛鴦臥其下，鶯鶯集其枝，鮮明輕妙，不重不癡。此皆豔性麗情之彩，而非脂粉黛絳之姿。蛾眉正不事乎曲畫，而點頭累步搖之離披也。此近乎烟視媚行之新婦，猶文人之華靡也。

迺庸人之文，則長大嘽緩，不精不警，龐然肥劣，絕無清醒。握臭帑之不釋，以爲過於龍鸞之古錦。棄瓊玖而不糧，積糠粃於倉廩，自以爲富有也。則亦劉景升之牛，阿育王之象，蟲肆王之豕等耳。譬之十丈將蟄之秋蚍，躗蜳臃腫，謂其生也，首尾無齊至之靈；以爲死也，復尺寸之蠕動。然而相者舉肥，肉馬類大，邑犬羣吠，正不勝乎此輩。取古人之丹彩者薦之，綠者菸之，芳菲者朽之，而眼前之山川雲霞，花草禽魚，曾不能左摭右攬，妙入鑪錘，誰復有靈心映發，入外來非假之微？蒼天蒼天，愈趨愈下，而吾耳目之不能矣。

世業典籍，七葉於今，未嘗飽他人之餕餘，攬酸腐於寸心。小子勉之！苟佳句之自我，吾不望汝輩之甘膬奉養之慇懃也，抑亦可以稱色養矣。

鸚鵡賦

客有不信正平鸚鵡賦之敏者，余應之。稍遲，因謂：「君能當下再賦，始信其不誣。」因試書起。

何隴鳥之嬛慧，篤受命之内精？殷鈐啄以赤玉，滑羽毛之金青。謂巖穴之永保，忍饑渴以重生。忽造物之不料，感夢寐之多驚。集茂林而不暢，覺湫巢之不寧。固疑畏夫形諜，果羅者之經營。恨藏身之不固，甘性命之一輕。舒微軀以待盡。〔一〕遑顧惜此殘翎。陽浮慕而見獲，加繞指之柔繩。永決絕夫邱壑，混牽率於簷楹。用飲食以羈縻，猶猜忌其聲名。供衆兆之耳目，娉賓客之盈庭。已形骸之污穢，又安計夫生辱而死榮！於是問無不答，唁靡不應。言念故國，俯仰悲鳴。振連瑣之逸響，横恣態以揚聲。豈無憐其流離，終迂闊其性情。吾不自知其文采，苟日月之蒸成。敢露才以揚己，疾沒世而不稱。求言語之了了，半齒牙之不靈。又言表之超詣，望他人之我聽。懼多言之取嫉，恐謠諑之暗傾。既絕倒之無賞，遂不忍夫分明。苟吾舌之尚在，備威鳳之使令。感碧鷄於南陽，羡赤鳥於周庭。具握質之一體，豈微形之無憑？期天神之息久，〔二〕見願力之精誠，冀朝陽之來儀，吾然後附翼以入於青冥。爾乃九扈紀官，一鶚誰爭？啄粟者多，椒目偷瞠。書至此，客曰「止止」，遂放筆而罷。

附：鸚鵡賦（傅廋本）〔三〕

客有不信禰生鸚鵡賦者，見予之笑而疑之。客曰：「汝當能此。」遂援筆信手。客曰：「止，止。」遂復擲筆。

何隴鳥之嬛慧，篤受命之至精。殷黔喙以赤玉，滑羽毛之金青。謂岩穴其永保，指林草以要盟。忽精神之陰慘，感夢寐之多驚。集茂林而不暢，覺湫巢之不寧。吾固疑夫形諜爲累兮，果羅者之經

〔一〕「待」，各本作「侍」，據文義與傅廋本改。
〔二〕「久」，張本作「火」。
〔三〕此篇錄自傅廋編我詩佚存抄本，藏中國國家圖書館。因與他本文異，故附錄於此。

營。誣□□而見罣，分命性命之已輕。舒微軀以待盡，遑顧痛惜此殘翎。得陽浮慕而見獲，加繞指之柔繩。永訣絕於邱壑，莽牽率於檐楹。用飲啄以羈縻，猶猜忌其聲名。供衆兆之耳目，姹賓客之盈庭。既形骸之蒙垢兮，又安計夫死辱而生榮。於是喑靡不答，問靡不應，陳辭故國，俯仰悲鳴。流姿態之橫溢，頓□□□□□。吾不得去其文采兮，荷日月之蒸成。敢露才以揚己兮，疾沒世而不稱。豈無憐其娓娓兮，終迂闊其性情。懼多言之嫉妬兮，來噂呇之見傾。既乏人而絕倒，遂不忍夫分明。求□□之了了，尚牙後之不靈。奚言表之超詣，望他人之我聽。欲有所用其未足兮，共雞鶩其吞聲。冀威鳳之靡霄，附芭翼以騫騰。視吾舌之尚在，欲憑軾以連横。遲際遇之難必兮，吾終不易其至誠。

仙槐賦

自離亂來，抑鬱不得言，因避亂仇猶，偶至學宮，見老槐蟬蛻，豐本瘠枝，贅四五斗大癭，似可與語，遂為短賦，以代曼歌。

懷帝江之妙道兮，形渾沌而心夷。謝南北之儵忽兮，絕聰明而無知。立不測之渺冥兮，棲無有以于于。迺倚靡而權光兮，將以遊夫恣睢。衆鄙我之不短兮，又誰知大方之無隅也！茲可擬於太上兮，情倏至而欷歔。唯草木之無知兮，亂隨春以茂滋。賤弱柳之扶施兮，愈𢥠褭而旖旎。羞桃李之菡朱吐素兮，楢楪楪而欞莢。萎蕤蘛以萍萍兮，茹蒨蒽之茸茞。椁椗以葴𣟴兮，匏茀離以幕翳。徒知槲蔄乎今春兮，亦不知經霜露而萎萎。斯無情之不足斆兮，惟後彫之窫柏。槲棩樠而欙㮯兮，㮚檄檄以糾結。撼颷飈而敵雪兮，固挺生之直桀。乃有禿槐，蟬蛻樕橥，豐本痀枝，橒槷交章，梢㯳樁肥，質固異乎松柏兮，性亦美於惡樗。善攝生而無死地兮，吾於是悟蒙叟之臃腫而忘歸！

勸學篇

貧莫貧於無書，賤莫賤於鄙俗。傷珠尚爾無人，有靦豈其爲腹？借口壯夫不爲，酸腐抄謄寶璞。自家不茹菁華，卻羡屠沽酒肉。經史大嚼齒肥，墨汁滿飲醺醁。以此日爲醉飽，何至庚癸追逐？請看行厨秘書，其富備具水陸。篇章吸河吐海，雲霧幻霍耳目。宫殿千門萬户，繩樞甕牖蹋促。夥破涉王庸膽，從來縋縷神縮。欷歔哉！輕莫輕於扛鼎，重莫重於搦管。危莫危於磨墨，安莫安於累卵。吾儕挾册讀書，當以帝江自反。縹緗篆籀衣食，夾纊果然飽煖。〔二〕

卷十　文

杜詩病後過王倚飲贈歌書後〔三〕

早起微涼，視夜來所書，内慙不勝，遂復書先生病後過王倚飲贈歌以懺。潦草讀之，不似先生病起，似我病起，爲我饌者。

杜公豈爲一飯便爾感惠？王生敬公非假，故公語眞實不虛。病起思美飯，苦于難得，當時卽辦，那得不懷？力致密酟，亦是續弦一節。

〔二〕此下，傅山全書初版本收有無題一篇（有嬌者姊），實爲傅眉書其父傅山之秋海棠賦的後半部分。末書「蘊五學長兄哂政。西溪傅眉」。因是青主作品，故删去。

〔三〕此篇據山西博物院藏手稿整理，由李勇釋文，曹玉琪重校。

嗇廬濁子眉須男。

小楷樂毅論書後〔二〕

泰初此論，吾意不爾。田單勁敵，樂生不得展手，若以爲二城易拔而且不取，曰是三王之舉也，樂生一迂闊腐儒耳，又焉能一戰而遂至臨菑也耶？觀其對昭王初語，以爲齊霸國之餘，地大人衆，未易獨攻，必約趙與魏，連楚及韓，並獲四國之兵，然後破之。於濟西七十餘城，亦非一朝之力，留循五歲而後下之，其間豈無難破之城？忠臣義士，豈獨田單？而田單之先，守卽墨之大夫，出戰敗死，而後共推田單爲將，況莒人雖殺湣王而猶堅守距燕，弒殺其君而民不亂，失其大夫而復推一習兵者以爲將軍，喪君有君，失帥立帥，有此二隙，尚不可圖，民定勢立，樂生其又奈二城何哉？所以不拔二城，非能拔而不拔。兵事之變，豈有終極？不過以我既勝之逸，待彼困守之勞，徐俟其變，而後圖之耳。若所云不屑苟得以動四海，是又非晉文釋原之比，眞正書生之見也。近見老者論此，以爲屠了二城，樂生更有何事挾寇要功，計出于此，可謂以小人之腹度君子之心，又出泰初下萬倍矣。　傅眉書于松之僑。

金剛般若波羅蜜經書後〔三〕

本師釋迦牟尼佛，衆生傅眉，今書此經，一願過去祖母陳君，長住蓮花淨土，不墮輪迴。二願

〔二〕　此篇據太原晉祠博物館藏手稿整理。王本小傳我詩集收錄。
〔三〕　此篇據太原晉祠博物館藏手稿整理，由任志祿釋文。

衆生之父身心安穩，不與亂世，而得長壽。三願過去母親張君天界安樂。四願家中諸小兒女皆得成長。五願於我有恩諸公世世爲我眷屬，而得報恩，無受别離苦。六願一切怨家或彼負我，或我負彼，悉皆無結，化怨憎會苦而爲同心道場。粗舉六願。世尊監臨衆生罪過，不敢希懺以免。即如此經，發心書寫，始願誠信，中遂怠惰。或書或止，其間三年，而後得完。或差或逸，而不端楷。如是罪業，自心虧欠，願受罪已，不復造惡，而蒙拔救，更有秘密。因此肉團，有虧有盈，致令函慈，而有警惕。罪在衆生，無遺前羞。終賴弘恩，使得生命，視息人間，而無慙恨。五體投地，一心剖雪，涕淚悲泣，不知惶惑。號言不倫，願赦悲切。

衆生傅眉稽首皈依謹識。懺悔時癸卯三月十五日。

抄梁書新事偶題〔二〕

此梁書細碎事也，汝何以新之？蓋偶閲梁書，苦無記性，不欲手嬾，草草迻之。而又有時發嬾，復令舍弟代迻。旋輯成編。編既成，又不憶所迻何事。偶一再閲，見王僧孺述文多用新事一語，因取以以名之，非暖暖姝姝以爲人所未見者也。是既然矣，爾何以汝問？莊子曰：「吾喪我。」今又奚不可以爾問汝？爾汝無常，有陳有新。展卷則新，廢書則陳。陳則死，死則草木腐矣。陳腐之人，謂之不死，奚益？然則不悦學者，未投玄符之徐甲也。脱復一看者，虢太子之疾也。手不釋卷者，殊庭不死之上藥也。惟其不死，故變化無方。至乎此，而後知力莫大於變化，變化莫神于詩書。招魂魄，與性命，易心肝，鑿耳目，以陳爲新，死者復生。由此論之，陳新死生，又豈一梁書之所能鑪炭，而汝甘爲綺麗之銅，聽其鎔冶消息也耶？第言讀書者之莫爲陳人已耳。若是，則上首子

〔二〕此篇據太原晉祠博物館藏手稿整理。我詩集劉、王本收録。

野，左祖彦威，士深諸人固也。而復錄子震祖忻諸武人，又何說也？汝不見夫車中之新婦，頗愛讀書史；合淝之虎，而慕陸賈之爲人；立功邵陽者，而善左氏春秋；纏稍蹋壁之人，而自造采蓮棹歌之有新致也？嗚呼悲哉！羊侃生還，裴邃死矣。一生一死，千古如新。琱蟲小技，壯夫不爲。無可奈何，驅古爲禽。書稱孝綽兄弟子姪，當時有七十人，並能屬文，而元禮一門七葉之中，人人有集。古人門第，亦何盛也。自吾先祖教授公以前尚矣，由教授而來太學生西岡君、參藩公以至吾先祖離垢先生，今夫子復訓小子亦七世矣，而未嘗廢書與文也。若以吾先祖羣從論之，則操觚弄翰者，亦不下數十人，小子固無足論也。孟堅之言曰：「豈余身之足殉，違世業之可懷。」是固世業也。嗟乎！參藩公「擁材官百萬」之語，又何說也？是皆偶閱之，而偶書之，孟浪之言也，亦不欲多人之見此，以來馬踵背之謂也。他日或自見之，又不知此爲誰之所書也。

題自書洛神賦〔二〕

家嚴持帖子來，寫畢，命眉書於後。遂臨十三行洛神賦以應命。生熟老嫩，觀者自別義、獻。

甲申十二月初九日。須男眉。

王節母傳略

節孝王母者，保德王生恆之母也。其先潁川人，有爲張士誠將者，遷之保德，因家焉。爲州甲

〔二〕　此篇據蘇州博物館藏手稿釋文。洛神賦原文略。傳眉此篇書於傳山六月十五日至十九日即事成詩廿一首等詩文後，青主於文末署「甲申十二月初七日書於仇猶客舍。」傳山全書初版本未收。

族，數傳而至文學士鼎，是生節母。母母張有賢德，教母閨範女紅竈事，未嘗稍爲母憂。太史公聞其賢，遂爲其子大學公委禽。年十四歸大學公，事舅姑皆如其母所教者。身操井臼不怠，性簡重，寡言笑，不喜華飾，然亦不米鹽苛細，以故行妯娌懽下逮婢僕無閒言。年二十六而大學公得異夢早逝，生始六歲，母抱生伏棺上號慟欲絕。其舅姑忍哀咽，撫慰之曰：「吾孫幼，無婦是無吾孫，無吾孫是無吾子，以及吾兩老人。婦勉我飲食。」母曰：「未亡人不敢死也，不敢以幼孫遺姑舅憂，不敢以遺孤爲地下夫子憂。未亡人不敢死也。」乃强起，如舅姑命。無何，太史公以國事憂悴卒，母於倉卒中竭力輔姑葬之祭之。闖賊僞令捐餉，母哀所有簪珥輸之。雲中之變，城復，亦下捐餉令，母復以數年經營者輸之。於其姑之卒也，母督生葬之祭之，一如太史公禮。憂勞忍讓，歷四十三年而王生得以成人。年六十九而卒，卒之時謂生曰：「吾今不負汝大父母及汝父矣。」

野史氏傳眉曰：王生之言曰：「當戊申詔旌天下貞節，生意欲及母，母詰之，生以實對。母曰：旌者未必節，節者不求旌，愼勿妄冀，反增我一番不快。」王生又言曰：「當其分爨時，僅小米二石，黑豆三斗，莜粆四升。」晉人謂莜麥之米爲粆也。甚矣哉！復言「瓶罌弗備支釜矣，無挹水具，向舊僕借之，僅得如拳小瓢也。當是時，生泣母不泣，且曰：好兒不食分時飯。」王生言之，至今猶泣也。甚矣哉！居宧室而能苦，苦而忍晦，不求旌，旌亦不及。居宧室而而能貧，貧而讓；遠邇相傳曰：「婦之節者有矣，未見如王母之節者。孝者有矣，未見如王母之節且孝者。」私諡之爲「節孝王母」云。

拙庵小記〔一〕

禿翁之言曰：「拙不必藏。」畸人之言曰：「詩亦不必見。」傅壽毛之言曰：性之拙處是其眞際，不必藏也。詩又小技，果不必見，見則人皆笑之。畏人之笑而不見之於人，則終無成就時矣。獨覺辟支，豈易圓滿，但不當爲搖頭之馬子侯耳。後魏釋老志之言曰：「漸積勝業，陶冶粗鄙。經無數形，澡鍊神明，乃證無生，而得佛道。」吾不以此言說法，而以此言論詩。苟能至此，性不必藏，詩可以見。見無所見，藏無所藏，虛靜通炤，大巧若拙。拙豈易言哉？當自信心始矣。雪峰參之。

草草付〔二〕

雪開士以太原之藏不全，其始意欲合晉府所藏宋藏三部而成一部，其願不果。復欲搜城中殘藏而爲一部，又復不果。如此者三年，時節因緣，正不可强。今渡江而南。江山煙樹，莫非法眼，詩當大進，自不必言。若能於六朝花柳裏面討一个眞空實相，不妨多作幾首豔詩，擔在楖栗上，挈歸塞上，我便許你是第一造藏大和尚。若猶未也，江南山水截瞎了雪開士眼矣。此閒自有藏在，何必江南？江山之助，助才助性。無才不足見性，江山正不助庸人也。爾愛造藏，我愛爾才，各說各端，於佛無礙。歸而印可，還我个本來雪峯，不許帶回一些貢高我慢也。不必將江南風景掛在眉毛

〔一〕此篇據太原晉祠博物館藏手稿整理，霜紅龕集誤爲傅山作，今移至此。
〔二〕此篇與下篇恭喜均據太原晉祠博物館藏手稿整理，霜紅龕集誤爲傅山作。今移至此。

上，添了幾萬斤重，那便不必歸來。歸仍不歸，不止作門外漢，便是蔑戾車。蔑戾車，墮者墮，不墮者不墮。把鼻在汝，我不能墮雪開士於萬里之外，不教敗露也。臨持鉢出門之際，丁丁寧寧，圪圪塔塔，一味老實，莫怪饒舌。一切珍重，但京口之酒，汝似無分，便問不得開士矣。若敢破戒嘗一盞者，亦不枉江南走此一遭。此我之悟道處，不知開士復以何者爲悟也。若遇大德時，將南泉斬猫兒公案爲我一問，我到底不能無疑也。屬屬。

弟傅眉草草付囑。

恭喜

恭喜雪峯，辦此大事。爲悟道耶？我亦不賀。爲得戒耶？我不賀伊。爲復何者，作此讚歎？爲造三藏，下智慧種。既下此種，人皆愛敬。釋迦證文，室利具辨。請佛菩薩，無不博學。語言文字，謂不用者，皆爲誑語，爲負佛恩。悦心和尚，可謂有眼，如何覷眇得汝，便將衣鉢慨然付托？不爲傳宗，不爲印可，單愛能文，遂爾循例。而亦不爲，身後之名，眼前聞見，皆不笑語。如此授受，實爲希有。亦有衣鉢，爲人增重。亦有因人，爲衣鉢光。以今論之，是二正等。悦心衣鉢，以與雪公。雪公得之，還報悦心。兩个衲子，五雀六燕。儘有想此，衣鉢在我。若不得者，便生嗔恚。六祖得之，命尚如絲。何況衆人，保不憎嫉？我不要他，倒也省事。與出無心，得亦不異。恭喜恭喜，信手說偈。誰說此偈？傅大士裔。心王一銘，是我祖風。不敢搗鬼，如實敘次。此事纔了，便放下筆。

重修三皇藥王廟碑記

太原南郊有藥王廟，經始於□□，不五十年而木壞土圮，衆生病者，病習方術者，藥者，藥郎差病者，不問方術者，奚自授方術者，亦不究吾所本始，以爲吾自可醫人。奚必名醫，奚必神農、黄帝醫，日益不攻術，日益窮，而黄帝、神農之心日益傷，衆生之苦日多日偷，奚況其土木之祠？吾儕槺檖之侶，某以爲水源木本而不知報，遂於習方伎家、傳道地家募而新之，而不及他人知恩報恩。卽此一念，何莫非藥？讀藥王藥上品，知衆之苦卽藥王之苦。問大藥王何所用，亦是衆工所用者。若有餘資，再買素問、難經、脈經、本草、歷代諸名醫著述而置之廚，使攻伎術者習其論，走道地者按其圖，其利益衆生福德更不可思議矣。因記其重新之歲月，以勉吾儕之因醫王爲衣食者，願無忘其所自施財姓名，以年以客，不以財之多少爲先後也。同行賣藥人傅眉謹記。

與段孔佳

紙潤而不涇，椎墨而不疎，墨濃而不濁；則搨成矣。若少失其濟，糊塗敗惡，無足觀者。貧者士之常，賤者道之實，是以君子不變不虛，安常處實。實則華，華則精神四射，文章工矣。文章苟工，安見其拙於富貴也？子弟來搨帖讀書，其丁丁之韻，不減編蓬之琴歌也，人不得而賤之，若晦遯有他，其賤惟賤，情紡乎此矣，人皆得而賤之。

與古度

自兩道老爺會審之後，父子不見面者又六十餘日矣，皇天皇天，熱淚燒心，但昭雪有日，父子見面不難。近者舍弟從西村來，道家祖母飲食希少，淚眼腫痛，念兒憶孫，不少絕口。言至於此，不可甚忍，淚與筆墨，和作一塊。舍弟又道，家祖母道：「你二大爺我已是舍了他了，但得見你二大哥一面足矣。」舍弟道：「奶奶寬心，俺二大爺、俺爹、二大哥不過羈遲兩日，都是沒事的。」家祖母只是不信，奈何奈何！不得已，囚眉一生再無宛轉之愚見，商之先生，然亦不期於必行。囚眉愚見，以爲懇邊老爺作一申文至都老爺處，將囚眉及叔暫保在外。若不能如此，或囚眉，或家叔，放假三日，令人押上，與家祖母見面後即迴。乞以下情轉達之邊老爺上。詩云：「孝子不匱，永錫爾類。」此囚眉不得已之愚見，乞仁兄先生憐我父子叔姪，拘禁三月，外頭雖有兩個舍弟，都是兩個不省人事小孩兒。皇天皇天，保佑衆生，父子叔姪，只個冤枉，當向誰說？臨紙但念關老爺、觀音大士及一切空中過往神祇，無復他言。此事雖是急燥不得，〔二〕然亦不得不燥。〔三〕囚眉心緒麻緐，言語無復倫脊，願仁兄先生諒之。乞示可否，以慰指望。

與戴楓仲書〔三〕

張令親事大有煩言，家父無辭以應，求不過此月爲妙。彼若不促迫，且可遲遲，不謂竟不能緩也。如無人可付，晚生親至貴縣一求，亦無不可。上戴先生。　晚眉頓首。

與戴楓仲書〔四〕

尊翰即付之火。自城中歸，專專商確過昭餘命，妥，親復。周府尊先有此意，似不宜舍近求遠。先此復，試裁酌。　晚眉頓首。

〔二〕「燥」，底本爲「慘」，據王本改。
〔三〕「燥」，底本爲「慘」，據王本改。
〔三〕此篇據山西博物院藏手稿整理，由李勇釋文，曹玉琪重校。
〔四〕此篇據山西博物院藏手稿整理，由李勇釋文，曹玉琪重校。

與戴楓仲書〔一〕

畫又草補一幀。汾事留神。

計翁先生覓李將軍畫，即借留寓中者送入街矣。然亦知其爲先生物也。有要緊話，須面言者，不得形之紙筆。幾時能來否？閣圖有成，不遠即寄也。晚眉頓首。

與戴楓仲書〔二〕

秉文兄捧黄入昭餘，凡有可以炤拂，統求鼎護，無使張四兄獨頌高德也。上楓翁先生史侍。晚眉頓首。

與戴楓仲書〔三〕

賀禮不過幣帛爲妙，若有畫意，蜜蠟或玉花一兩枝更好。丹閣題難，是以縮手耳。楓伯先生。晚眉頓首。

〔一〕此篇據山西博物院藏手稿整理，由李勇釋文，曹玉琪重校。
〔二〕此篇據山西博物院藏手稿整理，由李勇釋文，曹玉琪重校。
〔三〕此篇録自王晉榮刊小傳我詩集卷十，他本未收。

與戴楓仲書

克仁兄一段風流佳話，而城中嘖有煩言，遂波及先生，知自有妙用，可以不染。若已成者，當善始善終，來時須防入城之時狼狽惹氣；若未成者，亦須勸其歸家，入門之時亦不必鬧，但承顔膝下，諸事皆銷。此言是要前後打算的，到不是與市井酸腐一様見解也。卽不防以字與克兄看之，非敢如諸人之一味作道學而諫之、誘之、聒之不休，反惹厭而不聽，以傷朋友之義也。有紙筆不能盡者，先生與克兄皆可會意，不必細提。最可笑者，南市之人爲張老不平，殊不可解，蓋謂先生以克兄爲奇貨而居之，故欲得者皆不謀而同詞。斟酌機宜，此不懸度。畫當待四兄至卽動手。閣圖須躊躇滿志，始可下筆布置，故可先定而神行官止，那得須期耶！

與旭翁書〔一〕

亡弟期于十二月襄事，槨材竟不得妥。若房木貴縣有油而耐濕者，價若何，求速示，恐遲則不濟也。祝祝。平定寄到詩三本，以在松橋，再寄鄴架。心緒愁亂，一切不及。所聞亦可聞，不至寂寞。旭翁先生史侍。　晚眉頓首。

〔一〕此篇據山西博物院藏手稿整理，由李勇釋文，曹玉琪重校。

與殷翁書〔二〕

提之歸，知貧士舉動不易。復損雲紈，念及兒輩婚娶。以賢者之惠，不作虛讓，然殊心恧，嗚之則淺。有道先生碑，此時酷熱，稍涼，當踐此約。敬復殷翁先生。　晚弟眉頓首。

與某書〔三〕

綾字如命，此等詩不過了事而已，無甚佳句稱謂，亦只得如此。〔三〕扇面再復，宣紙已書賦數行，來絹及紙仍歸返記室也。　晚眉頓首。

平安家報〔四〕

先有西村人范普稍一字，想已到了，今因便復寄此字。糧當已完，西村粗子待我歸收之，其豐種者，令李福收，分家間吃用可也。諸借去者，亦待我到討取。但少與炭錢，不至缺少便罷，不必多與。此間雖不艱窘，然爺爺病不得脫，然殊燋心之極。辛二爺至今不來，尚未動身耶？已歸也。若來時，千萬勞于平子門外半箭地路西慈明庵内尋我，有欲稍之物。歸期遲早總不可定。若程興家有的當人，可與彼工銀四五錢，李有才弟兄可不可與李福也。前買小柱子，若有便車，即顧令載至

〔一〕　此篇據山西博物院藏手稿整理，由孫蔭亭整理，曹玉琪重校。

〔二〕　此篇據山西博物院藏手稿釋文，由李勇整理，曹玉琪重校。

〔三〕　「得」，傅山全書初版本脫，據手稿補。

〔四〕　此篇錄自上海書法雜志二〇〇七年第四期刊傅山傅眉書册，手稿藏上海朵雲軒。由葛敬生整理，傅山全書初版本未收。

村裏。見北門趙坦時，可問外甥歡喜。賈家三姐處，亦時令人問之，若有所需可酌量與之。不知家裏可鹽菜否？一切老成持重，不要多事，我歸則有主張。郭福要來粗布及銀，皆收館内。塘子房錢亦積貯之。恐歸時卽還陳二爺，難卽剷劃耳。鋪中一定不可留人亂宿。見趙二爺、張二爺的人皆問候之，張五亦可爲我致意。小二娃未免懸心，可時與果餌，問其綿衣有否？仲誠安和？周又並同此，不另。　眉於報國寺。順便十月初四日寄起。　餘沖。

銘朱氏

此傅壽毛糟糠結髮朱子之隴也。今之誌婦人之隴者，焉有不言其婦人之賢也，吾恥之，誌之以情。父平定諸生□□，母蔡，其所自出。丁丑癸卯□□□巳，其生之年月日時。二月二十六，其歸我之年月日。癸丑乙丑辛丑甲午，其卒之年月日時。甲寅臘月初六，其葬之年月日時。乙卯二月初□□之原其兆之阡。乾巽，其阡之向。大兒蓮蘇，小兒蓮寶，大女大薦，小女小薦，是子之情也，我之情也。情之所在，不能不痛而誌之。嗟乎悲哉！往五六年前卽夢誌子之隴，自起句至誌之以情，皆夢中之語也。嗟乎悲哉！今竟用之以志子之隴，竟驗於此時，而夢中之年月竟爾不驗也。以達自解，忍慟銘之。銘曰：有土甚美，宜孫宜子，是之謂情，不至廢禮。

附錄二　傅蓮蘇集〔一〕

卷一　五言古詩　七言古詩　五言律詩

壬戌一首〔二〕

今年氣候遲，九月菊不花。況復霜已屢，疏籬力不加。移置瓶盎間，幽綠塞寒家。寸心既稍歇，殊省夢中遮。猶有香種在，未開架上瓜。

戊午園菊三章〔三〕西村。

十七年七月上京，十八年從陝西，九月旋里。

既以幽花論，何當敢貢高？酣紅由芍藥，貪紫聽櫻桃。開謝經余眼，榮枯見汝曹。雲霄鴻雁到，黃葉已先勞。

元亮心情奈，靈均性命隨。死生皆篤至，典故備妍媸。誰可餐英信，人須送酒疑，步趨與古異，

〔一〕傅蓮蘇著作前無刻版，此集均據零散手稿整理。篇中凡未注藏品單位者，均藏山西博物院。

〔二〕此篇由張秀蘭釋文，曹玉琪重校。

〔三〕此篇由張秀蘭釋文，曹玉琪重校。原我詩集誤收爲傅眉詩。

堅忍寄花枝。

吾甚先生愧，吾籬不欲東。枝柯天地在，百卉歲時窮。可笑求形似，甘難願力空。將無栗里意，始亦與吾同。

贈人〔二〕

朱新䰟

偃仰林泉下，蓬壺日正長。芝蘭當戶牖，桃李在門牆。氣斡乾坤泰，春添海岳光。畫堂朱履客，共奉紫霞觴。

李友芝年侄

壽域開春日，華筵薦錦袍。馭龍來許椽，乘鯉下琴高。鼓吹開新府，笙歌引濁醪。南山稱此日，長願宴蟠桃。

柯國柱

報國輸葵藿，趨庭賸桂蘭。朝飧挹沆瀣，兀坐委蒲團。鼎煉三時火，虹飛九轉丹。冷風時度鶴，明月夜笙寒。

〔二〕此篇由孫蔭亭釋文，曹玉琪重校。標題爲編者所加。

贈友〔一〕

盧徵實武進士

德惠已無央，威嚴肅一方。軍容咸燕喜，紀律更鷹揚。信義追東漢，儒風鎮故鄉。永妥山右境，功業著旗常。

陳司鐸若谷

隨處詩爲政，於今律益工。矜奇同蜀國，新穎過崆峒。才拔黌宫儁，羣超冀北空。雲霄丹詔下，海日看升東。

浮山陸令君愚亭海鹽人。〔二〕

花縣仁風滿，山城錦嶂開。雲從瀛南至，雨自横峰來。〔三〕游刃無過者，彈琴化速哉。大椿八千歲，歲歲八千杯。

〔一〕此篇由白春娥釋文，曹玉琪重校。標題爲編者所加。
〔二〕此篇與青主山縣詩雷同，見本書第一册卷十一。
〔三〕「峰」，傅山全書初版本誤作「山」，據手稿改。

無題〔二〕

奇章君必發，今日果成名。精學知疇昔，登科慰老傖。青雲騰鳳翼，黃甲捷鵬程。照錦宮花錫，傳臚第一聲。

己丑春遊信口遣興〔三〕

偶遊花柳境，卻憶水云鄉。〔三〕睥睨情無盡，跉跰興未央。晴空飛海鷲，隴首麗霞光。時序催顔老，韶華易感傷。

無題〔四〕

環村花樹勝，傍嶺雨雲多。郊外開新眼，春融發浩歌。知非猶未化，垂老可如何？客路翻牢落，生涯好在那。雲嬌英英白，烟巒淡淡青。襟期偶爾會，屐齒暫時停。路柳迷花眼，山村映畫屏。悠然詩興

〔二〕此篇由孫蔭亭釋文，曹玉琪重校。原稿無題。
〔三〕此篇由白春娥釋文，曹玉琪重校。
〔三〕「卻」，手稿又作「回」。
〔四〕此篇由白春娥釋文，曹玉琪重校。原稿無題。

發，〔一〕唫咏遺沉冥。〔二〕

朝爽唫新句，心涼動樹風。中秋零雨白，〔三〕滿地落花紅。硯北開書卷，〔四〕檐前睇卉叢。消憂時把酒，思霽眄晴空。

偶然南郭外，避暑藥王祠。濁世知希貴，〔五〕逃名幸喜知。白雲生澹泊，綠蔭動參差。嘯傲涼飈起，披襟納爽宜。

步屧清涼境，支頤夏伏時。塵寰憎噂沓，河岸絕喧卑。〔六〕林綠遮村野，螺青勝嶺湄。片時深興會，岸幘發新思。

科頭涼樹下，箕踞睇雲巒。亂鷺差池去，林風颯爽寒。〔七〕碧虛何曠遠，客興不闌珊。〔八〕綠野清心跡，〔九〕優遊日縱看。〔一〇〕

〔一〕「興發」，手稿又作「寄興」。
〔二〕「遺沉」，手稿又作「貰酒」。
〔三〕「零雨」，手稿又作「飛殘」。
〔四〕「卷」手稿又作「帙」。
〔五〕「濁」，手稿又作「遁」。
〔六〕「絕」，手稿又作「少」。
〔七〕「林」，手稿作「秋」；「寒」，手稿又作「寬」。
〔八〕此句手稿又作「青甸且盤桓」。
〔九〕「綠野」，手稿又作「別業」。
〔一〇〕「縱」，手稿又作「且」。

朝挹西山爽，春晴碧落清。〔一〕低徊花片舞，婉轉鷓鴣鳴。〔二〕冉冉雲高興，依依柳有情。片時多愜會，心眼喜霎明。

秋分日雨口占遣懷〔三〕

不意秋分雨，須知節序催。露珠滋朶蕊，院落淨塵埃。寂寂花清健，凄凄景爽來。柴門無俗物，應暢濁醪杯。

謬命泣途〔四〕

嚴壑秋光映，雲峰色相空。客開青白眼，林翳翠蒼叢。歲月流波裏，山村返照中。娱遊生感歎，佳景勝無窮。

無題〔五〕

今日天涼快，秋風颯颯鳴。山城晴景色，耳目曠詩情。爽氣西來勝，高雲北向生。不堪時序感，垂老性靈更。

〔一〕「晴碧」，手稿又作「深融」。
〔二〕「轉」，手稿又作「曲」。
〔三〕此篇由曹玉琪重校。
〔四〕此篇由孫蔭亭釋文，曹玉琪重校。
〔五〕此篇由孫蔭亭釋文，曹玉琪重校。原稿無題。

雲波饒碧落，瑞石響風聲。忽爾秋天變，〔二〕翛然爽氣生。涼宵鳴蟋蟀，皓月照山城。岑寂心間坐，詩成句不更。

北風今日起，一旦革新秋。不覺半年了，因知節令流。晴明佳景色，高爽眺城樓。〔三〕蒼翠饒河外，清涼快老眸。

無題〔三〕

立秋芳樹底，欹坐趂清涼。浸水聞香果，呼童酌羽觴。比鄰丹閣迴，曠野白雲揚。雖則茲留滯，雄懷志四方。

金明喜雨〔四〕

好雨鳴芳樹，花叢綴露珠。蕭蕭一派響，颯颯萬聲殊。西嶺生幽興，東嚴慰老夫。怡顔唫不廢，有酒復何須！

〔二〕「秋」，手稿又作「新」。
〔三〕「爽眺」，手稿又作「敞塏」。
〔三〕此篇由孫蔭亭釋文，曹玉琪重校。原稿無題。
〔四〕此篇由孫蔭亭釋文，曹玉琪重校。

甲午春興〔一〕

四野饒春色，〔二〕清晨仰日華。晴空千里淨，鳴鴈一行斜。頓起吟哦興，從容緩步車。襟期今覺勝，氣候感無涯。二月韶光勝，〔三〕春分發物華。南瞻天宇曠，北向鴈行斜。峽口消冰水，河濱茁柳芽。不勝時序悅，唫興自無涯。烟柳依依媚，胸懷落落新。一行鴻鴈唳，二月水雲春。物色堪游攬，韶光自足珍。氤氳彌淑氣，詩興起頻頻。

無題〔四〕

豈意形骸老，衰顔近六旬。〔五〕年高書卷愛，日聚友生親。花樹開青眼，詩篇感錦春。安排過遲暮，堅忍不愁顰。

〔一〕此篇由孫蔭亭釋文，曹玉琪重校。
〔二〕「野」，手稿又作「外」。
〔三〕「勝」，手稿又作「映」。
〔四〕此篇由孫蔭亭釋文，曹玉琪重校。原稿無題。
〔五〕「衰」，手稿又作「瞿」。

舊作水仙〔一〕

天地孤芳重，風塵自遠來。如何殊玉色，卻喜放銀臺。意葉冬春秀，心花晝夜開。江鄉知永別，特達冠芳才。〔二〕水仙一名配玄。佳卉開霎朵，〔三〕幽牕只一裁。條風賓鴈過，韶律值陽回。金盞承仙掌，銀臺表雋才。樽罍不離手，激烈壯懷開。〔四〕

亭菊〔五〕

重陽叢菊放，霜降益精神。歷落怡顔永，檀欒慰眼新。高莖依鄴架，冷性摯秋旻。趺坐陳蕃榻，唫忘原憲貧。

途中〔六〕

慘淡雲天色，淒其客路中。鴈情趨烦澤，雪意蓄寒風。〔七〕馳騁開聞見，吟哦悟實空。微軀應有

〔一〕此篇由孫蔭亭釋文，曹玉琪重校。
〔二〕「芳」，手稿又作「羣」。
〔三〕「開霎朵」，手稿又作「分垂新」。
〔四〕此句末作者自注：「一作相對韻懷開」。
〔五〕此篇由孫蔭亭釋文，曹玉琪重校。
〔六〕此篇由孫蔭亭釋文，曹玉琪重校。
〔七〕「蓄」，手稿又作「結」。

待，不肯泣途窮。

温池春雨〔二〕

温池春欲暮，曉雨暗村扉。細密烟絲裊，浽溦霧氣飛。詩權傳版築，翰墨瀉珠璣。盡日彌酣洽，生歡暢醉歸。

温池春欲暮，〔三〕疏雨曉微霏。羣書盈几案，香醖飲柴扉。有自詩權發，無違翰墨揮。百花爭燦朶，〔三〕玄鳥競飛飛。

惜春〔四〕

身老能無恨，春歸不暫留。聲名傳一筆，著作貫千秋。勉作歡娱計，貪爲汗漫遊。滔滔長夏日，詩酒用消憂。

身老躭行樂，花殘卻惜春。人間能解脱，方外葆清眞。鼓勇岩林興，因循水石濱。暮年心益摯，文事日臻新。

〔一〕此篇由孫蔭亭釋文，曹玉琪重校。

〔二〕「暮」，手稿又作「帬」。

〔三〕「朶」，手稿又作「發」。

〔四〕此篇由孫蔭亭釋文，曹玉琪重校。

悼張七起潛〔一〕

好友眞無匹，相知不久時。前冬余感冒，獻歲汝傷脾。彼此懸方寸，情壞契若茲。壺觴今寂寞，不復共傾持。

昔年渠念我，今歲我憂伊。朝夕頻相契，〔二〕沈綿遽別離。人生何夢幻，春暮竟無爲。忍痛知安適，〔三〕神傷不已悲。

無題〔四〕

夜靜風清爽，當空月一輪。怡顏未覺老，得句偶然新。嘯傲靡愁苦，軒昂取笑嚬。唫詩非夢寐，花草亦精神。〔五〕

高興看晴月，〔六〕低徊翫院花。吟詩偏有韻，〔七〕逸旨更無涯。〔八〕憒憒憎塵世，悠悠惜歲華。囍翁登

〔一〕此篇由孫蔭亭釋文，曹玉琪重校。
〔二〕「契」，手稿又作「合」。
〔三〕「適」，手稿又作「在」。
〔四〕此篇由白春娥釋文，曹玉琪重校。原稿無題。
〔五〕「亦」，手稿又作「助」。
〔六〕「高興」，手稿又作「仰面」。
〔七〕「偏」，手稿又作「諳」。
〔八〕「旨」，手稿又作「興」。

六十，浩歎性靈賒。〔一〕

清晨雨晚霽，夜靜納涼時。坦腹抛書卷，披襟把酒巵。偶然心快快，率爾意遲遲。五十知非久，於今六十期。

雨後千村綠，蟲鳴一片秋。偶然來郭外，忽爾去吾愁。景色開心眼，雲烟起隴頭。河明灘樹裏，濤漲□蕪流。〔二〕

無題〔三〕

七夕他鄉過，初秋寓蔚州。雲溪亭畔勝，烟雨夢中愁。慧悟非禪學，情忘豈道流？前生知異熟，今世悔悠悠。

戊戌五月中對月信口占以遣悶〔四〕

雲過看無厭，情鍾偶爾怡。涼風醒耳目，落日暢襟期。〔五〕颯颯何涼爽，欣欣頓省知。片時殊快意，適興賦新詩。〔六〕

〔一〕此句又作「浩歎慧情賒」。
〔二〕「漲」字下，手稿原空一字。
〔三〕此篇由白春娥釋文，曹玉琪重校。原稿無題。
〔四〕此篇由白春娥釋文，曹玉琪重校。
〔五〕「落日暢襟期」，手稿又作「涼爽心搖悅」。
〔六〕「新詩」，手稿又作「花枝」。

黑鬱層雲過，風吹翳碧空。九霄疏雨落，五月燒霞紅。俯仰開生面，低徊暢我躬。清涼森玉樹，珠露綴芳叢。

無題〔一〕

客路明青眼，西山起白雲。凄清生野外，悠遠傍河汾。〔二〕叢菊開無數，秋陽曝遠曛。霜催歸鴈唳，寒露冷將分。

草木更黃紫，〔三〕秋深夜漸長。四郊猶綴露，九月尚無霜。〔四〕鴈行天半唳，叢菊野生香。〔五〕老眼殊凄爽，微軀覺快涼。

無題〔六〕

雲霧混深秋，〔七〕蕭疏烟雨流。〔八〕四郊陰慘淡，千里暗清幽。稠疊生珠露，〔九〕縱橫隱隴頭。精神叢

〔一〕此篇由白春娥釋文，曹玉琪重校。原稿無題。
〔二〕「悠遠」，手稿又作「迂曲」。
〔三〕「更」，手稿又作「凋」。
〔四〕「尚」，手稿又作「遲」。
〔五〕此聯手稿又作「碧空行鴈唳，野菊發叢香」。
〔六〕此篇由白春娥釋文，曹玉琪重校。原稿無題。
〔七〕「混」，手稿又作「翳」。
〔八〕「蕭疏」，手稿又作「緊繫」。
〔九〕「生」，手稿又作「凝」。

菊朶，足破老顔愁。

雨濕參差朶，檀欒重菊花。情鍾躭賞玩，興會喜無涯。露綴繁英蕊，叢生雜色葩。重陽應醉酒，九月讌酣賒。

無題〔一〕

六月天初伏，今年熱異常。熇蒸憎溽暑，酷虐盼秋光。耳目思清爽，精神冀快涼。忽然陰翳雨，花露綴芬芳。〔二〕

無題〔三〕

夏日乘涼好，花陰坐俟風。吟詩時俯仰，〔四〕枕簟望虛空。紅熻榴花樹，〔五〕綠饒芳卉叢。怡情殊嫵媚，錦繡得無同。

乘涼依樹蔭，飲食亦看花。興會英姿勝，〔六〕情鍾景色賒。〔七〕秋光明老眼，朶暈發英華。〔八〕造物眞

〔一〕此篇由白春娥釋文，曹玉琪重校。原稿無題。
〔二〕此句手稿又作「玉樹濕琳瑯」。
〔三〕此篇由白春娥釋文，曹玉琪重校。原稿無題。
〔四〕「吟詩」，手稿又作「竹牀」、「匡牀」。
〔五〕「熻」，手稿又作「歛」。
〔六〕「英」，手稿又作「新」。
〔七〕「鍾」，手稿又作「躭」。
〔八〕「暈」，手稿又作「蕊」。

難測，丹心咏有涯。

古人曾運甓，老我只澆花。叢卉何多種，吾生亦有涯。暈光明目印，姿色遺情賒。〔二〕韻事無過此，英華燦彩霞。

無題〔三〕

甚矣吾衰也，今年憊不嘉。已傷牙幾個，漸覺眼霎花。〔三〕世事非同舊，吾生自有涯。寸心明白極，年少漸相差。〔四〕

無題〔五〕

北巘高凝雪，西風遠吹川。雲屯千里外，〔六〕月炤一花前。〔七〕春曉多幽鳥，松寒透冷天。草堂無個事，把酒踞河邊。

村居能養拙，樽酹好藏愚。冷性躭流峙，豪情寫繪圖。春風盈鄴架，高韻映冰壺。書史頻攤讀，唫哦漫暢舒。

〔一〕「遺」，手稿又作「對」。

〔二〕此篇由白春娥釋文，曹玉琪重校。原稿無題。

〔三〕「漸」，手稿又作「更」。

〔四〕此句手稿又作「垂老漸知差」，又作「垂老興逾賒」，又作「垂老興翻賒」，又作「垂老靡賒奢」。

〔五〕此篇由張秀蘭釋文，曹玉琪重校。原稿無題。

〔六〕「千里」，手稿又作「村塢」。

〔七〕「一花」，手稿又作「牡丹」。

積雪明余眼，層冰岸上行。青天低映樹，黛嶺遠圍城。唫寂憑驢背，河流接鴈汀。追隨好景色，歸去醉眠醒。

綺疏虛映白，院落靜淒清。動幕輕風至，希聲密雪傾。天寒庸酒敵，心懣倩騷鳴。太息丁時運，豪衷詎可評。〔一〕

醺醉出城門，心憐一帶村。東崗烟霧重，西渚樹嵐屯。積素明霎眼，高清極上尊。生涯詩寄傲，鉛槧事晨昏。〔二〕

生寂尋常事，詩吟且自如。酒觴參理妙，花樹醉眠舒。博物開生面，雕蟲富古書。行藏難免俗，高尚實羞居。

春城花燭燦，萬戶樂豐年。散步燈全勝，豪歌月正圓。歡娛稠疊眼，宴會醉酣仙。絃管春風裏，〔三〕含情不欲眠。

無題〔四〕

雪氣生寒勁，〔五〕日華天宇清。〔六〕郊坰明積素，村野寂風聲。遠近咸梅樹，高低綴玉英。占詩生逸

〔一〕「詎可」，手稿又作「久不」。
〔二〕此首末手稿注：「筆硯老林園」。
〔三〕「絃管」，手稿又作「絲竹」。
〔四〕此篇由張秀蘭釋文，曹玉琪重校。原稿無題。
〔五〕「生」，手稿又作「加」，又作「曾」。
〔六〕「日」，手稿又作「心」。

興，耳目更聰明。〔一〕

桃結三千歲，人過六十春。一年將盡也，萬象又更新。〔二〕久待風雲會，頻瞻日月輪。何時世鼎革，鬱鬱氣方伸。

無題〔三〕

咄咄裴奴恨，休休薄命憐。誰知療病去，遂致禍胎延。〔四〕昨歲春三月，於今夏一年。傷心頻按劍，擢髮不堪憐。〔五〕

無題〔六〕

漠漠陰雲暗，淒淒苦雨繁。淋漓滋院卉，岑寂掩柴門。玉露花叢綴，珠璣菊葉存。庭階不住響，清曉到黄昏。

不住空階滴，蕭蕭暗仲秋。茅簷羣點潑，院落小泉流。日晦行何道，雲陰覆隴頭。昨宵無間斷，今夕不勝愁。

〔一〕「更」，手稿又作「倍」。

〔二〕「更」，傅山全書初版本誤作「新」，據手稿改。

〔三〕此篇由張秀蘭釋文，曹玉琪重校。原稿無題。

〔四〕「延」，手稿又作「遷」。

〔五〕「擢髮」，手稿又作「髮指」。

〔六〕此篇由張秀蘭釋文，曹玉琪重校。原稿無題。

不意秋分雨，須知節序催。露珠滋朶蕊，院落淨塵埃。寂寂花清健，淒淒風爽來。柴門無俗物，應暢濁醪杯。

盡日蕭蕭雨，空階不住聲。陰陰雲密暗，湛湛水澄清。樹葉低藏果，花叢重落英。怡顔時寄興，俯仰暢吟情。

此雨知無益，還能長菜根。田疇沾澤渥，隴首暗雲屯。花綴清涼露，烟迷遠近村。

清晨聞鴈〔一〕

清曉聞歸鴈，飛鳴寒露前。春遊古塞外，秋返故鄉川。嘹唳雲端響，安排字體聯。〔二〕晴空羽翮勁，北地異南邊。

霜霄對月〔三〕

澹泊澄秋色，清淒見鷙鷹。光天千里淨，朗月一輪昇。曠覽寧移性，乘涼不曲肱。〔四〕襟期何暢達，俯仰不生憎。

〔一〕此篇由張秀蘭釋文，曹玉琪重校。
〔二〕「體」，手稿又作「勢」。
〔三〕此篇由張秀蘭釋文，曹玉琪重校。
〔四〕「不」，手稿又作「肯」。

河堤騁望〔一〕

柳堤閒縱目，時序已秋深。戍削西山古，澄清峽水今。雲霄歸鴈唳，河岸草蟲吟。俯仰襟期暢，淒涼景色臨。

無題〔二〕

早起登高望，綿山逸興賒。雲飛開碧落，日上映丹霞。天運雖無盡，吾生亦有涯。峙流環郭外，風靜柳條斜。〔三〕

新秋過九日，好雨快人心。滌蕩殊涼爽，〔四〕滂沱喜不禁。千村沾惠澤，四野沛甘霖。〔五〕草木明珠露，〔六〕雲雷覆厚陰。

夏秋愁亢旱，百谷漸焦枯。酷熱增常歲，〔七〕炎煩勝客途。〔八〕乘涼依柳蔭，避暑向冰壺。〔九〕

〔一〕此篇由張秀蘭釋文，曹玉琪重校。
〔二〕此篇由孫蔭亭釋文，曹玉琪重校。原稿無題。
〔三〕「條斜」，手稿又作「陰遮」。
〔四〕「滌蕩」，手稿又作「布濩」。
〔五〕此句手稿又作「百谷浸甘霖」。
〔六〕「草木」，手稿又作「滋潤」。
〔七〕「酷熱」，手稿又作「溽暑」。
〔八〕「煩」，手稿又作「蒸」。
〔九〕「向」，手稿又作「少」。

雨歇殘雲散，新晴綠野明。四郊秋景色，一派草蟲聲。高爽精神暢，清涼宇宙精。老傖多興會，俯仰不勝情。

秋光清宇宙，舞蹈不勝情。〔一〕醒悟才連犿，疏狂酒達生。〔二〕四郊山色勝，一派草蟲鳴。逸興生吟興，〔三〕揮毫句易成。

無題〔四〕

老夫嗔久病，憒懣不能平。少睡看窗月，多愁聽鼓更。心煩翻倒極，腸斷暗悲鳴。昞得疴除日，羊醪慶再生。生怕妻孥覺，傷心永別離。恨奴十四月，怨鬼暮春時。隱泣那能歇，深憂孰得知。如茲苦楚病，焉用此生爲。夢回窗映白，卻是月之光。客臥春宵永，才韜壯志長。龍潛須日躍，鳳隱時待翔。鐘響開靈性，雞鳴上太陽。

顏面今衰老，春秋頓覺高。生憎丁濁世，可惜困吾曹。無奈詩吟遣，還躭飲興豪。郊坰花樹放，取次醉香醪。

〔一〕「舞蹈」，手稿又作「俯仰」。
〔二〕「達生」，手稿又作「恃傾」。
〔三〕「生」，手稿又作「兼」。
〔四〕此篇由孫隆亭釋文，曹玉琪重校。原稿無題。

朔方〔一〕

朔方大野何寥哉，悲風慘淡從天來。初如巨壑吼陰浪，忽似晴空打怒雷。岩風吹沙石爲裂，淅瀝飛沙砭人骨。萬里書生二十餘，匹馬來爲朔方客。朔方之人膽如斗，不鬬才華鬬身手。無復悲歌慷慨聲，猶能使氣屠雞狗。憑高仰視太行山，山氣空蒙紫翠間。東西兩月半吞吐，今古烟雲相往還。太行勢盡西山起，虎踞龍盤聳神偉。昨夜燕脂雪，〔二〕蕭瑟山川寂四圍。

淨業庵重修代人賀大和尚〔三〕

聞道津梁處，莊嚴賴法賢。烟霞深隔世，鐘板久安禪。詰曲珠林隱，巍莪寶殿騫。具瞻獅子座，功德自無邊。

賀白雲寺正殿上梁〔四〕

珠林今復振，淨業喜重光。雲構鴛鴦瓦，翬飛螮蝀樑。清涼龍象境，明迴兩花堂。迴向無生地，皈依證法王。

〔一〕此篇據太原晉祠博物館藏手稿釋文，原稿無題，標題爲編者所加。傅山全書初版本未收。
〔二〕此句疑脱二字。
〔三〕此篇由孫蔭亭釋文，曹玉琪重校。
〔四〕此篇由孫蔭亭釋文，曹玉琪重校。

無題〔一〕

今歲春寒勁，〔二〕風聲不住鳴。韶光明耳目，景色麗幷城。遠近占詩玩，縱橫愜意瞠。留連胸臆暢，垂老不勝情。

丁酉初秋片時占〔三〕

□暑難堪熱，清晨報早秋。不勝涼爽快，頓覺澹清幽。俯仰從郊樹，登臨向峙流。開顏頻咏嘯，雲散遠山頭。

不勝煩熱苦，今曉變清秋。時序來爽快，山光頓靜幽。城中繁樹蔭，郭外繞河流。千里浮雲颺，高看立渡頭。

難堪煩熱暑，今日喜新秋。颯颯風涼爽，蕭蕭樹響幽。山容增嫵色，峽水漸澄流。堤畔青青柳，依依睇隴頭。

無題〔四〕

早起乘涼爽，新秋聽雨聲。花叢繁露綴，樹蔭歙風清。正好裁詩句，還宜酌酒觥。三餘眞樂事，

〔一〕此篇錄自傅山批點重刊千家註杜詩全集卷十後，爲傅蓮蘇墨蹟。原詩無題。由曹玉琪重校。

〔二〕「春」，手稿又作「天」。

〔三〕此篇據太原晉祠博物館藏手稿整理，由任志錄釋文。

〔四〕此篇據太原晉祠博物館藏手稿整理，由任志錄釋文。

暢志閉柴荆。

炎蒸苦溽暑，秋立興無央。雨霽情疏朗，風來體快涼。新雲開碧落，流水響滄浪。縱目河堤外，西巖黛色光。

占得青雲樓上看秋光〔二〕

俯仰窺雲色，茅簷聽雨聲。初春天意旱，季夏露珠生。艸村穠阡陌，槐花蔭郭城。披襟乘爽氣，唫詠暢餘情。

卷二　七言律詩

己丑離石旅次作〔三〕

半夜挑燈讀道書，性靈慧悟近何如？古人曾用三冬足，今我空儲萬卷餘。南面百城時臥擁，西征懷抱久成疏。生涯牢落難言喻，煐塌跏趺貌若愚。〔三〕

〔二〕此篇據太原晉祠博物館藏手稿釋文。傅山全書初版本未收。

〔三〕此篇由張秀蘭釋文，曹玉琪重校。

〔三〕「若愚」，手稿又作「不舒」。

惜春〔一〕

縠雨晴看郭外花，惜春將盡悵無涯。差池燕子梢芳草，嶺寂山頭綴彩霞。跌宕辯才偏隱逸，娱遊冷眼更豪奢。此生未得棲林壑，老樂縹緗擁五車。

秋日偶登玄通觀閣上興會〔二〕

凌霄層閣喜開顔，〔三〕豪氣軒昂指顧閒。獨凭朱欄雄放眼，聯唫錦句迴臨山。汾波汎濫西郊外，〔四〕雲嶠飛揚碧落間。闕塞漸涼霜露降，秋深旅鴈故鄉還。

琳宫卓午聞清梵，〔五〕獨倚欄杆望碧空。狂叫雲霄天咫尺，閒唫花樹水西東。河濱曲曲陶唐世，〔六〕山右泱泱晉國風。〔七〕緬想春秋多烈士，〔八〕盱衡今古起賓鴻。

秋霽丹霞起建標，日登仙閣咏逍遥。〔九〕琪花已謝生惆悵，水蓼新開慰寂寥。縹緲琳宫通帝座，

〔一〕此篇據太原晉祠博物館藏手稿整理。由任志錄釋文。
〔二〕此篇由孫蔭亭釋文，曹玉琪重校。
〔三〕「喜」，手稿又作「頓」。
〔四〕「西郊外」，手稿又作「青蕪里」。
〔五〕「卓」，手稿又作「日」。
〔六〕「濱」，手稿又作「干」。
〔七〕「山右」，手稿又作「參野」。
〔八〕「烈」，手稿又作「策」。
〔九〕「仙」，手稿又作「丹」。

循環欄楯近雲霄。巍峩矗聳籌邊並，天半風鈴奏簫韶。

春興感懷〔一〕

融和遲日山川麗，側側春寒碧水光。〔二〕興起芳英成綺句，杯盈美醖篆瓌章。〔三〕河濱淑氣催花信，村塢條風逆鴈行。又閱新年五十外，青楊衰憊更堪傷。

晉祠春秋興會偶占丁亥。〔四〕

澄波心印翠蛾清，〔五〕難老寒泉注耳鳴。仙柏陰森時爽目，雪濤湍激欲移情。新秋塹坐觀雲起，〔六〕逸興頻唫把酒傾。造適清幽殊愜快，疏狂勝境暢餘生。懷抱頓開躭旨酒，〔七〕臨流傾耳聽潺湲。〔八〕悠然興會唫題句，〔九〕偶爾情怡嘯解顏。春色融和花寂

〔一〕此篇由孫蔭亭釋文，曹玉琪重校。
〔二〕「光」，手稿又作「漾」。
〔三〕「美」，手稿又作「旨」。
〔四〕此篇由孫蔭亭釋文，曹玉琪重校。
〔五〕「波」，手稿又作「空」。
〔六〕「雲起」，手稿又作「瀾化」。
〔七〕「躭旨」，手稿又作「傾酣」、「傾濁」。
〔八〕「傾」，手稿又作「側」、「洗」。
〔九〕「題句」，手稿又作「聯句」。

寂，〔一〕柏陰幽勝鳥關關。〔二〕徘徊狂客娱難老，〔三〕俯仰風光寓目閒。〔四〕

偶咏水仙〔五〕

年年開謝看花發，歲歲韶光客興清。〔六〕嫵媚雪姿偏有色，清揚冰骨默無聲。生涯久興江鄉別，岐路今同卉草生。獨向書齋風韻勝，香清仙態冠春城。〔七〕

春興〔八〕

晉甸清寧景色韶，〔九〕輕風習習度花朝。五雲摶密珠囊慶，六甲融和玉燭調。光岳雕龍雄奪錦，才華彩筆壯爭標。昂藏氣象韜經史，志在春秋慰寂寥。

〔一〕此句手稿又作「春日融和花爛漫」。
〔二〕「伯陰」，手稿又作「風光」。
〔三〕「狂客」，手稿又作「詞客」。
〔四〕「風光」，手稿又作「精神」。
〔五〕此篇由孫陰亭釋文，曹玉琪重校。
〔六〕「光」，手稿又作「華」。以上二句，手稿又作「水仙零落配玄花，脈脈幽情向朶盈」。
〔七〕「香清」，手稿又作「盈盈」。
〔八〕此篇由孫陰亭釋文，曹玉琪重校。
〔九〕「晉甸清」，手稿又作「宇宙明」。

無題〔一〕

山村環繞映秋光，日午當空天不涼。攬勝聽泉明耳目，〔二〕生歡臨野豁肝腸。遨遊汗漫從吾好，騁望遷延發興長。豪氣難除猶宿昔，壯心不已老疏狂。

漠漠陰雲暗仲秋，冥冥雨露濕花頭。叢開朵蕊千枝勝，葉發精神十月收。院落清幽姿點綴，襟期澹泊韻風流。怡顏細譜嬋娟色，搦管高吟遣旅愁。

無題〔三〕

出門處處繞山川，客路潺湲響石泉。蒼翠怡顏忻偶爾，丹青肖畫玩悠然。關關鳥嘯檀欒柳，冉冉雲飛曠遠天。豪氣難除弧矢志，達生詩酒慕腹便。〔四〕

靈石城環四面山，河流客路響潺湲。怡情惟有吟詩什，愜意何妨醉老顏。長夏看雲生變幻，片時依樹得清閒。遨遊隨處堪心印，嘯傲乘涼水岸間。

平生癖好占詩句，垂老精神興逸豪。忻賞花時新景色，閒遊春暮醉香醪。難除狂性希嵇阮，酷敬當年嗜酒陶。解脫不能朝五岳，衰年朝夕誦離騷。

〔一〕此篇由孫蔭亭釋文，曹玉琪重校。原稿無題。
〔二〕「明」，手稿又作「清」。
〔三〕此篇由孫蔭亭釋文，曹玉琪重校。原稿無題。
〔四〕「腹便」，手稿又作「前賢」。

小站營看蓮花〔一〕

秋日看蓮興致深，出城鷺囀柳林陰。四圍雲岫奇青眼，一片秋光澹素心。牢落漫聽泉咏嘯，寂寥且與世浮沉。萋萋碧草侵芳徑，流水鳴琴和客唫。

庚寅六月小五臺

客星夏晚此經過，箕踞層臺逸興多。一綫横汾明素練，千秋崑嶺嫵青螺。披襟問爽愁如失，放眼看空老奈何。解脱塵寰宜嘯傲，清涼妙境發狂歌。

閏七月半遊天龍山淹留三日

客路蕭然一布衣，幽村穿過静柴扉。天涯空闊雲巒斂，野外淒其木葉飛。澄水山光清澹泊，寒林秋色老精微。菊英叢發隨時序，鴻鴈來賓百卉腓。

偶爾天龍三日留，軒昂耳目豁深秋。情鍾岩閣還題咏，興會松林不倦遊。勝境性靈開慧悟，晴空風籟奏清幽。名山癖愛如魚水，垂老貪奇不肯休。

晉陽郭外柳堤蓮畔行唫

西巖一帶秀蒼蒼，郭外青青百草芳。物色清幽宜耳目，秋聲蕭瑟動詩腸。啣泥鷰子飄然去，出

〔一〕此篇以下八篇據太原晉祠博物館藏手稿整理。由趙望進釋文。

水荷花艷未央。跬步沙堤多興會，依城柳影納風涼。

晉祠

濃陰芳樹翳秋陽，瀑激泉飛素練光。碧藻分流祠外去，翠蛾凝目水中央。雲陶洞廻觀千里，古殿源靈惠一方。數數觀瀾難老畔，忘情何處不清涼。

無題

澮雲疏雨暗西山，河外幽林冥漠間。一片荒蕪鳴促織，幾樽濁酒破衰顔。俗情役役毫無涉，塵事勞勞邈不關。唫咏自娱懷世業，知希我貴得清閒。

無題

空闊秋聲盈耳鳴，淒清客路颯風生。悲歌景色荒平野，陶冶詩篇寄遠情。黄老深藏惟恬澹，肝腸難老貞□明。〔一〕河清久矣知誰待，日暮途窮視世輕。

無題

空曠秋光眼界明，縱横雲嶂不時生。幽懷澹泊聯珠玉，逸興遄飛宕性情。花樹亦能令意愜，山

〔一〕「貞」字下，手稿脱一字。

河那得不心傾。垂青碧霽晗晬放，一片蒼茫促織鳴。〔一〕

無題〔二〕

秋日南征灝氣涼，澹雲疏雨翳朝陽。千村草木蒼青色，一路田禾錦繡光。〔三〕郊陌淒其情豁達，〔四〕天涯蕭爽興飛揚。蛩聲幽切鳴暮朝，〔五〕鴻鴈來賓露結霜。

高曠秋明八月中，山川岑寂四郊同。風霜清野催黄落，鴻鴈聯行唳碧空。忽慮聲名湮沒沒，〔六〕聊將詩酒樂融融。歲寒松柏知凋後，庶草俱腓著菊叢。後凋然後知松柏。

秋光澹泊明千里，嶺色清幽愜寸心。郊外菊叢黄蕊放，陌頭楊柳碧陰沉。鷀鴯歸去情難已，鴻鴈來賓感不禁。極目素旻悲慨遠，飛雲浩蕩動哀音。

深秋歸路興無央，岑寂山容靚黛光。草木變衰催節令，〔七〕郊原慘淡凛風霜。悠悠日暮悲將老，忽忽途窮感易傷。歎息今年過五四，野花又見菊英黄。

客路蕭然一布衣，幽村穿過靜柴扉。天涯空曠雲巒歛，〔八〕野外淒其木葉飛。澄水山光清澹泊，

〔一〕手稿於詩末署「松僑老人山」，並鈐有傅山印章一枚，當爲傅連蘇冒名。
〔二〕此篇由孫蔭亭釋文，曹玉琪重校。原稿無題。
〔三〕「路」，手稿又作「帶」。
〔四〕「郊」，手稿又作「阡」。此句又作「澹泊逸淡遠解脱」。
〔五〕「暮朝」，手稿又作「晨暮」，又作「朝夕」。「朝夕」，傅山全書初版本誤作「朝文」，據手稿改。
〔六〕「聲」，手稿又作「身」。
〔七〕「令」，手稿又作「序」。
〔八〕「涯」，手稿又作「稍」。

寒林秋色老精微。菊英蘘發隨時序，鴻鴈來賓百卉腓。

壬辰客寓蔚蘿雜詩〔一〕

一派清涼新物色，四郊爽氣寸心傾。〔二〕行雲流水時觀化，芳草鮮花迹遂生。暑伏自今將退去，秋光從此轉分明。襟期疏朗隨時序，石黛山容澹性情。

秋明空曠萬峰幽，〔三〕亭敞清涼水繞流。雨霽翠微時寓目，雲飛碧落偶科頭。〔四〕浮沉塵世今將老，聯綴詩篇不肯休。悠忽年華五十六，餘生且狎海濱鷗。

風起秋分節變更，雲中客寓不勝情。〔五〕南山一帶多蒼莽，北塞週圍漸翠清。挾册雲遊思出世，行吟萍泛暢餘生。鴈門關外淹三月，蕭瑟秋聲雜鴈聲。

雨霽雲飛多興會，四圍景色益分明。翠屏山骨開靈性，黛壑秋光太有情。抵掌狂歌應放逸，臨池舞鶩羨輕盈。壯心不已猶年少，豪氣難除老未平。

烟雨迷離池上亭，雲溪迴合草冥冥。座中暑氣清風惠，〔六〕階下花叢恬性靈。〔七〕活潑潑泉環堵

〔一〕此篇由白春娥釋文，曹玉琪重校。
〔二〕此二句手稿又作「一派清涼爽氣色，四郊物色寸心盈」。
〔三〕「空曠」，手稿又作「灝氣」。
〔四〕「偶」，手稿又作「仰」。
〔五〕「雲中」，手稿又作「他鄉」。
〔六〕「清風惠」，手稿又作「涼風吹」。
〔七〕「恬」，手稿又作「悅」。

外，〔二〕垂毿毿柳蔭囱櫺。幽思不偶無窮興，欹坐吟哦一客星。

夜半蕭蕭響勁風，秋聲清籟月明中。〔三〕客馳心緒千餘里，戶啓雲山幾萬重。容谷蛩音消寂寞，涼亭池水動冲瀜。精神爽朗悠然坐，〔三〕悄悄情思有異同。〔四〕

秋空明淨水滄浪，百卉俱腓曉落霜。雨濯峰稜翻翠減，風吹野色混蒼茫。凄清岐路飄林葉，寂寞斜陽映鴈行。感慨菊叢蓓蕾綻，喜同雅客醉流觴。

最憐仙李園中菊，〔五〕一日須看一百回。今我賞花詩十首，〔六〕古人重節酒千杯。悠悠濁世宜遊玩，縷縷浮雲自去來。關塞阻修人落寞，南翔鴻鴈望徘徊。重陽園菊。

園林綺麗變清霜，山色蒼蒼減翠光。鴻鴈幾行歸澤國，菊畦百種向朝陽。遨遊筋骨防柔弱，〔七〕豪縱精神鍊摯强。九月凄其悲作客，訝經寒露在殊方。

塞北龍泉夙與期，亭南物色雅相宜。别離廿載重來此，旅次於今更動悲。〔八〕老友凋零希我輩，〔九〕

〔一〕「環」，手稿又作「鳴」。
〔二〕「清」，手稿又作「幽」。
〔三〕「悠然」，手稿又作「跏趺」。
〔四〕此句手稿又作「脈脈幽思恤我躬」。
〔五〕「憐」，手稿又作「怡」。
〔六〕「賞」，手稿又作「臨」。
〔七〕「柔弱」，手稿又作「衰憊」。
〔八〕「動悲」，手稿又作「益宿」。
〔九〕此句手稿又作「素契凋零非我輩」。

故交淪落少箴規。〔二〕心酸忽下霑襟淚，不復歡娛醉酒巵。〔三〕

無題〔三〕

秋聲蕭瑟不勝情，物色淒其水湛明。慘淡雲巒浮嶺塞，紆徐客路傍山城。秋分已過繁霜肅，寒露將來旅鴈鳴。〔四〕節序催殘吾易老，靦顏祇覺負平生。

時序催人日月流，立言不朽自千秋。惜陰只恐愁腸斷，驚老寧忘沒世憂。志士暮年心益壯，狂生終歲學難休。襟期暢達耽鉛槧，萬卷藏書足臥遊。

雜葩生樹環村落，疏柳籠烟映暮春。歎息幾年遊已倦，誰知今日路翻新。花開花謝經空眼，雲起雲飛悟幻身。與世浮沉違夙志，豪情難老混風塵。

源泉混混水晶宮，霮柏千春聳碧空。勁節蟠奇寒暑歷，洑流澹蕩古今同。清涼仙境濃陰綠，變幻風雲映日紅。懸甕御書雄片碣，剪桐傳自叔虞封。

孟冬臥榻寂離羣，夜靜聲長笛忽聞。方寸悠悠生咏興，太清寂寂過風雲。〔五〕菊花青眼經開謝，賓鴈丹心感見聞。沮洳汾濱留滯久，驚顏搖落葉繽紛。

春日融和景色新，勻黃烟柳嚲河濱。遨遊愜意占詩好，潦倒開顏覓酒頻。著作未能追太史，傳

〔一〕「少」，手稿又作「失」。

〔二〕「醉」，手稿又作「共」。

〔三〕此篇由白春娥釋文，曹玉琪重校。原稿無題。

〔四〕「將」，手稿又作「初」。

〔五〕「寂寂」，手稿又作「悄悄」。

聞差可作詞人。丈夫遠志何時展，傖父牢騷歎隱淪。

娟娟麥秀不勝情，千里流汾素練明。妙境寸心能解脱，微風霎驀舞輕盈。連山雲過開顔遠，〔二〕跂路風吹覺體輕。〔三〕命謬此時難仗策，途逢好友且班荆。

立秋日蔚州東南龍泉亭口占二首〔三〕

昨雨今晴一夕秋，千峰萬壑翠微幽。闞南風雅推汾晉，嶺後林泉讓蔚州。〔四〕郊野坐忘遺俗慮，亭皋觀化傍清流。舊盟知己同歡聚，喜我重來尚黑頭。

碧落澄涼一色秋，〔五〕南山蒼翠更清幽。檀欒密柳環村塢，層疊新雲勝蔚州。〔六〕每向龍泉聽水韻，間依樹影趁風流。性靈賴有巖林助，抱膝長唫未白頭。

〔一〕「開」，手稿又作「怡」。
〔二〕「輕」，手稿又作「清」。
〔三〕此篇由白春娥釋文，曹玉琪重校。手稿題下自注：「辛卯延安壬辰六七月」。
〔四〕「讓」，手稿又作「勝」。
〔五〕「碧落澄涼一色秋」，手稿又作「碧落澄清一片秋」。
〔六〕「蔚州」，手稿又作「覆翳」。

壬辰歲暮〔一〕

五十七臨眞覺老，〔二〕幾番頭暈强支持。〔三〕白駒過隙應如夢，青眼經春又有詩。戚戚衰顏宜放逸，滔滔濁世任姸媸。會須排遣芳菲境，取次看花醉酒巵。〔四〕

癸巳秋興〔五〕

昨雨今晴興未央，清晨日射紫霞光。〔六〕城中丹閣雲霄聳，河外青岩石黛涼。六月銀潢傾渥澤，四郊玉樹蔭琳瑯。新秋清晏田疇綠，晉甸今年大護穰。〔七〕

癸巳中秋有感漫占三首不勝淒然〔八〕

野清霜氣肅深秋，搖落林皋萬壑幽。慘淡風雲更節序，悲鳴鴻雁下汀洲。人間歲月偏催老，世外神仙不可求。迅速流光駒過隙，浮生若夢嘆悠悠。

〔一〕此篇由孫蔭亭釋文，曹玉琪重校。
〔二〕「眞覺老」，手稿又作「深覺彌」。
〔三〕「强支持」，手稿又作「苦難支」。
〔四〕「取次」，手稿又作「次第」。
〔五〕此篇由孫蔭亭釋文，曹玉琪重校。
〔六〕「清晨日射」，手稿又作「朝陽曉放」。
〔七〕「大」，手稿又作「農」。此句手稿又作「更喜年豐大稔穰」。
〔八〕此篇由孫蔭亭釋文，曹玉琪重校。

秋深郊外一徜徉，瞻望東崗是故鄉。岐路菊英初放紫，荒村樹葉半凋黄。友生零落傷心事，童稚遷移失鴈行。四十年前舊居址，潸然感觸淚茫茫。秋風雲嶠共飛揚，蕭瑟郊原草木黄。日色淒其荒四野，客心惆悵淚千行。前年舍弟增悲痛，今夏阿系又夭殤。垂老衰顔生慘戚，催殘連歲更神傷。

乙未皋月書齋對雨〔一〕

濛濛烟雨迷清曉，獨坐書齋望雉城。野外田疇應布護，〔二〕堦除花樹更敷榮。〔三〕今朝夏至霑甘露，他日秋成慰老傖。〔四〕千里郊坰饒潤澤，〔五〕熙熙穰穰愜民情。〔六〕

閏壯八日信口〔七〕

昨夕天陰今日晴，雲頭層疊湧秋城。〔八〕四郊景色清幽勝，〔九〕千里河山氣象明。特達才華豪放逸，

〔一〕此篇由孫蔭亭釋文，曹玉琪重校。
〔二〕「應」，手稿又作「知」。
〔三〕「更」，手稿又作「喜」。
〔四〕「傖」，手稿又作「生」。
〔五〕「澤」，手稿又作「沃」。
〔六〕「愜民情」，手稿又作「遂其生」。
〔七〕此篇由張秀蘭釋文，曹玉琪重校。
〔八〕「秋城」，手稿又作「幷城」、「崢嶸」。
〔九〕「清幽」，手稿又作「秋光」。

疏狂筆性老縱橫。〔一〕清新詩句占隨意，雋永篇章發性情。〔二〕

四十年來慣住村，暮春花放飲桃源。傍山常覩風雲變，〔三〕垂老方知雨露繁。怪柏崖頭平日望，清泉峽口不時存。〔四〕清幽佳境河波響，岑寂巖阿日色暄。〔五〕

今秋又過有餘悲，六十餘身漸覺衰。垂老帷耽清韻事，近年偏愛濁醪巵。花叢映眼時臨賞，物色怡情漫譜思。與世浮沉非一日，無聊消遣寓諸詩。

快雨時晴〔六〕

階前玉樹蔭琳瑯，風忽催晴樂未央。雨洗山稜新黛色，天開雲氣夕陽光。漫占詩句情鍾遠，〔七〕卻覓樽醪興會長。〔八〕夏至甘霖霑已足，〔九〕四郊麥浪綠茫茫。

〔一〕「性」，手稿又作「力」。
〔二〕「性」，手稿又作「至」。
〔三〕「變」，手稿又作「態」。
〔四〕「清」，手稿又作「甘」。
〔五〕「色」，手稿又作「煖」。
〔六〕此篇由孫蔭亭釋文，曹玉琪重校。
〔七〕「鍾遠」，手稿又作「怡爽」。
〔八〕「卻覓」，手稿又作「頻酌」。
〔九〕「甘」，手稿又作「膏」。

幽人雲護居〔一〕

澤雲搏密繞村居，烟柳扶疏碧水紆。石峽來風涼快意，春花滿樹落芳裾。〔二〕行吟卓爾時宜早，選勝悠然興有餘。喜賴巖林能善我，窮愁强著等身書。

天龍〔三〕

晉源南去是天龍，〔四〕傳有高歡避暑蹤。〔五〕今古翠微岑寂寂，〔六〕春冬雪澗響淙淙。清涼仙境能遺世，解脱塵寰可練容。〔七〕層閣具瞻尊石佛，纓松絡柏護重重。

雨中漫興郊外踏青〔八〕

佳禾萬頃鬱葱葱，積水蒼茫六月中。縷縷弱雲時度嶺，〔九〕霏霏細雨旋隨風。客行放眼情無限，

〔一〕此篇由孫蔭亭釋文，曹玉琪重校。
〔二〕「芳」，手稿又作「輕」。
〔三〕此篇由孫蔭亭釋文，曹玉琪重校。
〔四〕「是」，手稿又作「卽」。
〔五〕「有」，手稿又作「是」。
〔六〕「岑」，手稿又作「幽」。
〔七〕此句手稿又作「服食松脂可變容」。
〔八〕此篇由孫蔭亭釋文，曹玉琪重校。
〔九〕「時」，手稿又作「遄」。

詩得開顔興不同。野外崗巒青簇簇，杳冥物色岸西東。

玄通閣〔二〕

高標層閣冠塵寰，方外清涼出世間。迴近雲霄天共語，玄通閶闔客開顔。綺城睥睨眞堪處，紺宇棲遲喜凭攀。更繞琦花香旖旎，翠微西睇水迴環。

春郊〔三〕

融和淑景換輕衣，河岸看山嫵翠微。寂寂晴沙驚鴈起，依依疏柳映雲飛。風光流轉饒唫興，草木滋榮仰德輝。軒豁心胸新物色，循環節序老柴扉。

夏夜對月〔三〕

芒星片月輝宵漢，〔四〕盛夏清光向我多。仰面凝看仙桂樹，側身思伴美姮娥。舉杯遙想蟾宮臥，緩步潛聽玉笛歌。逸興遄飛饒百倍，榴花滿院影婆娑。

〔二〕此篇由孫蔭亭釋文，曹玉琪重校。
〔三〕此篇由孫蔭亭釋文，曹玉琪重校。
〔三〕此篇由孫蔭亭釋文，曹玉琪重校。
〔四〕「片」，手稿又作「皎」。

無題〔一〕

雜葩生樹繁花落，〔二〕疏柳籠烟藹暮春。歎息幾年遊已倦，誰知今日路翻頻。〔三〕花開花謝觀空眼，雲起雲飛悟幻身。與世浮沉違夙志，〔四〕豪情難老老汾濱。

無題〔五〕

峥嶸疊嶺環邨落，〔六〕花搭層雲罅日光。〔七〕弱柳依依清興勝，〔八〕微風習習寸心涼。〔九〕平原好麥光明媚，〔一〇〕曠野低天色渺茫。〔一一〕永晝放歌浮大白，〔一二〕胸懷暢達氣飛揚。〔一三〕

〔一〕此篇由白春娥釋文，曹玉琪重校。原稿無題。
〔二〕「落」，手稿又作「野」。
〔三〕「今日」，手稿又作「行徑」。「翻頻」，手稿又作「途新」。
〔四〕此句手稿又作「與世往還酣濁酒」。
〔五〕此篇由白春娥釋文，曹玉琪重校。原稿無題。
〔六〕「環邨」，手稿又作「迂依」。
〔七〕「罅」，手稿又作「漏」。
〔八〕此句手稿又作「高柳依依幽高勝」。
〔九〕「微」，手稿又作「薰」。
〔一〇〕「好」，手稿又作「秀」。
〔一一〕「色」，手稿又作「涯」。
〔一二〕此句手稿又作「一我放歌思傾白」。
〔一三〕「飛」，手稿又作「欲」。

酌酒沉酣消夏日，〔一〕班荆野外趁清涼。檀欒碧柳環村落，〔二〕嫵媚青峰麗夕陽。經眼雲霞時幻彩，動人詩句忽成章。襟期遠大偏光霽，〔三〕景色承顔興發揚。〔四〕

山川迂曲來今古，〔五〕日月貞明閲夏秋。客路芳菲供筆藻，〔六〕文心杼柚見風流。〔七〕生涯可恨懷安誤，豪儁應難底着留。〔八〕狂性久存鴻鵠志，〔九〕白雲浩蕩碧空遊。

光華日月過春秋，〔一〇〕陶冶篇章紀勝遊。弧矢久懷千里志，〔一一〕賦詩時上百層樓。〔一二〕四方訪友從吾好，三立無稱亦足羞。〔一三〕

〔一〕「夏日」，手稿又作「永晝」。
〔二〕「村落」，手稿又作「里閈」。
〔三〕此句手稿又作「風度高曠達光霽」。
〔四〕「承」，手稿又作「開」。
〔五〕此句手稿又作「河山流峙來今古」。
〔六〕「供筆藻」，手稿又作「資筆彩」。
〔七〕「杼柚」，手稿又作「組織」。
〔八〕「應難」，手稿又作「焉能」。
〔九〕「久存」，手稿又作「不殊」，又作「每思」。
〔一〇〕「華」，手稿又作「明」。
〔一一〕「久懷」，手稿又作「舊存」。
〔一二〕「時上」，手稿又作「今數」。
〔一三〕「無稱」，手稿又作「無能」、「無言」、「湮名」。「亦足」，手稿又作「足汝」。

無題〔一〕

花樹榮凋春復秋，風雲今古過悠悠。誰知閱世河山老，卻悟浮生歲月流。四十年來如蝶夢，百千觴醉飲書樓。襟期特達躭經史，底事懷安不遠游。

畫錦堂開降岳辰，藐姑僊氣溢精神。琳瑯玉樹階前映，煥彩霞裾座上新。今歲芝顔登八袠，他年眉壽過千春。百花璨爛佳賓列，競進香醪祝異人。

無題〔二〕

郊坰一片綠茫茫，眼外萋萋百草芳。〔三〕興會峰頭雲起岫，顔躭村落樹垂楊。難除豪氣占詩快，欲破愁城醉酒香。孟夏滔滔遊汗漫，襟期高尚望軒昂。

青眼百花饒院落，丹心豪氣望雲霄。一時興會風生爽，六月情怡筆動搖。占得新詩殊得意，〔四〕寫成佳句置諸瓢。襟期高灑顔舒暢，景色令人意也消。

碧落白雲飛片段，縱横青眼向晴空。差池鷰子霎霎舞，涼爽風聲處處通。快意徘徊占絕句，輕身高灑忘衰翁。〔五〕花叢滿院披襟譜，光暈英華錦繡同。

〔一〕此篇由白春娥釋文，曹玉琪重校。原稿無題。
〔二〕此篇由白春娥釋文，曹玉琪重校。原稿無題。
〔三〕「草」，手稿又作「穀」。
〔四〕「得」，手稿又作「愜」。
〔五〕「忘衰」，手稿又作「慰悅」。

無題〔一〕

天陰今日何煩熱，雲臥東山兆雨來。〔二〕半夜風聲鳴院落，清晨玉露綴花臺。甘霖布濩農歡悅，德澤濃沾愁放開。清晝放歌宜醉酒，〔三〕新秋氣爽暑天迴。

迎來送往苦風塵，不覺光陰已四春。垂老猶然難解脫，愁顏忽爾感酸辛。折腰有愧淵明語，尚志殊慚巢父倫。無可奈何時浩歎，不勝憤懣減精神。

無題〔四〕

隆冬天氣嚴寒勁，郭外河冰凍冽堆。村野風光蕭瑟極，川原景色寂寥催。不勝感歎年垂老，惆悵凄其日暮哀。八十餘生增兩歲，期頤不望詠徘徊。

菊嬌獸有太眞黃，矜貴天姿分外芳。綴露修莖葩歷落，經霜老幹葉疏狂。〔五〕移來書架情偏愜，〔六〕折置軍持興未央。五柳咏懷遺世異，重陽抵掌具壺觴。

海市蜃樓境幻空，上元燈燭徹宵紅。天開柏葉蓮燈外，月入銀花火樹中。三晉此時星客異，〔七〕

〔一〕此篇由白春娥釋文，曹玉琪重校。原稿無題。

〔二〕「兆」，手稿又作「報」。

〔三〕「放」，手稿又作「浩」。

〔四〕此篇由張秀蘭釋文，曹玉琪重校。原稿無題。

〔五〕「狂」，手稿又作「長」。

〔六〕「架」，手稿又作「依」。

〔七〕「異」，手稿又作「寓」。

萬方今夕兔光同。韶華只恐催人老，〔一〕莫放樽醪醉笛風。〔二〕

遊清泉寺〔三〕過韓侯嶺二首之一，靈石。

夾道陂陀紫土深，忽然起眼爲淮陰。幾行鴻鴈隨開闔，一陣風雲過古今。河外漢軍猶未渡，平陽魏豹已成擒。暫時得駐英雄馬，遂使崗巒氣不沉。

無題〔四〕

郊居耳目偏高曠，〔五〕天宇晴光映水涯。〔六〕麥秀漸漸涵玉露，崗巒寂寂混烟霞。黄鸝別樹綿蠻囀，紫鷰長堤競舞斜。乘興幽人來憩石，風泉春色宛仙家。

晉甸霜天草木黄，〔七〕連山秋色老蒼蒼。幽岩不語千花綻，空谷無人百草芳。挾册路歧特達情，占詩馬上意差强。闌栅落葉希人掃，〔八〕贏得遊賓咏幾章。

〔一〕「華」，手稿又作「光」。
〔二〕此句手稿又作「遮莫春風泣路窮」。
〔三〕此篇由張秀蘭釋文，曹玉琪重校。
〔四〕此篇由張秀蘭釋文，曹玉琪重校。原稿無題。
〔五〕「高曠」，手稿又作「清軒」。
〔六〕「映水涯」，手稿又作「未有涯」。
〔七〕「晉」，手稿又作「曠」。
〔八〕「希人掃」，手稿又作「誰來掃」。

月古初一落璚花，〔一〕兩日連宵積素賖。〔二〕一尺有餘森玉樹，〔三〕三冬足用好年華。山村景勝開梅蕊，河畔叢林綻李葩。時序適當過大雪，明年豐穰喜無涯。

無題〔四〕

閱歷世情如嚼蠟，老來惟有讀書眞。壯心不已年衰邁，豪氣難除日勝臻。山水遨遊舒暢志，性靈忻賞助精神。不勝感慨今垂老，涕淚無從燒睫頻。

涼風吹面何清爽，月色光天夜靜時。疏暢精神箕踞坐，聰明耳目快占詩。綺情興會哦忻賞，彩筆心躭雋永思。懷抱四方弧矢志，只今垂老益生悲。

戊戌閏八月五日偶遊清源之西平泉欣賞片時兼過中隱山小憩寓目日暮而歸口占二詩遣興自娱〔五〕

中秋閏月過平泉，今日娱遊豈偶然。百穀青黄堪放眼，千山蒼翠可參禪。清涼景色隨登眺，澹泊雲巒任變遷。中隱徘徊歸日暮，〔六〕穿林聽鳥抵城邊。

〔一〕「古」，手稿又作「塗」。
〔二〕「積」，手稿又作「嬰」。
〔三〕「森」，手稿又作「凝」。
〔四〕此篇由張秀蘭釋文，曹玉琪重校。原稿無題。
〔五〕此篇由張秀蘭釋文，曹玉琪重校。
〔六〕「中隱」，手稿又作「小峪」。

今日之遊信樂哉，素秋涼爽老顏開。〔一〕果園村落清花眼，山水風雲暢辯才。〔二〕儘有唫情須放達，何堪歲月似流催。西來爽氣非朝夕，興會長唫寄酒杯。〔三〕

無題〔四〕

邊塞霜清肅野空，鴈聲嘹唳月明中。階台獨立裁詩句，院落徘徊向菊叢。〔五〕夜靜淒其唫有興，秋深清爽喜無風。皇天自是催時序，歌暢疏狂慕陸通。

四年新春旋里途間偶占〔六〕

遊宦吾生亦有涯，四年正月始回家。經過村落花叢勝，眷顧山川水石賒。清曉風聲涼耳目，斜陽樹杪接雲霞。不時興會占新句，垂老精神騁筆華。

無題〔七〕

天陰風吹鸞飛高，聽雨階前遣鬱陶。俯仰清涼饒景色，縱橫逸暢酌香醪。七旬尚未年衰邁，百

〔一〕「爽」，手稿又作「浩」。
〔二〕「雲」，手稿又作「林」。
〔三〕「長」，手稿又作「行」。
〔四〕此篇由張秀蘭釋文，曹玉琪重校。原稿無題。
〔五〕「院落」，手稿又作「甬道」。
〔六〕此篇由張秀蘭釋文，曹玉琪重校。
〔七〕此篇由張秀蘭釋文，曹玉琪重校。原稿無題。

歲猶然氣爽豪。耳目聰明仍若舊，精神不減旋揮毫。〔一〕

無題〔二〕

五月初三雨未深，又過一月始沾淋。〔三〕黎民嘉樂爭耕種，村落歡騰慰渴心。百谷縹青饒綴路，千山蒼翠勝連陰。披襟騁望林皋外，坦腹乘涼日日吟。〔四〕

靈石炎涼正合時，誰知自古已如斯。我來五月常經見，凡事皆然詐欲欺。伎量易窺眞可笑，柔奸不淺卻非宜。人無信義西鄉甚，誰有嚴刑可制伊。〔五〕

古今天道運無窮，四季風雲變不同。興會峙流開耳目，顏怡花柳動情衷。忽然惺悟精神暢，頓覺歡生筆性雄。〔六〕豪邁心華頻浩歎，不勝惆悵白頭翁。

暮秋感懷〔七〕

長天一望碧無涯，客路秋高逸興賒。萬里霜空雲出岫，重陽露湛菊妍花。難除豪氣微詩發，欲破愁城倩酒佳。避地何須箕穎去，逃名物外即烟霞。

〔一〕「旋」，手稿又作「日」。
〔二〕此篇由孫蔭亭釋文，曹玉琪重校。原稿無題。
〔三〕「始」，手稿又作「足」。「始沾淋」又作「甘神林」。
〔四〕「日日吟」，手稿又作「聽鳥吟」。
〔五〕「可制伊」，手稿又作「法治之」。
〔六〕「雄」，手稿又作「工」。
〔七〕此篇由孫蔭亭釋文，曹玉琪重校。

春興〔一〕

明媚韶光喜復來，深春又見杏花開。會心物色清詩思，如意年華濁酒杯。千里雲巒奇變幻，一行鴈陣妙低徊。依依烟柳青河畔，光霽襟期暢辯才。

丁酉立秋口占〔二〕

昨晨中伏猶煩熱，今日初秋忽爾涼。風起蕭森鳴緑野，雲飛浩蕩映斜陽。固知劫數干戈動，漸次波濤海宇揚。挾策乘時欣際會，中原露布見文章。

無題〔三〕

遊山畢竟須携妓，無妓登山亦惘然。咄咄書空巖逕裏，悠悠寄興鳥聲前。美人何事難相晤，佳友同來是宿緣。勝境此行粗了願，松林長嘯望雲川。

遊介休綿山〔四〕

我從瑞石來仙境，先在神林宿兩晨。次日雲遊開眼界，登臨豪邁倍精神。丹青峭壁文心印，蒼

〔一〕此篇據太原晉祠博物館藏手稿整理，由任志錄釋文。
〔二〕此篇據太原晉祠博物館藏手稿整理，由任志錄釋文。
〔三〕此篇據鄧實珊藏手稿整理，原稿無題。傅山全書初版本未收。
〔四〕此篇據太原晉祠博物館藏手稿釋文，原稿無題，標題爲編者所加。傅山全書初版本未收。

綿岩仙景仰千春。長晝芝顏仰昊天。〔一〕頓覺精神情意迴，翠尖峰老眼新。曠覽羣山來拱衛，綿上蜂房迴異泉，雲遊初到喜留連。巉巖石壁開花卉，放曠遄生逸性靈。專清泠瀑飛空下，高灑泓池不計年。〔二〕

遊汾州〔三〕

河環山秀古汾陽，蒼翠娟明映日光。七月來遊情澹泊，千村興會景清涼。胸襟高灑開生面，耳目軒昂醉羽觴。隨境賦詩無不可，頻將彩筆發疎狂。

山村環境映秋光，日午當空天不涼。攬勝登樓新耳目，生歡臨野豁肝腸。遨遊汗漫從吾好，騁望遷延引興長。豪氣難除猶宿昔，壯心不已老彌狂。

高樓憑望遠山頭，烟雨冥濛暗仲伙。百穀將成阡陌滿，千村漸次圃場收。不勝情感催時序，且慰心歡暢耳眸。旅舍漫占詩遺興，香醪沉飲倩消憂。

秋社淒其蒼翠繁，雲陰八月野村昏。風迴院落清涼眼，兩響花蘘靜掩門。漫攤書卷安排上，閒酌壺觴憶竹園。頓遠風塵寧澹泊，喜無人事絕卑喧。

〔一〕此二句又作「巉巖石壁開紅朵，勝境尖巒聳碧天。」

〔二〕此句又作「多水成池亦有年」。

〔三〕此篇據太原晉祠博物館藏手稿釋文。原稿無題，標題爲編者所加。傅山全書初版本未收。

夏日新雲二首〔一〕

白雲層疊生巖壑，一半飛揚一半留。突兀奇峰彌宇宙，濃陰瀉雨澤田疇。四圍野色青殊勝，一帶山光翠欲流。閱盡滄桑人代改，至今變幻幾千秋。

涼風吹白雲，層岫涌紛紛。淡蕩彌天嶺，縱横映水紋。綺波分造適，喬彩結絪緼。霞變生祥兆，曇雯鬱鬱文。

春興感懷〔二〕

雜葩生樹環村落，高柳籠烟蒴暮春。難息幾年遊已倦，誰知今日路還新。花開花謝經空眼，雲起雲飛悟幻身。與世浮沉違夙志，豪情難老混風塵。

九月初七日口占〔三〕

天陰慘淡風聲勁，秋暮淒其日色微。寂寂裁詩看菊朶，悠悠安命閉柴扉。霜林變葉情鮀艷，鴻鴈來賓興不違。摇落郊坰隨節序，蕭疎景色白雲飛。

〔一〕此篇據太原晉祠博物館藏手稿釋文。傅山全書初版本未收。
〔二〕此篇據太原晉祠博物館藏手稿釋文。傅山全書初版本未收。
〔三〕此篇據太原晉祠博物館藏手稿釋文。傅山全書初版本未收。

城西嶺上白雲飛，野外河堤柳葉稀。鴻鴈來賓從塞地，菊藂放朵勝柴扉。〔一〕淒其景色清千里。〔二〕

幽村重疊繞烟柳，流水潺湲雜鳥聲。妙境寸心能解脫，微風霎鷺舞輕盈。連山雲過開新眼，岐路風涼吹老生。命謬此時難仗策，途逢好友喜班荆。

戊戌九月廿三拈得酒日傾〔三〕

秋暮水澄山戌削，霜天鴈唳野清淒。精神豪爽遊村落，耳目聰明遠晉城。倏忽六旬警若夢，寧馨百歲笑無成。修名不立今垂老，與世浮沉酒達生。

夏日口占〔四〕

堦前花卉日滋榮，院落清風而後生。玄鳥回翔添逸興，白雲浩蕩動高情。蕭然耳目何涼爽，卓爾身心更快輕。片刻唫成雋永句，不勝豪曠破愁城。

春晝遲遲〔五〕

春晝遲遲遊愜意，水鳴鳥嘯興無涯。河邊芳草開青眼，村落夭桃燦赤霞。僻性吟哦新思遠，驚

〔一〕此句下有脫句。
〔二〕此句下有脫句。
〔三〕此篇據太原晉祠博物館藏手稿釋文。傅山全書初版本未收。
〔四〕此篇據太原晉祠博物館藏手稿釋文。傅山全書初版本未收。
〔五〕此篇據太原晉祠博物館藏手稿釋文。原稿無題，標題爲編者所加。傅山全書初版本未收。

人詩句綺情賒。花城景色明韶秀，縱酒豪遊閱歲華。

白雲綠柳足怡顔，芳艸青青水石間。河岸客遊春寂寂，山城花放鳥關關。低徊漫咏凝思遠，俯仰乘涼適興閒。暢達襟期須縱酒，發舒耳目屏塵寰。

豈意三春來瑞石，二年留滯寓他鄉。雲波片片飛縹緲，亂靄霎霎無頡頏。暢達襟期收景色，發皇耳目暴秋陽。有時縱酒占詩什，豪氣難除慕楚狂。

壬辰重陽場圃雅集卽刻奉和怡堂仙李九世兄原韻並祈郢正〔二〕承世兄賦詩言歡忻賞。

場圃淒清絶世囂，亭臯放眼客情豪。詩題素壁唫紅樹，酒映酡顔舞彩毫。今日重陽忻酣宴會，〔三〕明秋多士看奎高。臚傳先兆鍾僊李，柳汁霑衣薦棗糕。

菊英餐餌自延年，況值重陽飲卓然。有客經秋僑蔚地，無才作賦對雲天。霜林染葉驚時序，鴻鴈聯行下野烟。傖父續貂慚步韻，鄴侯英縱喜同筵。

浮生既往皆陳跡，百歲分陰已半過。惆悵人間蝴蝶夢，棲遲世外崛㠥阿。才華不遇空遺憾，詩律初工泣涕沱。豪氣難除弧矢志，暮年烈士怨情多。

〔二〕此篇據太原晉祠博物館藏手稿釋文。傅山全書初版本未收。
〔三〕此句手稿衍一字。

無題〔二〕

迎來送往苦蒙塵，不覺年華過四春。垂老猶然難解脱，愁顔忽爾感酸辛。折腰有愧淵明語，尚志殊違巢父倫。無可奈何時浩歎，不勝憤懣減精神。

文貞賓後〔三〕

文貞賓後我何依，涕淚年來事事違。史策疑難無處問，古今聞見有時希。喜歡孫通明章句，歎惜吾家漸式微。三世逃名書不廢，學尊黄老貴知幾。

卷三　五言排律　七言排律

無題〔三〕

白日將辭去，皇天不再瞻。文章隨物化，事業逐風潛。〔四〕苦惱年餘病，憎嫌淚數沾。兒孫抛閃下，妻女豈能覘？作歲伊回祿，全家恨彼憸。

〔一〕此篇據太原晉祠博物館藏手稿釋文。原稿無題。傅山全書初版本未收。
〔二〕此篇據太原晉祠博物館藏手稿釋文。原稿無題，標題爲編者所加。傅山全書初版本未收。
〔三〕此篇由孫蔭亭釋文，曹玉琪重校。原稿無題。
〔四〕「事」，手稿又作「世」。

無題〔一〕

春日好晴天，清晨爽覺仙。榆錢丹雨後，〔二〕柳蓄碧風前。〔三〕芳草生華地，〔四〕幽禽度錦川。主人頻勸酒，客子每縈緣。自笑懷何坦，題詩景愈妍。支頤看嶺表，寓目坐河邊。〔五〕

層陰逼飛鳥，飛鳥逼落日，落日亞河水，河水爲之溢。動靜疏爐明，烟柳細分悉。蒼然前嶺青，後巖紫猶急。夜色混須眉，誰能不歎息？

無題〔六〕

二月北風涼，天光接嶺長。客情昂磊落，〔七〕野色近蒼茫。春事吟排律，〔八〕芳時鳥囀簧。往來松柏寺，徙倚水雲鄉。千古雕虫伎，餘生翰墨場。軒昂豪志放，倜儻更眉揚。緼藉評花譜，風流品藻章。

〔一〕此篇由張秀蘭釋文，曹玉琪重校。原稿無題。
〔二〕「丹」，手稿又作「葺」。
〔三〕「碧」，手稿又作「茁」。
〔四〕「生華」，手稿又作「饒陽」。
〔五〕「河」，手稿又作「泉」。
〔六〕此篇由孫蔭亭釋文，曹玉琪重校。原稿無題。
〔七〕「昂」，手稿又作「高」，又作「軒」。
〔八〕「排律」，手稿又作「諳韻」。

冰壺高冷韻，〔一〕粼架爛生光。〔二〕花卉凝青眼，雲霞燒錦光。〔三〕愁城醪倩破，玉龍蕊聞香。爆竹青楊響，風鳶碧漢翔。文心多變化，〔四〕即事放光芒。〔五〕

無題〔六〕

野寺根石壁，諸龕徧崔嵬。前佛不復辯，百身一莓苔。唯有古殿存，世尊亦塵埃。如聞龍象泣，足令信者哀。使君騎紫馬，捧擁自西來。樹羽靜千里，臨江久裴迴。山僧衣襤褸，告訴棟梁摧。公爲顧師徒，咄嗟檀施開。吾知多羅樹，卻倚蓮花台。諸天必歡喜，鬼神無嫌猜。以茲撫士卒，孰曰非周才？窮子失靜處，高人憂禍胎。歲晏風破肉，荒林寒可回。思量入道苦，自哂同嬰孩。

丙戌四月十五日夜苦不睡已三宵矣無聊占此七言〔七〕

夜半愁煩夢不成，〔八〕隔城犬吠亂雞鳴。月光漸下人難睡，曙色遲開咏漫生。欲聽林鶯乘逸興，

〔一〕「壺」，手稿又作「紋」。
〔二〕「生」，手稿又作「重」。
〔三〕「光」，手稿又作「緗」。
〔四〕「多變化」，手稿又作「新氣象」。
〔五〕「即事」，手稿又作「利齒」。
〔六〕此篇由孫蔭亭釋文，曹玉琪重校。原稿無題。
〔七〕此篇由孫蔭亭釋文，曹玉琪重校。
〔八〕「煩」，手稿又作「來」。

還思山水暢奇情。〔一〕忽聞布穀催耕種，病感年華淚滿睛。病散今晨始出門，〔二〕漸漸麥秀勝田園。〔三〕襟期曠達哦詩韻，心眼分明念酒樽。紫鷰輕飛沾水面，黄鸝巧囀近柴村。〔四〕萋萋芳草精神綠，惆悵遊人欲斷魂。五十年來作夢遊，修名未立此生休。眼前書籍成遺恨，身後兒孫更可憂。咄咄家空徒四壁，哀哀命失悔千秋。人間永別肝腸碎，玉樹長埋赴玉樓。秋雲疏散月輪明，獨坐書齋憶有情。喜看秋月色，臥聽讀書聲。把酒消長夜，哦詩且達生。

卷四　五言絶句　七言絶句

無題〔五〕

寂寂繩牀臥，悠悠客正愁。蛩鳴寒夜永，〔六〕片月靜清秋。
飄然月下仙，春夜嬾成眠。涓涓鳴石瀨，聞步草堂前。
玉色憶無端，璚姿動浩歎。仙娥生錦夢，才士見詞壇。
眼界村居淨，河涯天宇光。雨晴山鳥語，風過野花香。

〔一〕「還思」，手稿又作「須遊」。
〔二〕「散」，手稿又作「已」。
〔三〕「勝」，手稿又作「鬱」。
〔四〕「柴」，手稿又作「山」。
〔五〕此篇由張秀蘭釋文，曹玉琪重校。原稿無題。
〔六〕此句手稿又作「寒蛩鳴永夜」。

星客遊情曠，雲根眺興長。〔一〕芳菲開寂莫，特達意飛揚。〔二〕

題蘭〔三〕

自是龍孫鳳尾仙，偶從九畹結姻緣。月鳴來聽同心臭，嬝嬝無言倍可憐。
清風逸節不宜羣，肯帶元花百草薰。倩入行雲圖畫裏，美人君子共湘裙。

無題〔四〕

達生愜意惟詩酒，〔五〕遂志怡情賴遠遊。挾册難除豪氣老，探奇勝絕異鄉留。

無題〔六〕

春野看花信馬蹄，韶光倍覺滿河西。柳垂兩岸遮村落，〔七〕雲壓羣峰起峽溪。〔八〕

〔一〕「雲根」，手稿又作「岩林」。
〔二〕此下，傅山全書初版本收有無題三首。經查，前二首爲青主村居雜詩之四、五，見本書第一册卷十五。第三首爲青主無題詩，見本書第一册卷十六。
〔三〕此篇由孫蔭亭釋文，曹玉琪重校。
〔四〕此篇由孫蔭亭釋文。原稿無題。
〔五〕「達生」，手稿又作「吳心」。
〔六〕此篇由孫蔭亭釋文，曹玉琪重校。原稿無題。
〔七〕「垂」，手稿又作「疎」。
〔八〕「起」，手稿又作「布」。

無題〔一〕

子晉吹笙蕭史簫，霓裳舞導上虹橋。霞觴玉女橋頭進，云是鼠君濯沆澆。

波梨答闟放朝初，傖老仙官捧詔呼。仙吏特旌幻伯子，依依舊德不忘蘇。

絳雪花開紫葉千，仙班香帶蔚藍天。芙蓉園主琅函啓，紫札天吟一萬編。

人文糟腐薰瑶臺，〔二〕帝詔天孫織女來。速剪雲霞彌世界，須教黼黻作新材。

陸吳報帝御崑崙，平圃蓮紅日月輪。遙攬八寨天一闗，人間瑞應屬維淳。不宜俗人。〔三〕

甲子重光太液遊，玉壺卜史下仙籌。黄農壽域開三界，疏仡從今又起頭。

無題〔四〕

闌風蕭瑟迎寒露，淒雨連綿革暮秋。打點菊花移砌側，〔五〕消除愁緒飲牀頭。

〔一〕此篇由白春娥釋文，曹玉琪重校。

〔二〕「薰」，手稿又作「去」。

〔三〕此下，傅山全書初版本尚有一首「太華蓮開玉井寒」，實爲青主遊仙七首之一，見本書第一册卷十六。

〔四〕此篇由白春娥釋文，曹玉琪重校。原稿無題。

〔五〕「砌」，手稿又作「榻」。

無題〔一〕

二十餘天寓永寧，宵長愁苦盼雞鳴。微軀屢動歸鄉思，〔二〕臘半猶然滯此城。

榆柳參差蔽碧空，幽村水曲靜春風。南山蒼翠環雙睫，茅屋絃鳴月湧東。〔三〕

聞道傾城一玉娃，綺窗幽怨撥琵琶。今翻不意來茲地，春色撩人綻麗花。

亭外欄杆翳海棠，紫荊花間白丁香。客來撫柏舒青眼，細雨香醪引興長。

小雨倩杯浮大白，繁花動興引新章。疇知今日同嘉會，最愛髫年氣發揚。

極喜海棠垂意葉，還憐旨醴可心香。〔四〕飄然剩有凌雲氣，滌盡人間烟火腸。

芳園佳麗百花明，山擁春湖片玉清。多少亭台看不盡，偏從洞口聽棋聲。〔五〕

無題〔六〕

旱天不雨風涼爽，清曉晴空鳶子飛。一陣風吹殊爽快，院中花樹蔭斜暉。

〔一〕此篇由張秀蘭釋文，曹玉琪重校。原稿無題。
〔二〕「鄉」，手稿又作「夢」。
〔三〕「絃鳴」，手稿又作「調絃」。
〔四〕「旨醴可心香」，手稿又作「菊酒沁沃香」。
〔五〕「偏」，手稿又作「特」。
〔六〕此篇由張秀蘭釋文，曹玉琪重校。原稿無題。

玄鳥霎霎飛碧落，白雲片片散晴空。〔二〕清晨興會襟期暢，長夏顔怡耳目通。〔三〕

無題〔三〕

五月初三沾寸雨，端陽時節又天晴。今年渥澤殊難得，纁夏甘淋不濩盈。

無題〔四〕

雲根徙倚坐雲巔，松下涼風高枕瞑。綠草平原堪羽獵，青峰深壑好居仙。

昨夜憶郎〔五〕

昨夜憶郎開綺牕，平湖白月水如江。妾似兩峯日相望，縱有飛來不作雙。
隴城啼鳥隔花聞，城外遊人傍水行。遙認扁舟何處去，柳溏烟重不分明。

〔二〕「片片」，手稿又作「朶朶」。
〔三〕「通」，手稿又作「聰」。
〔三〕此篇錄自傅山批點重刊千家註杜詩全集卷十後，爲傅蓮蘇墨蹟。由曹玉琪重校。原詩無題。
〔四〕此篇據鄧實珊藏手稿整理。原稿無題，標題爲編者所加。傅山全書初版本未收。
〔五〕此篇據太原晉祠博物館藏手稿釋文。原稿無題，標題爲編者所加。傅山全書初版本未收。

卷五　雜詩

癸卯甲辰雜作〔一〕

客路逶迤花錯落，秋雲層疊柳檀欒。不勝感慨更時序，漫憩河涯放眼看。爽氣西來蒼翠勝，野花寂寂樹陰森。眼前物色怡情性，身外山川閱古今。曠覽占詩機頓暢，豪遊得意興彌深。襟期放逸經時序，嘯傲軒昂足達生。

無題〔二〕

晝日蕭蕭雨，空階不住聲。陰陰雲密暗，湛湛水澄清。樹葉低藏果，花叢重落英。怡顏時寄興，俯仰暢唫情。

酷熱難消遣，陰涼避暑宜。入林生爽氣，傍水濯漣漪。嘯傲何高尚，疏狂自不羈。偶然清興發，豪放寓諸詩。

春夏多疲倦，〔三〕昏昏只欲眠。浮生胡蝶夢，沉飲竹林賢。觸忤才難合，生憎俗作緣。將無同栗里，避世類陶潛。

〔一〕此篇由孫蔭亭釋文，曹玉琪重校。

〔二〕此篇由孫蔭亭釋文，曹玉琪重校。原稿無題。

〔三〕「倦」，手稿又作「困」。

樹裏烟嵐郭外山，春光韶媚足開顔。輕寒側側河猶凍，淑氣淒淒鴈北還。世外浮雲仍宿昔，寰中岐路更閒關。〔二〕裁詩不輟情靡倦，〔三〕挾册遨遊豈等閒。

不期雷雨快人心，聲響蕭蕭幾寸深？花卉精神濃綴露，郊坰渥澤潤潮林。爽氣西來秋節至，〔三〕涼風北過（以下缺）

梅〔四〕

傲心恆與雪爭强，嘗盡烟風飽卻霜。老幹直疑金作骨，疏枝原自鐵爲腸。寒山月滿無同侶，幽谷冬深有異香。先放南枝聊試臘，調羹直待至三陽。

原是羅浮香返魂，壽陽粧罷暈檀痕。遊蜂慣解先春意，約掠風情過月村。

謝卻鉛華不自持，憑將孤韻傲豐姿。葭灰扇動春皇令，依舊紅綃着豔衣。

姑射仙人澹寫眞，素娥作伴兔爲鄰。闗山莫爲愁吹笛，留得香魂占早春。

無題〔五〕

百花五穀不勝情，秋色雲溪足達生。千里龍泉來下榻，一心邊塞結羣英。

〔一〕此聯手稿又作「世外浮雲多變化，古今閱歷幾更遷」，其中「變」字又作「幻」。
〔二〕「裁」，手稿又作「占」。
〔三〕「節」，手稿又作「臨」。
〔四〕此篇由孫蔭亭釋文，曹玉琪重校。
〔五〕此篇由白春娥釋文，曹玉琪重校。原稿無題。

明孅初秋川壑秀，〔一〕東南山色雨晴幽。〔二〕開顏關塞雄形勢，寄興龍泉壯蔚州。〔三〕醒醉裁詩惟放達，登臨暢眼任沉浮。〔四〕浩歌別野襟期爽，〔五〕閒看層雲汗漫遊。

丁酉十二月篝燈雜詩八首〔六〕

天地煖欲雪，空林雀亂鳴。晝雪天地晦，夜雪天地明。有薪可以爨，有米可以蒸。不饑復不寒，且不勞我營。

夜柏團幽黑，丹崖淡月明。雪靜樹影動，寒空搖小星。一縷曳河霧，闇鴻聞遠聲。薄酒既新熟，閉門舉青燈。遠鐘隱隱來，無住耳不盈。

聞道遂自忍，吾不如靈均。所際若有冀，云何强其身？無始知不遠，因愛生逡循。貪癡差覺少，不能斷其嗔。

小人喜負人，英雄不吃虧。事機無終極，養聲名何爲？

膽識力交到，氣奪謀亦遲。寸心既决動，手足敢狐疑。風雨所欲向，怨怒將焉施？

〔一〕「初」，手稿又作「新」。「壑」，手稿又作「麓」。
〔二〕「東南」，手稿又作「翠微」。
〔三〕「龍」，手稿又作「林」。「蔚」，手稿又作「愛」。
〔四〕「暢眼」，手稿又作「豁性」。
〔五〕「期爽」，手稿又作「箕踞」。
〔六〕此篇由張秀蘭釋文，曹玉琪重校。原稿缺前四首。經查，第一、二、四首應爲傅眉詩，見本書傅眉集卷一。

無題〔一〕

雨聲晚止月光明，昨日天陰今早晴。水樹雲山偏點綴，〔二〕柳堤客路轉流鶯。

雨聲漸歇臥雲生，月色朦朧碧落行。花草藪蒲多嫵媚，堦前靜坐夜涼清。〔三〕

碧落雲開目色明，郊坰雨歇亂雲生。披襟欹坐乘涼爽，豪氣難除豁達情。

人坐涼宵月在天，花叢綠蔭列階前。〔四〕心清萬慮空如水，情敞軒昂儼似仙。〔五〕

雨霽郊坰爽，天空月色光。對花情澹泊，靜坐體清涼。〔六〕懷暢生幽興，〔七〕心空聞妙香。

無題〔八〕

城中高樹蔭柴扉，花底香醪醉布衣。昨晚青山烟雨歇，今朝碧落岫雲飛。〔九〕四圍景色生清興，萬里天心鬱發機。君子道消今世界，丈夫豪氣每多違。

〔一〕此篇由張秀蘭釋文，曹玉琪重校。原稿無題

〔二〕「水樹」，手稿又作「水石」、「花草」。

〔三〕「前」，手稿又作「除」。

〔四〕「蔭」，手稿又作「葉」。

〔五〕此句又作「情放狂踈儼似仙」。

〔六〕「清」，手稿又作「輕」。

〔七〕「暢」，手稿又作「坦」。

〔八〕此篇由張秀蘭釋文，曹玉琪重校。原稿無題。

〔九〕「岫」，手稿又作「片」。

幾片白雲停碧落，一輪晴月正當空。襟期欲暢非今日，世事多違不古風。〔一〕自恨此身時命謬，生憎異頁暮途窮。何年得展雄豪志，電帚羽扇綸巾弘。

居庸形勝古今雄，塞外鴻都客路通。控制北方恢帝業，〔二〕端居南面仰神功。

城外西山映翠微，晴空乳鷰競飛飛。頓開青眼增詩興，偶愜丹心暢布衣。不厭柳堤遊特達，生憎塵世老多違。今年六十殊豪爽，仲夏行唫我貴希。〔三〕

小暑立柴扉，〔四〕山光嫵翠微。〔五〕簾捲榴花放，雲垂鷰子飛。城中霏細雨，野外閃斜暉。

雨氣雲形走，〔六〕花叢蛺蝶飛。

沉沉秋夜靜，寂寂月光清。側立花叢影，閒聽促織聲。

夏夜乘涼坐，陰雲縱橫飛。〔七〕階前榮草木，〔八〕花外閉柴扉。〔九〕冉冉年雖老，〔一〇〕閒閒興弗違。精神渾不倦，箕踞誦詩歸。〔一一〕

〔一〕「事」，手稿又作「界」。「違」，又作「漓」。
〔二〕「恢」，手稿又作「弘」。
〔三〕「貴希」，手稿又作「夕暉」。
〔四〕「扉」，手稿又作「下」。
〔五〕此句手稿又作「天陰嫵上微」。
〔六〕「雨氣」，手稿又作「蓄脚」。
〔七〕「雲」，手稿又作「晴」。
〔八〕「草木」，手稿又作「雜卉」。
〔九〕「外閉」，手稿又作「蔭敞」。「柴」，又作「霻」。
〔一〇〕「雖」，手稿又作「垂」。
〔一一〕「箕踞」，手稿又作「高踞」，「清機」、「高朗」。「誦」，又作「咏」、「暢」。

無題〔一〕

秋深野外肅清霜，岑寂河涯草木黄。一帶晴光佳景色，千秋幽麗映斜陽。水澄山老何蕭瑟，雲散天空更渺茫。

忽然日暮雨，八月尚鳴雷。曆數中秋閏，年華令節催。抄詩新筆硯，遣興濁醪杯。院落瀟瀟響，花叢玉露堆。

天宇淒清曠，〔二〕回翔鴈幾行。聞聲聽興會，〔三〕決眥看情傷。春暖過長塞，秋高返故鄉。雲霄一片影，嘹唳更淒涼。中秋聞鴈。

野外看蕭瑟，秋深幾次霜。山光更翡翠，樹色變青黄。片片飛雲遠，悠悠古路長。行年六十二，遊玩暢青揚。

白雲何潤澤，秋暮亂飛揚。澹泊佳顔色，清涼映水光。天空生不幻，雨霽散無央。浩蕩常千里，縱横湧故鄉。〔四〕

野外何蕭瑟，山稜戍削癯。霜華凋樹葉，〔五〕日色冷荒蕪。〔六〕蒼翠光岑寂，丹青豔麗殊。〔七〕暮秋佳

〔一〕此篇由張秀蘭釋文，曹玉琪重校。
〔二〕「清」，手稿又作「空」。
〔三〕「聽」，手稿又作「偏」。
〔四〕「故鄉」，手稿又作「四方」。
〔五〕「樹葉」，手稿又作「别樹」。
〔六〕「色」，手稿又作「影」。
〔七〕「青」，手稿又作「黄」。

景色，〔一〕放眼敞微軀。〔二〕

秋深野外漸淒涼，〔三〕蕭瑟河涯草木黄。一帶晴光佳景色，千村清麗映斜陽。〔四〕水澄山老何岑寂，雲散天空更渺茫。〔五〕今日閒遊殊愜意，漫從唫咏發疏狂。

秋天寂寂倚紗窗，鴻鴈飛飛十二雙。塞外已歸河岸去，雲霄嘹唳過鄉邦。

芳草萋萋遍地生，柳青花放繞春城。不勝興會精神注，垂老情鍾景物榮。耳目聰明開法界，襟期爽朗賴醪觥。〔六〕難除豪氣猶疇昔，汗漫遨遊特達生。〔七〕

天陰涼爽鷁鴒飛，花放清晨興不違。頓發綺情躭景色，漫開青眼暢心機。芳菲滿院堪娱賞，醽醁盈樽寄興微。連日精神殊暢快，還將彩筆不時揮。

無題〔八〕

日落天清靜，雲飛雨霽涼。秋光瑩景色，明月上東岡。淒爽精神王，軒昂耳目揚。悠然心有會，高詠興宜觴。

〔一〕「色」，手稿又作「别」。
〔二〕「放眼」，手稿又作「寓目」。
〔三〕「漸淒」，手稿又作「肅霜」。
〔四〕「清」，手稿又作「幽」。「麗」，傅山全書初版本誤作「幽」，據手稿改。
〔五〕「渺茫」，手稿又作「異常」。
〔六〕「爽朗」，手稿又作「舒暢」。
〔七〕「達」，手稿又作「暢」。
〔八〕此篇由張秀蘭釋文，曹玉琪重校。原稿無題。

明朝寒露節，兩次鴈行過。日落聞嘹唳，聲高侶不多。軒昂惺耳目，停立仰雲波。羽翩何輕快，晴空屢續歌。

晝夜連陰雨，今朝可喜晴。〔一〕四郊饒景色，千里少雲英。〔二〕花樹繁珠露，天光映日精。清涼來爽氣，耳目益聰明。

今秋又見月牙生，〔三〕垂老深知節序更。暢達性靈登百歲，遨遊唫咏寄微情。鴻鴈已來幾侶過，雷威收響一聲鳴。〔四〕

日西樹影映晴光，院落花陰趁晚涼。青眼漫看光嫵媚，〔五〕丹心傾注色明光。〔六〕

花卉無言開錦繡，四時叢朶發無窮。古今毓秀知時序，天地鍾英造化工。日落樹陰依俯仰，風生院落望虛空。不勝輕快人精爽，天宇新秋光暈紅。〔七〕

往年不似今年熱，不意今年熱異常。酷暑難堪愁晝夜。溽蒸甚苦避村鄉。〔八〕眼前花卉俱垂𩎼，路上行人困未央。何日立秋風快意，西來爽氣倍清涼。

不意今年登七十，難除豪氣猶疇昔。

〔一〕「喜」，手稿又作「卽」。
〔二〕「少雲英」，手稿又作「静山城」。
〔三〕「生」，手稿又作「乘」。
〔四〕此句手稿又作「天威軒昂一聲鳴」。
〔五〕「光」，手稿又作「姿」。
〔六〕「色明光」，手稿又作「色無央」、「興飛揚」。
〔七〕「天宇」，手稿又作「海宙」。「光暈」，又作「姿色」。此句手稿又作「耳目秋涼爽氣通」。
〔八〕「避」，手稿又作「想」。

怡顏花卉清晨勝，助我精神耳目明。生以其歡惟酌酒，偶然逸興動吟情。暈光細譜時忻賞，〔二〕姿色徐看少變更。朝夕怡顏風韻事，漫占詩句遣餘生。

坐向花陰玩月明，清涼院落足怡情。丹心俯仰生詩興，碧落高空放眼瞠。

小院乘涼坐，晴空月上時。花叢穠寂寂，〔三〕懷抱靜怡怡。興會占詩句，歡生酌酒巵。千愁渾忘卻，萬慮幻無疑。

俯仰花前情澹泊，晴空月上夜深時。無涯興會占詩什，特達情歡眷酒巵。

散亂天雲奇迥異，霎霎鸎子往來飛。不勝興會娛懷抱，偶爾歡生動筆機。浩渺文心生特達，軒昂豪氣暢無違。不羈放逸吟如意，垂老疏狂信手揮。

風起雲陰昨夜雨，清晨繁露滿花叢。〔三〕精神涼爽何舒暢，芳蕊輕盈放不空。〔四〕

電光飛閃明千里，〔五〕威迅雷聲耳目警。俄頃雨來鳴院落，忽然露湛綴花英。一時興會殊涼爽，四面天陰頗快輕。〔六〕俯仰襟期占綺句，難除豪氣暢醪觥。

清晨早起夜深眠，每日三餐亦自然。高興遨遊郊野外，遠情箕踞樹林邊。潺湲水石波聲響，燦爛花叢景色妍。豪氣難除新耳目，生歡到處取留連。〔七〕

〔一〕「暈光細譜」，手稿又作「英光華譜」。
〔二〕「穠」，手稿又作「影」。
〔三〕「繁」，手稿又作「玉」。
〔四〕「芳」，手稿又作「英」。
〔五〕「飛」，手稿又作「空」。
〔六〕「頗」，手稿又作「頓」。
〔七〕此句手稿又作「生歡取次即留連」。

生涯癖性躭山水，汗漫遨遊耳目新。十五春曾登太岳，〔一〕廿三秋始到西秦。難除豪氣今垂老，〔二〕易感窮途恨不辰。志在四方悲未遂，無聊詩酒弱吾身。

今年七十倍精神，耳目聰明性率眞。〔三〕時序如流將大雪。〔四〕白駒過隙望陽春。沉酣濁酒庸消遣，博覽奇書寄興新。〔五〕

隆冬雪後嚴寒甚，不意今年冷異常。月暈重重陰雨夜，〔六〕風聲擸擸暗千崗。〔七〕逆知天運將更變，已見星芒示吉祥。垂老不能奔走快，攀龍附鳳拱當陽。〔八〕

修竹高槐夏映門，門居瀟灑近山雲。〔九〕醉眠多似陶彭澤，官況貧于鄭廣文。秋菊搗塵供曉餌，寒松收子和春焚。經年門巷無車馬，只有清風伴此君。

〔一〕「太」，手稿又作「岱」。
〔二〕「垂老」，手稿又作「非昔」。
〔三〕「性率眞」，手稿又作「興會新」、「景色新」。
〔四〕「時序如流」，手稿又作「青女降霜」。
〔五〕「寄興新」，手稿又作「任屈伸」、「寫率眞」。
〔六〕「重重」，手稿又作「重圍」。
〔七〕此句手稿又作「風聲力勁暗崇崗」。
〔八〕「拱」手稿又作「于」。「當陽」，手稿又作「吾鄉」。
〔九〕「居」，手稿又作「㟁」。

無題〔一〕

偕隱高賢此内藏，參天松柏蔭蒼蒼。清明烟火千載斷，〔二〕母子胸懷萬古彰。失信晉文何足貴，遺封貞士遠傳芳。昭垂簡册希奇事，潔惠名同日月光。

介林初步禱，〔三〕今日始聞雷。山後雲峰起，天陰雨氣來。黎民思渥澤，老我慶□杯。〔四〕神意雖難測，虔誠挽易回。

十五昔曾遊岱岳，七旬今始到綿山。悠然解脱超塵境，率爾登臨出世間。詩興頓生情特達，性靈空曠坐清閒。不勝歡悦丹心印，蒼翠峰巒愜笑顔。〔五〕

叢林松柏清涼境，蒼翠峰巒聳碧空。石壁清泠泉瀉響，雲天景色客顔中。涼蔭蒼翠勝峰巒，〔六〕峭壁雲根看清風。〔七〕

今年不意七旬過，冉冉光陰老奈何。豪氣難除仍宿昔，遨遊易感動吟哦。性鍾有樂占詩快，〔八〕

〔一〕此篇由張秀蘭釋文，曹玉琪重校。原稿無題。
〔二〕「載」，手稿又作「春」。
〔三〕「步」，手稿又作「去」。
〔四〕原稿「慶」字下空一字。
〔五〕「愜笑」，手稿又作「滿客」。
〔六〕「涼蔭」，手稿又作「古今」。
〔七〕「雲根」，手稿又作「仰面」。
〔八〕此句手稿又作「情來忻樂賞詩快」。

生以其歡寄興多。漸覺春秋高暢達，〔一〕山川忻賞莫蹉跎。〔二〕

今日天和煖，風塵靜不生。〔三〕陽生更節令，〔四〕冬至識天情。忽爾雲陰翳，因而夜不晴。璚花飄滿院，積素瑞輕盈。〔五〕

天氣融和知欲雪，中宵沉靜冷雲陰。淒淒玉瑞迎佳節，〔六〕悄悄瓊花變素心。〔七〕院落希聲明積素，山村景色映蕭森。琳瑯玉樹凝冥漠，冬至陽生霧淞深。

發舒豪氣宜詩酒，汗漫遨遊喜不羈。耳目聰明躭景色，山川靈動醒情癡。〔八〕悠然興會多新詠，偶爾顔開暢遠思。〔九〕半世疏狂兼放逸，寸心高尚少人知。〔一〇〕

不意今年登七十，浣花曾道古來希。鍾情書籍怡心眼，遣興林泉暢布衣。〔一一〕花卉依依時細

〔一〕「暢」，手稿又作「放」。
〔二〕「忻賞莫」，手稿又作「逸興長」。此句又作「愜意心印歌蹉跎」。
〔三〕「靜不生」，手稿又作「靜潔清」，又作「靜萌鳴」、「靜翊鳴」。
〔四〕「更」，手稿又作「初」。
〔五〕「瑞輕盈」，手稿又作「寂無聲」。
〔六〕「瑞」，手稿又作「片」。
〔七〕「素」，手稿又作「寸」。
〔八〕「情」，手稿又作「臣」。
〔九〕「偶爾」，手稿又作「倜徜」。
〔一〇〕此句手稿又作「雄心不減少年時」。
〔一一〕「暢」，手稿又作「振」。

譜，〔一〕歲華節氣感無違。〔二〕揮毫頓覺形骸老，與世浮沉嘆式微。
滿院璚花落，〔三〕山城映素輝。溶溶飄寂寂，密密颺霏微。
玉屑縱横舞，珠璣聯綴飛。光明新色相，〔四〕雲氣布低圍。
聯綴珠璣舞，縱横玉屑飛。乾坤奇氣象，雲霧柴雙扉。〔五〕
天降瓊花瑞，山城映素輝。浮沉隨意落，飄颻借風飛。
天宇淒寒分外明，連朝佳瑞昨宵晴。無風和煖知冬至，〔六〕積雪晶瑩映晉城。郊野寒光樵徑沍，〔七〕山村景色日華精。一冰帶河堤岸柳，〔八〕聰靈耳目不勝情。〔九〕
陽生臘月冰河凍，雪霽西山日照紅。〔一〇〕晨興放眼山城外，豪氣行唫晉甸中。垂老好遊情不減，達生痛飲酒憎空。今年七十精神倍，隨意占詩逞筆雄。

〔一〕「花卉依依」，手稿又作「暈光冉冉」。
〔二〕「感」，手稿又作「依」。
〔三〕「落」，手稿又作「責」。
〔四〕「光明」，手稿又作「琳瑯」。
〔五〕此句手稿又作「玉樹冷雙扉」。「柴」，又作「覆」。
〔六〕此句手稿又作「息風和煖新近臘」。
〔七〕「沍」，手稿又作「沒」。
〔八〕「堤」，手稿又作「分」。此句又作「冰河堤柳相縈帶」。
〔九〕此句手稿又作「耳目惺靈遠世情」。
〔一〇〕此句手稿又作「清冬寒勁寂無風」。

雪積嚴寒厲，〔一〕隆冬風氣威。〔二〕凝冰堅臘月，陰固肅柴扉。〔三〕野外行人少，山林嘯鳥希。往來壅道路，尺數積璚輝。〔四〕

璚花盈野外，積素滿山城。光彩冰河映，晶瑩玉色明。〔五〕幾年無此瑞，連日降精霙。〔六〕天瑞盼冬至，風聲日落生。

兩天陰積雪，四日起寒風。摇蕩璚花舞，飛揚銀海空。隆冬冰凍石，〔七〕節氣厲衰翁。汾水冰堅腹，〔八〕□□□□□。〔九〕

適當冬至連陰雪，臘月嚴寒晝夜風。〔一〇〕天氣嚴寒威節序，〔一一〕隆冬清勁肅晴空。〔一二〕途中行客艱難步，旅次估商凍束戎。已往七年曾大雪，〔一三〕異常今歲歲寒同。〔一四〕

〔一〕「積嚴」，手稿又作「天氣」。
〔二〕「氣」，手稿又作「壯」。
〔三〕此句手稿又作「雪厚積柴扉」。
〔四〕此句手稿又作「白凝素生輝」。
〔五〕「色」，手稿又作「樹」。
〔六〕「精」，手稿又作「輕」。
〔七〕「冰」，手稿又作「可」。
〔八〕「冰」，手稿又作「河」。此「河」字，傅山全書初版本誤作「澤」，據手稿改。
〔九〕此句手稿缺。
〔一〇〕「臘月」，手稿又作「初旬」。
〔一一〕「威」，手稿又作「催」。
〔一二〕「勁」，手稿又作「冽」。
〔一三〕「大雪」，手稿又作「若此」。
〔一四〕「歲寒同」，手稿又作「迴然同」。

今歲嚴寒迴異常，杪冬風雪氣剛强。四圍景色明銀海，一帶山村麗太陽。〔一〕積素晶瑩消不易，堅冰清勁凍無央。明年預兆熙穰瑞，五穀豐登入醉鄉。

三冬過不覺，忽爾小寒來。閉戶難離火，圍爐不放杯。迎春盆景綻，臘月水仙開。亦足娛心眼，占詩逞辯才。

今年忽歲暮，不覺小寒來。積雪威天氣，薰爐酌酒杯。水仙花葉秀，臘月探春開。儘可娛心意，怡情暢快才。

纂要曰：「十二月暮冬，亦曰杪冬、涂月、暮節、暮歲、窮稔、窮紀。」呂氏春秋曰：「仲冬命之曰暢月。」注云：「暢，充也。十二月律中大呂，十一月律應黃鍾。十一月之辰謂之子。子者，孳也，陽氣至此，更孳生也。」

七十老人猶壯健，〔二〕精神益覺勝常時。〔三〕山川遊眺豪情性，花柳生歡醉酒卮。俯仰襟期殊暢達，軒昂心眼譜新奇。〔四〕不勝忻賞多風韻，〔五〕逸興遄飛喜賦詩。〔六〕

日落有生羣動息，山頭雲散月華明。老身解脫涼方寸，獨坐蕭然絕世情。〔七〕

雨晴纔幾日，夜靜月光明。箕踞看花影，軒昂暢性情。輕涼殊自在，岑寂浩光清。占得精神句，

〔一〕「太」，手稿又作「夕」。
〔二〕「老人」，手稿又作「芝顏」。
〔三〕「勝」，手稿又作「倍」。
〔四〕「心眼譜」，手稿又作「景色幻」。
〔五〕「多」，手稿又作「饒」。
〔六〕「喜」，手稿又作「即」。
〔七〕「絕」，手稿又作「遠」。

高歌足達生。

無題〔一〕

不雨陰陰春晝長，鳥鳴庭院百花香。閒攤書卷生參悟，漫詠詩篇發老狂。大風天地暗，二月土霾黄。野外昏塵色，〔二〕雲陰翳日光。空虚鳴颯颯，〔三〕遠近蕩泱泱。汾水兼城沼，〔四〕春來漾渺茫。〔五〕天鳴兩晝夜，〔六〕村落色蒼蒼。千里塵霾目，〔七〕三春日曀光。汾河波蕩漾，郊野草荒涼。〔八〕望望何悽慘，山城與故鄉。

甲辰春夏之間汾陽客寓偶感而作〔九〕

靈祇不許世人到，忽作雷風登嶺難。此幅字九月二十日送喻旃憲臺，段帖一部收去。

〔一〕此篇由孫蔭亭釋文，曹玉琪重校。原稿無題。

〔二〕「昏」，手稿又作「晦」。

〔三〕「颯颯」，手稿又作「獵獵」。

〔四〕「兼」，手稿又作「沙」。

〔五〕「漾渺茫」，手稿又作「動淼茫」。

〔六〕「鳴」，手稿又作「風」。

〔七〕「目」，手稿又作「路」。

〔八〕「郊」，手稿又作「山」。

〔九〕此篇由孫蔭亭釋文，曹玉琪重校。

知時來好雨，隔日卽清明。如月沾膏潤，青春渥澤傾。〔一〕

饗宮環嶺接雲端，雲起峰頭日日看。村落花明春浩蕩，河灘水響柳檀欒。芝顏遊賞娛情性，〔二〕好鳥和鳴振羽翰。宿昔山林深寄興，歲寒松柏共盤桓。

早起陰雲向北飛，山頭雨氣白溕溦。淒淒風冷漠漠烟，昏搖河樹翳日暉。靈石寓居心怏怏，〔三〕雉城騁望興依依。四圍景色涼青眼，占得新詩意不違。

饗宮盡日望雲山，蒼翠清幽咫尺間。郭外桃花春燦爛，城西汾水夜潺湲。〔四〕綺情興會占新句，佳鳥飛鳴慰老顏。〔五〕塵俗何年能解脫，今朝方寸得清閒。

無題〔六〕

月出廣寒宮，清光炤碧空。天河淡泊色，秋夜靜無風。俯仰情怡曠，〔七〕徘徊興會同。

〔一〕「傾」，手稿又作「生」。此二句手稿又作「布濩模糊色，蕭騷不住聲」。
〔二〕「遊」，手稿又作「欣」。
〔三〕「怏怏」，手稿又作「寂寂」。
〔四〕「夜」，手稿又作「晝」。
〔五〕「飛鳴」，手稿又作「聲清」、「聲歡」。
〔六〕此殘句由白春娥釋文，曹玉琪重校。原稿無題。
〔七〕「怡」，手稿又作「躭」。

無題〔一〕

盈盈繁綴花叢露，點點連環水面紋。秋日霏微烟雨細，清晨布濩嶺雲殷。花林勝發千秋節，斗酒歡生百歲心。譜玩怡顔唫倩筆，浮沉混俗笑披襟。光韜文章開版築，琳瑯玉樹映階庭。

無題〔二〕

淒清夜靜草蟲鳴，涼爽秋澄客體輕。〔三〕月色星光明瑞石，鐘聲醒世響山城。〔四〕清晨緩步興無涯，黄白相兼茉莉花。爽氣西來人快利，牽牛藍色映光賒。〔五〕日光青嫵秋山色，客路黄開野菊花。爽氣朝涼蟋蟀鳴，秋光景色互淒清。露珠點綴繁花卉，山水澄明繞雉城。〔六〕放眼雲霄堯興會，移情時序性靈更。

〔一〕此殘句由白春娥同志釋文。原稿無題。
〔二〕此殘句由白春娥釋文，曹玉琪重校。原稿無題。
〔三〕「客體」，手稿又作「體轉」、「體覺」。
〔四〕「醒世」，手稿又作「破悶」、「覺性」。
〔五〕「藍色」，手稿又作「色麗」。「光賒」，又作「光妍」。
〔六〕「雉」，手稿又作「石」。

璜宮變作水晶宮，龍宮又變萬花宮。〔二〕一片荒蕪從未有，百年更替古今空。〔三〕
日夜雨淋枝葉重，披離滿院落花紅。
山頭雲覆迷蒼翠，野外天陰混暗同。流水潺湲鳴不息，新秋澄寂爽虛空。
草蟲鳴日夕，月色照秋宵。

乙己五月十二日花畔望月灑然偶占二什〔三〕

放眼晴空睇月光，山頭雲片任飛揚。涼宵有興乘清爽，風動芳花滿院香。
左右花圍繞，抬頭向月光。風生何快爽，日落更清涼。七十身心老，三千世界長。披襟頻嘯傲，
蕭灑暢疎狂。

無題雜詩〔四〕

昨晚何高興，登城縱飲歸。中天好月色，深夜皎光輝。放眼殊空曠，披襟暢不違。清涼佳景寂，
遲睡倚柴扉。
豐城豪飲興，放眼睇山河。豁達開懷廻，高明望月過。精神利茶益，時序酒消磨。七十今垂老，
行吟寄短歌。

〔二〕「變」，手稿又作「革」。
〔三〕「更替」，手稿又作「替幻」。
〔三〕此篇據太原晉祠博物館藏手稿釋文。傅山全書初版本未收。
〔四〕此篇據太原晉祠博物館藏手稿釋文。原稿無題，標題爲編者所加。傅山全書初版本未收。

月光雲彩遞明飛，放眼軒昂興不違。院落芳菲開錦綺，雉城流峙襄護柴扉。文機頓發縱横暢，禪性空靈慧覺微。七十年華眞倏忽，壯心不已尚依依。階砌夾琪花，叢生亦有涯。清晨忻譜暈，長晝向芬葩。偶爾新詩詠，悠然逸興賒。香醪時對飲，青眩眼丹霞。

汾州旅次作三首〔二〕

秋到璜宫駐，經春已半年。重巢霎燕舞，又綻百花鮮。笑白駒過隙，踏青柳媚烟。生平豪興戇，不受俗人憐。

樓上看山山繞城，秋光明媚寸心縈。漫收景色占詩律，頓喜霜林暢性情。野外蕭疎鷹隼鷙，河灘濸泊石泉清。憑欄放眼襟期潤，快飲香醪醉達生。

院落蕭蕭響，花叢颯颯聲。杳冥雲暗淡，陰翳雨飛傾。旅舍霑淋澤，茅簷爽性情。稔知豐穰歲，八月慶秋成。

寓汾州璜宫〔三〕

三冬長夜苦難眠，暫寓璜宫近聖賢。兩學兩師殊困頓，同情同理漫遷延。不勝憤懣觀天宇，無

〔二〕此篇據太原晉祠博物館藏手稿釋文。原稿無題，標題爲編者所加。詩末署「三首俱汾州旅次作。看山青雲店。」傅山全書初版本未收。

〔三〕此篇據太原晉祠博物館藏手稿釋文。原稿無題，標題爲整理者所加。傅山全書初版本未收。

奈生歡覓蘖禪。垂老鬢斑猶性戇，壯心不已晚年堅。

月從東北出，臘半望團圓。蕭瑟汾陽境，淒寒旅舍邊。年衰非宿昔，歲暮悟因緣。不覺三冬過，來春百卉研。

秋到汾陽駐，經春已半年。重巢霎燕舞，又見百花鮮。笑白駒過隙，垂踏柳媚烟。生平心直戇，不受俗人憐。〔二〕

畏寒晨懶起，乘老自若茲。不覺七旬至，何難百歲生。有時看月色，每夜聽鐘鳴。臘半各將盡，新春節序生。

三月璜宮徙，汾陽已半年。生憎時序快，頓覺歲華遷。垂老風塵裏，懷思世外仙。衰顏常歎息，遣興寄詩篇。

今早嚴寒甚，隆冬臘月中。麥田全望雪，客路每憎風。蓋世俱趨向，吾衷獨不同。人間星歲久，何日滌余空？

臘半嚴寒清院落，月光徹夜照牕櫺。心情垂老隨更變，歲序如流轉不停。無愧平生心潔白，誰知舉世眼難青。看看去數三年到，非盲昏昏竟冐惺。

碧落何清靜，星芒競月光。偶然臺特立，卓爾面軒昂。冷署愁冬夜，寒天倩酒觴。今年殊不計，歲暮駐他鄉。

自到汾陽過百天，不知不覺夏秋遷。七旬將近精詩律，垂老無違慕酒仙。性癖愛山多興會，〔三〕

〔二〕 此二句又作「生平躭景色，不肯受人憐」。此首與上篇第一首雷同。

〔三〕 「山」，手稿又作「川」。

情躭花竹屢神連。雲遊汗漫常無定，志在探奇豈偶然。

秋興偶占遣懷〔二〕

俯仰何清曠，豪遊忘苦辛。秋風涼月夕，日色冷霜晨。菊放山村畔，鴻歸邊塞鄰。不勝時序感，殊覺歲華新。

連朝霜氣勝，時序漸催寒。山瘦清稜骨，河澄減石灘。九秋雲皓皓，千里路漫漫。興會涼霎眼，軒昂遠近觀。

暮秋霜氣重，野外益淒清。俯仰舒心眼，登臨暢性情。喜聽鴻鴈唳，欣賞菊叢榮。不覺身垂老，那堪節序更。垂老來茲境，吟哦寓笑嚬。疇知過四歲，不覺送三春。花鳥爲游侶，山川作比鄰。

汾州春暮〔三〕

眼看春已暮，不覺夏初來。容易過年紀，殊難去酒杯。攤書依樹蔭，遣興譜花開。生以其歡勝，雄文暢辯才。

野外何滋潤，清晨放眼明。雲垂昨日雨，夜霽曉山城。俯仰殊心暢，軒昂覺體輕。行看行步緩，心細譜花英。

〔二〕此篇據太原晉祠博物館藏手稿釋文。傅山全書初版本未收。

〔三〕此篇據太原晉祠博物館藏手稿釋文。原稿無題，標題爲編者所加。傅山全書初版本未收。

月滿雲開放□光，〔一〕璜宮柏樹蔭蒼蒼。四圍山色連村落，千里河灘宿鴈行。歌向花陰情澹泊，夜乘爽氣坐清涼。生平行樂宂詩酒，占得新聯興會長。瑞石。

秋到璜宮住，新春已半年。重來霎鳶舞，又見汾邑鮮。笑白駒過隙，憐矜柳媚烟。生平情性戇，不受俗人憐。

四月今過五月來，消憂時舉濁醪杯。寸心老摯猶豪興，與世浮沉暢辯才。

雜花開滿樹，芳艸徧郊坰。蕊色通心紫，叢光入眼青。生歡惟酒伯，寄興賴葩經。欣賞唫無已，豪遊暢性靈。

俯仰看明月，高登院洞巔。山河環郭外，水石響城邊。寂寂雲光氣，冥冥夜色烟。悠然生逸興，南面向晴天。

清曉望雲天，山川靜眼前。襟期殊暢達，花朶放鮮研。白白飛雲片，青青秀麥田。不勝時序感，初夏詠留連。

雲雷風雨自東來，爽氣清涼暢辯才。逸興遄飛裁綺句，韜精沉飲殢醪杯。

殷其雷響震，西北黑雲催。如此何難雨，全然不去災。淋漓初夏盼，渥澤幾時來？饑饉三年旱，甘霖望沛哉！

早起何涼爽，軒昂忽失愁。雨聲鳴院落，雲氣覆山頭。潤澤芳花草，精神秀麥秋。不勝歡喜慶，百穀看豐收。

〔一〕「放」字下手稿空一字。

雨澤催花放，烟雲覆隴頭。淋漓滋草樹，冥漠潤田疇。心眼何涼快，精神失旅愁。清晨差愜意。〔一〕

雲雷朝夕盼，喜雨忽然來。漠漠迷郊野，蕭蕭響砌臺。山川滋潤澤，客路洗塵埃。俯仰何清爽，心胸暢快哉！開

卷六　對聯〔二〕

樹外河明，一帶烟嵐青入眼；
樽中酒滿，六根香釅碧經心。

石上流泉，書架傍邊榨酒；
橋欄點筆，杏花深處題詩。

經史發光明，遠修爲豈容污染；
鬻花隨受用，是福德不可思量。

棧閣傳香，最愛黄柑照眼；
宜城獻瑞，惟將碧酒關心。

〔一〕此首手稿少一句。
〔二〕此聯語由孫蔭亭釋文，曹玉琪重校。

景運高酣惟力飲；
新春風韻只尋花。

卷七　文

與魏環溪書〔一〕

曩者遠承致祭，尚未踵謝，今復蒙賜輓章，敬捧讀之，足垂不朽，不知先人何因緣而得如許雅愛榮施多矣。□且蒙不遐棄，念及蘇輩，日用薄田數畝，儘可充飢，無如惡里凌侮，恨不一步卽離，然欲棄不能，守之不得，苦況種種，難以盡陳。第因礦事未襄，不獲已暫與虎狼同居，正思求高明請教，但重服不便遠遊，適值見招，安敢方命少俟，春和卽當匍伏台階，百拜展私，登龍請謁也。草草敬復，餘不敢噪，魏老夫子曁曁胡先生祈。

家訓〔二〕

凡做小學生時，先要走步安詳，低聲說話，更要有些坐性。至於念書，寧少勿多，以熟爲貴。寫字且不論好歹，只求其點畫不差而已。只幾句話，必善讀方好；如其不善，則精進之志怠，而玩

〔一〕此篇錄自霜紅龕集劉霦刻本卷三十附錄。
〔二〕此篇由白春娥釋文，曹玉琪重校。標題爲編者所加。

忽之心生，或流爲凡庸，或失之拘泥。其何以爲小學之所當爲，而立大學之根本乎！聽之勉之。

五果〔二〕

本草綱目果部占書：欲知五穀之豐儉，但看五果之盛衰：李子主小豆，杏兒主大麥，桃兒主麥子，皂栗子主收稻，棗兒主收黍、諸禾穀黍之類。素問云：五果爲助輔，助粒食以養民生，熟則可食，乾則可脯，豐儉可以濟時，疾苦可以備藥。五果者，李、杏、桃、栗、棗是也，以五味五色應五臟。兆多魚，實豐年。

情史數則〔三〕情通類略二十三卷。

九仙殿銀井有梨樹二株，枝葉交結，宫中呼爲雌雄樹。見金鑾密記。

楊州太守圃中有杏花數十畝，每至爛熳，張大宴，一株命一娼倚其旁立，館曰「爭春」。開元年宴罷，夜闌，或聞花有歎惜聲。

南方有比翼鳳，飛止飲啄，不相分離。雄曰野君，雌曰觀諱，總名曰長離，言常想離著也。此鳥能通宿命，死而復生，必在一處。紂時集於長桐之上，人以爲霍頭鳥，不祥。及文武興，始悟曰：此並興之瑞也。出瑯環記。長離之離，讀如附離之離。

西方衛羅國王有女，字曰配瑛，與鳳共處，於是靈鳳常以羽翼扇女面。後十年中，女忽有胎，

〔二〕此篇由孫蔭亭釋文，曹玉琪重校。標題爲編者所加。
〔三〕此篇由孫蔭亭釋文，曹玉琪重校。

王意怪之，因斬鳳頭，埋著長林丘中。後生女，名曰皇妃。王女思靈鳳之遊好，駕而臨之長林丘中。歌曰：「杳杳靈鳳，綿綿長歸。悠悠我思，永與願違。萬劫無期，何時來飛？」是鳳欎然而生，抱女俱飛，逕入雲中。出洞玄本行經。

罽賓國王買得一鸞，欲其鳴，不可致。飾金繁，饗珍羞，對之愈戚，三年不鳴。夫人曰：「嘗聞鸞見其類則鳴，何不懸鏡照之？」王從之，鸞覩影悲鳴，冲霄一奮而絕。見異苑。

湘東王脩竹林堂，新楊太守鄭裒送雄鶴于堂，其雌者尚在裒宅，霜天夜月，無日不鳴。商旅江津，聞者墮淚。時有野鶴飛赴堂中，驅之不去，即裒之雄也。交頸頡頏撫翼，聞奏鐘磬，翻然共舞，婉轉低昂，妙契絃節。

晁采畜一白鶴，名素素。一日雨中，忽憶其夫，試謂鶴曰：「昔王母青鸞，紹蘭燕子，皆能寄書達遠，汝獨不能乎？」鶴延頸向采，若受命狀。采即援筆，直書三絕，繫于其足，竟致其夫，尋即歸。

揮使有女，病瘵，尫然待盡，出叩蓬頭，蓬頭曰：「與我寢處一宵，尚何病哉！」揮使大怒，欲摑其面。細君屏後趨出止之，謂揮使曰：「神仙救人，終不以淫慾爲事，倘能起病，何惜其軀。」遂許諾。其夜，蓬頭命選壯健婦女四人，〔二〕抱病者而寢。自運眞陽，逼熱病體，衆見癆蟲無數飛出。用扇撲去。黎明，輔以湯藥飲食，痼疾頓除，一家驚喜愧謝。遂還西川鶴鳴觀，乘石鶴而去。先是觀前舊有兩石鶴，不知何代物也。蓬頭乘其雄者上升，其雌者中夜悲啼。土人驚怪，爭來擊落其喙，至今無喙石鶴一隻存焉。此事與濟顚和尚治女勞病相似。

〔二〕「壯」，傅山全書初版本脫，據手稿改。

顔舒鳳樓怨云：「佳人名莫愁，珠箔上花鈎。清鏡鴛鴦匣，新粧翡翠樓。搗衣明月夜，吹笛白雪秋。惟恨金吾子，年年向隴頭。」右顧陶取爲唐類詩。

鄭虔閨情云：「銀鑰閶香閣，金臺坐夜燈。長征君自慣，獨臥妾何曾。」點夜。

羅浮山，南越志云：「本只羅山，忽海上有山浮來，相合，是謂羅浮山。山有十五嶺，二十二峰，九百八十瀑泉同穴。」則山無出其右也。曾有詩曰：「四百餘崖海上排，根連蓬島蔭天台。百靈若爲移中土，嵩華都爲一小堆。」羅浮山第三十一嶺，半是巨竹，皆七八圍，長一二丈，葉如芭蕉，謂之龍鍾竹。亦出南越志。唐貞元中，有鹽戶犯禁，逃于羅浮山，深入第十三嶺，遇巨竹萬千竿，連直巖谷，竹圍皆二丈餘，有三十九節，二丈許。逃者遂取竹一竿，破以爲篾。會赦宥，遂挈以歸。有人得一篾，奇之，獻於太守李復，乃圖而紀之。予嘗覽竹譜曰：「雲丘帝竹帝陵上所生竹。一節爲船。」又何偉哉！南海以竹爲甑者，類見之矣，皆羅浮山之竹也。出嶺表録異。羅浮竹最大。

焦華父遺，病甚，冬月思瓜。華夢一人黃冠謂曰：「聞子病父思瓜，故送子瓜。」華拜而受。及寤，在手。瓜香異甚，父食瓜而病愈。奇夢。

醫藥雜稿〔一〕

（前缺）陪楊次公、張仲謨。省城傅宅。

三世通醫，衛生傅氏，專治一切寒熱虛實、心痛頭風。

南蒼朮、白茯苓、乾薑、澤瀉、香附米、鼈甲炙酥各一兩，爲細末，冬瓜湯服。

〔一〕　此篇由孫陰亭釋文，曹玉琪重校。標題爲編者所加。

世傳儒醫，西村傅氏，善療男女雜症，兼理外感内傷，專去眼疾頭風，能止心痛寒嗽，除年深堅固之沉積，破日久閉結之滯瘀。不妊者亦胎，難生者易產，頓起沉疴，永消煩苦。滋補元氣，益壽延年。諸瘡内脱，尤愚所長，不發空言，見諸實效。令人三十年安穩無恙，所謂無病第一利益也。凡欲診脈調治者，向省南門鐵匠巷元通觀閣東問之。

消利濕氣腫脹，已經神效，秘要方：〔二〕

人參去蘆　熟附子製到　厚朴去皮生薑炙到　鼈甲卽酥牛乳也，用奶酥油炙到，各一錢　好甜眞桂心用捲箭

雄雞矢白焙研，各二錢　陳皮　海藻洗去鹹鹽水，各五分　吳茱萸生薑浸　乾大蝦蟇一箇，用酥油炙黄了，去頭足腸垢，空心。水煎熱服。不過三五劑，卽愈平安。

北京太醫院劉氏世德堂刻傳臨產、產後神效經驗兩要方：

臨產要方：　川芎　熟地黄各二錢　益母草三錢　當歸身五錢　元胡索　香附米俱用醋炒，各一錢　枳殼麸子炒，八分　生甘草三分。共八味。水泡三大茶鍾，煎一鍾，加黄酒少許，調匀温服，渣再服，效。

又產後極效要方：　川芎　益母草各三錢　熟地黄二錢　玄胡索　香附米俱用醋炒，各一錢　當歸全，五錢　枳殼麸炒，八分　生甘草三分　山楂肉一錢五分　澤蘭葉八分。共十味。水泡三大茶鍾，煎一鍾，亦加上黄酒少許，調匀温服，渣再服。用好糯酒，效而有力。

此二方已經驗效，最妙，平穩。

〔二〕此下二方，與下卷慕湘樓藏傅氏藥方中的臨產易生效方、產後消瘀神效方基本相同。

卷八　慕湘樓藏傅氏藥方〔一〕

停食脇痛方　七味　□〔二〕

吴茱萸二錢　石膏煮　陳皮三錢　阿魏五錢　白芍藥炒，一兩　杏仁一兩　薑半夏一兩　開口花椒焙去油去心，一錢。若惡心欲吐，裏面覺熱時，加乾地龍三條。

理一切氣鼓腫脹神效方〔三〕

乾薑　澤瀉　白茯苓　南蒼朮　雞矢白　香附米　鱉甲各一兩。共搗細爲末，用冬瓜連子熬湯，空心調三錢，熱服，待日中再進一劑，止二錢。

渴了冬瓜湯不住飲。服此藥三四日，用人參三錢、熟附子一錢，煎與此湯間服。海粉鱉甲丸方，稍成，炤此方侭雞白，速合棗，要細。

〔一〕　此篇圖版依據二〇〇五年第五期書法雜誌（河北教育出版社）所刊楊中良傅山的藥方淺談傅青主手書墨蹟册頁一文中所附的四十六頁彩色照片。此處僅録其醫方部分而不涉及其餘，由趙懷舟、趙尚華釋文。手稿藏山東蓬萊慕湘藏書樓。編者案：據筆跡，似出於傅蓮蘇及後人之手，故置於傅蓮蘇集中，但部分藥方不排除有對傅山的繼承。

〔二〕　「□」，此處原有殘字若干，不可辨識。

〔三〕　此方名十字是另筆補充在本頁首行之右者，在首行藥物之左同一筆體尚補寫「老爺之奇方」五字。

新莊施感寒咳嗽方

川芎一錢　防風五分　細辛八分　半夏一錢　南白芍一錢　烏梅　去仁二个　藿香五分　去梗　神曲炒一錢　生白朮一錢二分　乾薑一錢二分　熟附子五分　杏仁七个，另煮去皮尖、苦味。白茯苓二錢　厚朴炒四分　炙甘草七分。自加生薑七片，去皮，水二茶鍾半，泡到，煎九分，食前熱服。晚再服上渣，水二中，煎八分。

切忌風寒動燥，氣□勞苦，葷腥麪食，調和茶酒、綠豆、蕎麪。

可用愈久更妙。先將白鴿蛋入竹筒内封固，於臘月内下廁中浸之，正月出之十□，共爲末，用白鴿蛋清子和丸麻子大，金箔衣，陰乾封貯。

如妊婦有胎癇者，加飛過青黛一兩　蠍稍三錢　乾山藥二兩　薏苡仁三兩　人中黃一兩　臘月乾兔頭一具　燒存性　益母膏　山茱萸二兩　天竺黃一兩　鈎藤鈎一兩　細辛五錢　丹砂一兩　明雄一兩　川芎二兩　當歸二兩。

此症卽令妊婦從八、九月服起，每日用芎歸湯下八十丸，預防小兒六日、八日、十二日、一月内風癇諸症。若有人家慣病，加臘月兔腦子三兩更好。

神燈炤薰藥紙撚方奇效

雄黃　硃砂〔二〕　血竭　沒藥各一錢　麝香二分。

〔二〕「硃砂」，原件作「硃黃」，「黃」字涉上而誤，今正之。

右五味，研細末，綿紙爲撚，約長尺許，每撚入藥三分，眞麻油潤灼。離瘡半寸，自外而内周圍徐徐熠薰之。火頭上出藥氣内入，瘡毒隨氣解散，不能内侵臟腑。初用三條，加至五、七條。瘡勢漸消亦漸減，薰罷隨用敷藥。

自外而内者，言自紅暈外左右旋熠，以漸將撚收入瘡口上也。更須將撚猛向外提，以引出毒氣，此是手法。

洗漆瘡熱毒藥味

老柳樹根皮　蓮花葉　漆姑草　蒲公英卽地堰上木根根〔二〕，莖筒中有奶，開黄花　紫蕨葉子　韮菜根子　貫仲　薄荷　白芷　生甘草。共熬湯，熱洗不拘時。洗多少遍數。曾與前所街張大兄用過。

其最效只是螃蟹壳一味好，熱溫洗之。

家傳治積滯紅痢神效方

三橋街鄭家婦人用之愈。

陳皮　乾薑不炒　南白芍　生甘草　當歸各一錢　砂仁四分　神麯　山楂肉各二錢　鳳仙花子炒二分，亦名急性子　枳實五分　小株石榴〔三〕。共拾味。生薑三片，葱白三寸，水二中，泡到，煎一中，熱服。

〔二〕「木根根」，是山西民間，尤其是忻州地區人們對蒲公英的别稱。
〔三〕「小株石榴」，此四字乃另筆所補，並無分量。

曾與海子鹽房李用之，四服效也。

治疔瘡拔毒消腫神效方

侯進士紫宸令二叔家抄四方：硃砂　雄黃各三錢　官桂一分　蟾酥少許。用蝎尾津爲丸點之，乾了□搽。

又方治疔神效方〔二〕

先扎破出血，用蒼耳葉　木根根葉〔三〕　同雄黃　三味，搗。先針扎破，搽上。

雄黃　官桂三錢　朱、雄砂各三錢　麝香一分　蟾酥用乳泡。右爲細末，用蝎子尾，津調成丸，先用針刺見血，用點患處。

又方：疔

黃丹三錢　文蛤一个。將丹入蛤內，外用尿泥泥包住，煨一炷香爲度，點患處。

又搽蝎螫方

麝香三分　胆酥二分　胆礬一分半　雄黃一分　半夏一分。右共爲細末，後用蝸牛扎爛和丸搽上。不

〔二〕「疔」，原稿本誤作「疔」，據文意改。
〔三〕木根根葉，即蒲公英葉。

可害蝸牛殺生。

臨產易生效方

共八味。眞山。

崞縣北社村李翰林華池傳余易產神效方及產後效方。北京太醫院劉抄傳李太史世德堂刻行有票子。

益母草三錢　當歸身五錢　熟地黃　川芎各二錢　玄胡索　醋炒　香附醋炒，各一錢　枳殼麩子炒，八分　生甘草三分。水三大鍾，泡到，煎一中，加好酒少許，調匀溫服。渣再服。

產後消瘀神效方

益母草　川芎各三錢　熟地黃二錢　當歸全五錢　香附米醋炒　玄胡索醋炒，各一錢　枳殼麩子炒，八分，先去穰　生甘草三分　加山楂肉一錢半　澤蘭八分，即地留兒葉。泡水三大鍾，煎一鍾，加黃酒少許，攪匀，熱溫服，渣再服。共十味，作成大丸子更好。

徵君治侯孔皇先生眼疾三方

服有次序，已經效驗。半夏一錢　膽南星一錢　牛膝一錢　白芷　細辛　防己酒蒸，各五分　乾山藥三錢　煅石膏三分。用甘爛水二盅，生薑二片，泡到，煎八分，臥時極滾熱服。渣再服。第一方，八味。

第二方：加味瀉白散　七味。

地骨皮二錢　桑白皮二錢　用地中不見天日者　貝母　桔梗　甘草各一錢　蟬蛻　去甲足一錢　髮灰，洗淨油，三分　生薑一片，去皮。童便一盅，水一盅，食遠熱服。

治侯孔皇先生眼疾第三效方

川芎　防風　青皮　葛花　木賊，去節　澤瀉　熟大黄　白占斯　當歸尾酒浸。以上九味各一兩　石决明用九孔者，二兩。將决明火煆，浸入白占斯内再煆一次，用人乳浸之研極細，另入湯藥内，煎藥熟時入之。待溫後服一錢。渣再煎服。

治口眼喎斜速效方

傅家傳方，平定李進士玉書抄來。

乾山藥　製半夏各四錢　細辛根用遼東的南星膽製到，各一錢　生薑去皮，加五片。水、酒各二盅，泡。煎一盅半，極滚服。

外搽效方：用生半夏、生南星等分，左歪搽右顴骨上。〔二〕

止夢遺失

止兩味：煅牡蠣　乾山藥〔三〕等分。止夢。

〔二〕「顴」，稿本誤作「權」，據文意改。另據醫理，此下至少尚闕「右歪搽左顴骨上」七字，因换葉失去。

〔三〕「山」，稿本誤作「三」，據文意改。

治赤痢疾初得神效湯

神麯　山楂肉各二錢　乾薑片　南白芍　陳皮　當歸各一錢　砂仁四分　枳實　去穰麩炒，五分　鳳仙花子炒，二分　生甘草一錢，加生薑三片　去皮　葱白三枝。水二大鍾半，泡到，煎一鍾。空心大熱服，渣再煎服。水一中半，煎九分。痢止即停。若中寒，脈紘硬，加上好甜肉桂心一錢，效更速。不用多服，只可一兩劑。

家傳治痢神效方

共十一味：乾薑　陳皮　南白芍　山楂肉〔二〕去子　麥芽　當歸以上各一錢　神麯二錢　枳實　麩子炒，五分　生甘草一錢　砂仁四分　去皮白急性子炒，三分　鳳仙花子。

又方：白茯苓三錢　南白芍八分　枳殼炒，一錢　檳榔一錢，片　車前子一錢　當歸一兩　廣木香七分。共七味，水四鍾，煎一盅半。太堡莊馬四哥效□。

專治産後有瘀滯未盡惡漏作害腹痛方

熟地黄三錢　川芎三錢　元胡索一錢，醋炒　益母草三錢　當歸身五錢　香附米一錢，醋炒　山楂肉一錢，去核　生甘草三分　枳殼七分，麩子炒，加生薑一片，去皮。水三大鍾半，泡到，煎一鍾多，煎成調好黄酒少許，攪匀食前溫服大效。不拘時。此方崞縣北社李翰林傳來，神應效驗。

〔二〕「山」，稿本誤作「三」，據文意改。

臨產最效方

只服一劑便生，經驗。世德堂劉傳。

川芎二錢　熟地黄二錢　益母草三錢　當歸身五錢　枳殼麩子炒，八分　玄胡索醋炒　香附米亦醋炒，各一錢　生甘草三分，泡。水三大鍾，煎一鍾，加黄酒少許，調匀，溫服。共八味。渣再服。

產後最效方湯藥

川芎　益母草各三錢　熟地黄二錢　澤蘭葉八分　枳殼八分麩子炒　山楂肉一錢五分　玄胡索醋炒，一錢　香附米醋炒，一錢　當歸全，五錢　生甘草三分，俱用咀片。水三大鍾，煎一大鍾，調好黄酒少許，攪匀溫服。再服渣。共十味。

治風濕癱風疥癬神方丸料　文貞傳方。

熟何首烏三兩　生白朮　薏米　防風　羌活　蟬蛻去甲，各二兩　防己酒洗，二兩　蒼朮片　麻黄　黄柏皮　白茯苓皮各一兩　生薑皮〔二〕一兩。共爲細末，鍊蜜爲丸梧子大，空心，每服三錢。

消濕脹腫氣最效湯藥方　徵君長孫方，曾經效。

好甜肉桂心　白雞矢白焙研，各二錢　大熟附子　厚朴　薑炙　鱉甲　奶酥油炙，各乙錢　好人參一

〔二〕「生薑皮」上，稿本有「乙兩」二字，系衍文，刪去。

錢　去蘆　陳皮　海藻各五分　乾蝦蟆去頭足酥油一個，去腸垢　吴茱萸　薑浸八分。水二鍾半，或三鍾，煎一鍾多，空心熱服。

治漏瘡方

須吃淡飯則效。

蜂房　槐花　木耳　川山甲〔一〕醋炒，四味各二兩　川芎酒製，四兩　又醋製四兩　再用乳製，又童便製。用豬大腸頭四寸，〔二〕將五味藥搗研極細末子，裝入大腸之内，兩頭扎住，焙乾爲末，煉蜜爲丸梧子大，每服三錢，空心好黄酒送下。

治眼三方〔三〕

侯孔皇服過最效，治眼三方，俱有次序。

眼疾第一方：　初服此方。共八味。半夏一錢　膽南星一錢　乾山藥三錢　細辛　白芷　防己酒蒸，各五分　石膏煅，三分　生薑二片　牛膝一錢。用甘爛水二鍾，煎八分，臥時極滚服。

第二方，共七味。加減瀉白散：　貝母一錢，去心　蟬蛻一錢，去甲　桔梗　甘草各一錢　地骨皮二錢　桑白皮地中不見天日者，二錢　頭髮灰三分，男人。頗涼加生薑一片，童便一茶鍾，水一鍾，食遠服。

〔一〕「山」，稿本誤作「三」，據文意改。
〔二〕「豬」，稿本誤作「楮」，據文意改。
〔三〕此標題爲編者所加。

第三方：後服。共十味。川芎　防風　青皮　木賊　葛花　澤瀉　白占斯　熟大黄　當歸尾酒浸過，以上各一兩　石决明二兩，九孔者。將决明火煅過浸入占斯内再煅一次，用人乳浸之研極細，另入湯藥内，熟時入之。待溫後服一錢。渣再服，亦如此。

殘方〔一〕

桑白皮地中不見天日者二錢　地骨皮二錢　薑一片。童便一鍾，水一鍾，食遠服。

第三方：　澤瀉一兩　木賊一兩，去節　川芎一兩　葛花一兩　歸尾酒浸過，一兩　防風一兩　熟大黄一兩　青皮一兩　白占斯一兩　石决明九孔者二兩。將决明火煅，浸入白占斯内再煅一次，用人乳浸之研極細。另入湯藥内，熱時入之，待溫後服一錢，再服渣，亦如此。

長沙太守張仲景烏梅丸方

烏梅三百枚，去核仁　乾薑片十兩　桂枝　黄柏各六兩　人參去蘆　熟附子炮，亦各六兩　川椒去子、去了汗　當歸同川椒各四兩　黄連一斤，用四川大黄連。共末，用苦酒卽醋也，浸烏梅一宿，去核蒸熟，和諸藥末，煉蜜爲丸，用滾水下。

〔一〕此方前缺，標題爲編者所加。

家傳專治口眼歪邪痰症中風方神效

乾山藥四錢，薑製到　半夏四錢　遼細辛根與膽星〔一〕　膽南星各一錢。四味加生薑二片，水二鍾，好黄酒二鍾，泡到，煎極滚熱服。重不過二服，卽正。此方曾治平定州中人最效。宜抄之本上，常常備用。

中風眼赤腫痛苦□消除湯

細辛根　元胡索　砂仁各一錢　防風　白芷　當歸全　荷葉　大黄酒炒　羌活　黄連薑汁炒，各三錢　蔓荊子炒，二錢　共十一味，俱切片。加生薑三片，去皮。水四鍾多，泡到，煎一鍾半，食前熱服。

治口眼歪斜方〔二〕

乾山藥　製半夏各四錢　胆南星　遼細辛根各一錢　生薑五片　水二鍾，酒二鍾，泡煎極滚，乘熱服之。抄。

右方治口眼歪斜，言語蹇澀，家傳神效秘方。與□生□。

〔一〕「與膽星」，此三字疑系衍文。
〔二〕此標題爲編者所加。

牙痛方

川芎　羌活　當歸　細辛　香白芷　片芩　生地　桔梗

白帶方

川練子一歲一粒，陰陽火焙乾，研細末，用酒爲丸，空心服。

記室守宮方

蜜陀僧　胭脂　木通　朱砂。右四味，等分爲末，蝙蝠調成錠子，用時新硯上研開，筆塗記女体。如犯房事，自然脱落。

如意丹方甚妙

川烏　草烏　吳茱萸　米殼〔一〕　蛇牀子各一兩。各剉，用水一碗，熬至枯色去渣，再熬成膏，入蟾酥一錢、川椒細末五分，爲丸，晒乾。臨時用冷水調塗渠中，待一時，溫水洗去，不用解。

藥酒方

肉蓯蓉二兩　五味子一兩　枸杞二兩　牛膝一兩　天門冬去心，一兩　大茴香五錢　白芍一兩　川芎五錢

〔一〕「米殼」，原稿右側批有「粟殼」二字。

廣木香一兩　小茴香一兩　丁香五錢　熟地一兩　白茯苓一兩　五加皮二兩　白朮五錢　當歸一兩　人參五錢　杜仲二兩　龜膠五錢　兔絲餅二兩　肉桂五錢。右廿一味，燒酒廿斤、清好酒三十斤。

滋陰補精丸

各等分：人參　山藥　黄芪　牛膝　五味子　白茯苓　枸杞子　白芍　遠志　牡蠣　黄柏炒　石菖蒲　當歸身　瑣陽。右十四味，共爲末，煉蜜爲丸，梧子大。

治鼠瘡瘰癧方

斑貓去頭足，同糯米炒黄七个　川山甲三片，酥炙　香白芷一兩五錢。用白軟米半把，用炒銚子一个，將川山甲、〔二〕軟米幷在處炒黄軟米，取出川山甲，〔三〕不用軟米傾在糞坑。把只三樣合在一處，用煞鉢一個連帶椎八百下，分爲三服，用酒服下。

元氣虚弱者宜服歸靈湯

川芎　白芍　木瓜　金銀花　白朮　當歸　防己，寒　天花粉　人參　白鮮皮　熟地　米仁以上各一錢　甘草節五分　威靈仙酒洗，六分　下部加牛膝五分　土萆薢二兩。水三鍾，煎二鍾，二次服之。量病上下，食前、食後服之，渣煎八分服。

〔二〕「山」，手稿作「三」，據文意改。
〔三〕「山」，手稿作「三」，據文意改

又方：白朮　蒼朮　川芎　當歸　茯苓　厚朴　防風　木瓜　木通　獨活　薏米　皂針　川山甲〔二〕炒，各一錢　甘草　金銀花二錢　精豬肉二兩　土仙遺糧。水三碗，煎一半。量病上下服之，渣再煎。

芎歸二朮湯

何首烏一錢　荆芥一錢　防風八分　蔓荊子八分　甘草節〔三〕（角）一錢半　葳靈仙五分　蒲公英一錢　金銀花一錢　蒼朮一錢　桂枝二錢。水煎服。

治楊梅方

陳茶　芝麻　紅棗肉　鳳仙根　桃仁以上各四錢。煮酒一大碗，水一大碗。穿衣蓋被服，出汗畢，將衣被無人處放數日，洗盡穿蓋。

神效驗方〔三〕

此方從平定州抄來是傳下，老爺與平定李大哥用神效驗方：

麻黃一兩　羌活一兩　蛇蛻一條　金銀花　南蒼朮各一兩　生薑一兩　川山甲〔四〕三錢　連須葱白五根

〔二〕「山」，手稿作「三」，據文意改。
〔三〕「節」，手稿作「結」，據文意改。
〔三〕此標題原手稿無，也未說治何病。標題爲編者所加。
〔四〕「山」，手稿作「三」，據文意改。

精羊肉一斤半，煮濃湯五碗，煎藥二碗半，分三次服。宜居密室，以出大汗爲度。

殘方〔二〕

熟附子二兩　生白朮半斤　川芎半斤　半夏片二兩　陳皮二兩。

〔二〕案，以下五藥份量較重，也無主治條文，尚難構成一方。標題爲編者所加。